계시로 알게 된 영의 세계

# 절대 희망

| 끝에서 앞을 보기 |
FORE SIGHT IN THE END

예수가 정답이다
천국이 결론이다

손법상

**박문사**

## 절대 희망 │ 끝에서 앞을 보기 │

초판인쇄   2020년 11월 06일
초판발행   2020년 11월 12일

저　　자   손법상
발 행 인   윤석현
책임편집   김민경
발 행 처   도서출판 박문사
등록번호   제2009-11호
우편주소   서울시 도봉구 우이천로 353
대표전화   (02) 992-3253
전　　송   (02) 991-1285
전자우편   bakmunsa@daum.net

ⓒ 손법상, 2020

ISBN 979-11-89292-71-3 (13230)        정가 27,000원

길을 가다 보면 처음 가는 길은 설레기도 하지만 좋은 안내자가 없으면 목적지를 찾아가기가 쉽지 않습니다. 그러나 목적지에 도착해서 온 길을 다시 되돌아가는 것은 한번 왔던 길을 되돌아가는 것이기 때문에 처음 출발한 곳을 찾아가는 것이 그리 어렵지 않습니다.

성경을 공부하는 것도 마찬가지입니다. 처음 출발점인 창세기에서부터 시작해서 최종 도착지인 요한계시록까지 순서대로 따라가면 좋기는 한데 시간도 많이 걸리고 또 중간에서 길을 잃어버려 포기하는 경우도 많이 있습니다. 성경은 그 내용이 방대해서 읽기도 쉽지 않습니다. 그런데 더구나 그 내용을 제대로 파악하면서 알아가기는 더욱 어려운 일입니다.

성경은 그 안에 담겨 있는 66권의 책이 각각 쓰인 시대와 저자가 다르고 그 내용이나 주제도 책에 따라 많이 다르기 때문에 성경 내용 전체를 일목요연하게 아는 것이 쉽지 않습니다.

그래서 저는 성경 공부를 꼭 처음부터 시작하는 것이 아니라 성경의 결론부터 확실히 알고 성경 전체를 되짚어서 이해하는 방법으로 성경을 이해해도 좋겠다는 생각을 했습니다. 그래서 계시록 1장을 통해 성경에서 말씀하는 기독교의 구원을 이해하게 하는 기본 안내서로 이 책을 쓰게 되었습니다.

## ⬆ 성경은 어떤 책일까요?

성경의 처음 책인 창세기는 창조주 하나님께서 이 세상에 존재하는 모든 만물을 창조하신 이야기부터 시작해서 한 인간 요셉의 죽음에 이르기까지의 과정을 보여주고 있습니다. 창세기는 가장 크고 화려하고 웅장한 창조로 시작해서 가장 애처롭고 절망적인 한 인간의 죽음으로 끝을 맺고 있습니다.

만일 신앙도 창세기처럼 이렇게 가장 크고 화려한 것에서 시작해서 가장 작고 초라한 것으로 끝난다면 그 모든 것이 너무 허무하고 고통입니다.

## ⬆ 그렇다면 성경에서 찾을 수 있는 삶의 의미는 과연 무엇일까요?

성경의 마지막 책인 요한계시록은 창세기와는 다르게 가장 절망적이고 고통스러운 환경속에서 죽은 것이나 다름이 없던 한 인간 요한의 이야기에서 시작합니다. 그 고통 속에서 그가 예수 그리스도의 계시를 통해 알게 된 것은 인간의 삶이나 역사의 끝이 절망이나 죽음이 아닌 영원한 희망과 영원한 생명이라는 것입니다. 요한 계시록은 절망이나 죽음이 아닌 새롭게 창조된 새 하늘과 새 땅을 알게 하고 그 영원한 세상을 바라보게 합니다.

이렇게 성경의 마지막 책인 요한계시록이 보여주는 것은 시작은 한 인간의 절망이지만 그 끝은 영원한 희망과 생명이 가득한 새로운 세상입니다. 창세기는 희망에서 시작하여 절망으로 끝났지만 요한계시록은 절망에서 시작하여 절대 긍정과 절대 희망으로 끝을 맺습니다. 요한계시록은 그 새로운 세상을 바라보면서 오늘의 고통스러운 현실을 믿음으로 이기는 성도들에게 예수 그리스도의 은혜가 있기를 바라면서 절대 긍정의 언어인 아멘으로 끝을 맺습니다.

창세기가 아닌 요한계시록의 관점에서 보면 인간의 삶은 창세기처럼 창조에서 시작해서 죽음으로 끝나는 절망이 아니라 요한처럼 절망에서 시작했어도 그 끝은 영원한 생명이요 절대 희망입니다.

그래서 오늘도 성경의 결론인 요한계시록의 관점을 가지고 승리자이신 예수 그리스도와 함께 믿음으로 사는 성도는 행복합니다.

"절대 희망" "절대 긍정" 이것이 "끝에서 앞을 보기"입니다.

늘 제가 하는 말입니다.

오늘이 행복한 사람은 과거는 아름다운 추억이요, 미래는 새로운 희망이다. 오늘이 불행한 사람은 과거는 고통과 아픔이요, 미래는 더 깊은 어둠이다.

오늘도 예수님 안에서, 성령님과 함께!
    "숨 잘 쉬고, 밥 잘 먹고, 기쁘게 살자"

전도서 3장 11절부터 13절의 말씀입니다.

**11.** 하나님이 모든 것을 지으시되 때를 따라 아름답게 하셨고 또 사람들에게는 영원을 사모하는 마음을 주셨느니라. 그러나 하나님이 하시는 일의 시종을 사람으로 측량할 수 없게 하셨도다.
**12.** 사람들이 사는 동안에 기뻐하며 선을 행하는 것보다 더 나은 것이 없는 줄을 내가 알았고
**13.** 사람마다 먹고 마시는 것과 수고함으로 낙을 누리는 그것이 하나님의 선물인 줄도 또한 알았도다.

### ✝ 말씀 풀이

사람은 하나님의 형상과 모양을 따라 창조된 영적인 존재이기 때문에 영원하신 하나님을 사모합니다. 하나님의 형상과 모양대로 창조되었다는 말씀은 하나님을 닮기는 했으나 하나님과 똑같지는 않다는 뜻입니다.

세상 모든 만물의 시작과 끝은 창조주요, 전능자이시며, 영원하신 하나님께서 주관하십니다. 피조물인 우리는 그 모든 일의 시작과 끝에 대해 하나님께서 알려주시는 것 외에 알 수 없습니다.

그러므로 사람으로 육체를 가지고 사는 날 동안 행복하게 살면서 착한 일을 많이 하는 것이 좋은 일입니다. 사는 동안 기뻐한다는 말씀은 사는 동안 늘 기쁨을 되새김하면서 오늘을 행복하게 산다는 뜻입니다. 오늘 자기 인생이 행복한 사람은 선한 일을 하고, 오늘 자기 인생이 불행한 사람은 악한 일을 합니다. 선인과 악인의 차이는 오늘 그 인생이 행복한가 아니면 불행한가의 차이입니다.

자기 몸으로 땀 흘려 수고하여 거둔 것으로 음식을 먹고 마시는 것을 즐길 줄 알아야 합니다. 또한 다른 사람과 비교하기 보다는 자기가 하는 일에 만족할 줄 알아야 합니다. 자신의 일과 삶에 만족할 줄 아는 사람이 행복합니다.

이렇게 사는 것이 하나님이 우리에게 주신 축복이요 선물입니다.

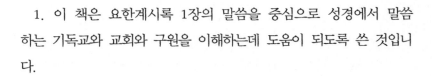

1. 이 책은 요한계시록 1장의 말씀을 중심으로 성경에서 말씀하는 기독교와 교회와 구원을 이해하는데 도움이 되도록 쓴 것입니다.

2. 전체는 12장으로 되어 있으며 주제에 따라 각 장 말미에 주어진 묵상을 위한 질문과 함께 내용을 되새김 할 수 있습니다.

3. 이 책은 각 장 주제와 소제목에 맞는 성경 말씀이 많이 인용되어 있습니다. 서두르지 않고 주어진 말씀에 담겨 있는 그 진리를 마음속에 잘 새겨가며 읽으면 신앙생활에 많은 도움이 될 것입니다.

4. 이 책의 주된 목적은 성도들이 기독교와 교회를 바로 알고 예수님이 십자가에서 이루신 속죄와 부활과 재림과 심판과 영생과 천국에 대한 확실한 지식을 얻어 구원에 대한 확신을 가지고 가독교인으로 살게 하는 것입니다.

5. 이 책은 필요에 따라 작은 모임의 성경 공부 교재로 활용할 수 있습니다. 방법은 각 장의 말미에 있는 묵상 주제를 모인 이들이 함께 토론하면서 그 질문의 답을 같이 찾아보는 것입니

다. 대부분의 답은 각 장의 내용과 인용된 성경 말씀 안에 있습니다.

6. 부록에는 계시록 공부에 필요한 여러 자료들이 실려 있습니다. 이 책을 공부하면서 적절히 활용하면 좋을 것입니다. 아니면 부록만 가지고 계시록을 공부하는데 사용해도 좋습니다. 더 필요한 내용은 저자가 쓴 계시록 연구서 "영원한 복음"이나 계시록 전체를 CBS를 통해 설교한 설교집 "예수 재림의 비밀과 실상 1, 2" 그리고 개인들의 말씀 묵상을 위해 60과로 나누어 만든 "계시록 큐티"나 "요한계시록 강해"를 참고하시기 바랍니다.

7. 이 책의 계시록 1장 본문은 읽는 이들이 쉽게 이해하도록 현대인의 성경을 인용하였으며 그 외에는 개역 개정과 NIV성경 번역본을 인용하였습니다.

이 책을 읽는 모든 이들에게 하나님의 은혜와 평강이 넘치시기 바랍니다.

저자서문 / 3

일러두기 / 8


1부 / 요한계시록 1장으로 풀어보는 기독교와 구원 / 15


⊕ 제1장 - 종교와 기독교 / 17

   1. 종교란 무엇인가? ·······································17

   2. 종교의 종류 ·············································26

   3. 성경의 가르침 따라 ·····························30


⊕ 제2장 - 예수가 정답이다 / 39

   1. 유일한 구원자 예수 그리스도 ···········39

   2. 성경의 예언을 성취하신 예수 ··········42

   3. 초림 예수 ···············································47

   4. 재림 예수 ···············································49

   5. 오직 예수의 믿음 ································51

✝ 제3장 - 계시의 세계 / 57

　1. 여덟 가지 계시 ·······················58
　2. 주의 종 사도 요한 ·················105


✝ 제4장 - 예언과 축복 / 113

　1. 예언이란? ·····························113
　2. 영적 축복의 기본 원리 ·············117
　3. 창조 원리에 따른 축복 ·············130
　4. 시대와 상황과 사람에 달라질 수 있는
　　 축복의 내용 ·························135
　5. 축복의 완성을 위한 실천 ···········141


✝ 제5장 - 교회란 무엇인가? / 151

　1. 교회들에게 보낸 편지 ···············151
　2. 교회란? ·····························153
　3. 교회의 주인이신 삼위일체 하나님 ·····154
　4. 성령과 교회의 역사 ·················160


✝ 제6장 - 속죄(제한속죄와 영원속죄) / 179

　1. 죄의 본질 ···························179
　2. 죄의 기원과 사탄의 존재 ···········183
　3. 죄의 종류 ···························185
　4. 구약시대의 속죄와 그 한계(제한속죄) ·····187

5. 신약시대의 속죄와

   보혈의 능력(영원속죄, 열린속죄) ·····························196

6. 계시록에 나타난 예수 보혈의 5대 능력 ·················203

7. 속죄 받은 이후에도 지속적인 회개가 필요함 ········206


✝ 제7장 - 언약(옛 언약과 새 언약) / 211

1. 옛 언약 ·····························································211

2. 옛 언약의 성취 ···················································212

3. 옛 언약이 깨짐 ···················································213

4. 새 언약 ·····························································214

5. 새 언약의 당사자인 제사장 ···································214

6. 믿음으로 얻는 구원 ·············································220

7. 새 언약을 보증하시는 성령 ···································223

8. 새 언약 이후 바꾸어진 일 ····································224


✝ 제8장 - 부활과 승천과 휴거와 재림 / 231

1. 재림의 징조 ·······················································231

2. 예수님의 재림 ····················································235

3. 재림을 준비하는 성도가 반드시 알아야 할 일 ·······238

4. 예수님의 재림 이후에 이루어지는 일 ·····················251

5. 구름은 무엇인가? ···············································255


✝ 제9장 - 하나님의 신성과 사도의 믿음 / 261

1. 하나님의 신성(창조성, 영원성, 전능성) ·················261

2. 사도 요한의 믿음 ·················266

3. 밧모섬의 요한 ·················267

4. 역사 속에 나타난
   두 가지 신학(십자가 신학과 번영 신학) ·················269

5. 진리 안에서 누리는 자유 ·················274

✝ 제10장 - 주일과 성령의 역사 / 281

1. 주일(주님의 날) ·················281

2. 성령의 네 가지 역사와
   성령의 감동(성령 안에 있음) ·················282

✝ 제11장 - 만남과 사명 / 295

1. 돌이킴 ·················296

2. 주님이 교회를 보시는 기준 ·················297

3. 재림하실 예수님의 모습 ·················297

4. 주의 종을 붙잡고 계시는 예수님 ·················299

5. 말씀의 능력 ·················300

6. 사명 ·················301

✝ 제12장 교회와 예배 / 309

1. 교회의 비밀 ·················309

2. 구약시대의 제사와 예배 ·················311

3. 교회 예배의 다섯 가지 기본 원리 ·······················321

## 2부 / 계시록 이해를 위한 참고 자료 / 355

✚ 부록 1. 역사 연대표 ·······························357
✚ 부록 2. 일곱 교회 도표 ·······························365
✚ 부록 3. 삼대 칠중 재앙의 구조 ·······················372
✚ 부록 4. 관련된 성경 본문과 함께 보는
　　　　　계시록 이해 ·······························373

## 3부 / 열두 개의 숫자로 풀어보는 요한계시록 / 385

## 4부 / 계시록 전장 요약과 마무리 / 401

# 제1부

요한계시록 1장으로

풀어 보는 기독교와 구원

## 1. 종교란 무엇인가?

지금 현대 인류가 살아가는 대부분의 국가나 사회의 근간을 이루는 사상적 기반은 자본주의입니다. 산업혁명과 함께 대량 생산과 대량 소비가 가능해지면서 시작된 자본주의는 이 세상에 있는 모든 것의 가치를 돈으로 환산하여 평가하고 그 가치에 따라 교환하는 제도입니다. 자본주의는 물질에 대한 소유와 분배에 집중합니다. 그러므로 자본주의는 인간의 욕망을 극대화시키고 부익부 빈익빈 현상을 심화시켜 같은 인간이라고 해도 가진 자와 가지지 못한 자의 삶의 질을 확실히 차이나게 합니다.

물질이나 자본을 많이 소유한 인간에 의해 가지지 못한 인간이 차별받고 소외되는 자본주의의 폐해를 극복하기 위해 생겨난 사상이 공산주의입니다. 공산주의는 그 기본이 능력에 따라 일하고 필요에 따라 나눈다는 것입니다. 그러나 이것은 인류 역사에서 단 한 번도 성공한 일이 없는 사상입니다. 그 이유는 인간이 가진 개인적인 차이와 기본 욕망을 무시한 것이기 때문입니다. 공산주의 사상에 의해 세워진 구소련을 비롯한 거의 모든 공산주의 국가가 몰락한 것을 보면 그 사상이 얼마나 실용성이 없는 허구적인 것인지 알 수 있습니다.

자본주의와 공산주의 중간에 위치한 사상이 사회주의입니다. 사회주의는 인간의 욕망을 인정하고 무제한의 소유도 허용합니다. 그 대신 국가가 물질의 소유와 분배에 일정부분 개입하여 부익부 빈익빈 현상을 완화시키고 그 국가나 사회 구성원들이 인간으로서의 기분적인 삶을 보장해 주는 것입니다. 기본소득을 제공하는 사회보장제도나 우리나라의 의료보험과 같은 공공의료정책이 바로 자본주의 안에 있는 사회주의 정책입니다.

많은 분들이 지금 대한민국이 급격하게 사회주의 체제로 변화되어 가고 있다고 말하지만 이미 우리 사회는 수십 년 전부터 사회보장제도나 의료보험과 같은 것으로 사회주의 정책을 수용하고 실천해 왔습니다. 그리고 그 제도가 공공의료정책을 채택하지 않는 미국식 자본주의보다 훨씬 더 좋은 것이라는 사실을 코로나19 사태를 통해 입증해 주었습니다.

자본주의와 함께 지금의 인류를 지배라고 있는 또 하나의 사상은 신학이 아닌 인문학입니다. 인문학은 신 중심의 사고가 아닌 인간 중심의 사고를 하는 것입니다. 인문학은 이 세상이 신에 의해 창조된 세상이라는 사실을 부정합니다.

이 모든 자연 만물은 물질의 진화 과정에서 생성된 것이며 인간은 그 진화의 최종적인 산물이라는 것이 인문학의 중심 내용 가운데 하나입니다. 그래서 인문학에서는 자연 모든 만물의 중심이 인간이며 인간이 스스로의 운명과 역사와 우주의 주체가 되어 모든 것을 결정해야 한다고 주장합니다.

현대 인류를 지배하는 또 하나의 실용주의 사상은 과학입니다. 과학은 자연 만물 안에 내재되어 있는 만유인력과 같은 법칙을 발견하고 그 법칙을 활용하여 인간의 삶에 유용한 다양한 기구들을 발명하면서 발전해 왔습니다. 도시를 만들어 사람들의 주거 환경을 보다 안전하게 만들었고 기차나 자동차나 비행기와 같은 것을 만들어 사람들의 삶을 좀 더 편리하게 만들었습니다.

과학은 철저한 유물론입니다. 과학은 우주 안에 있는 자연만물이 그것이 있게 된 이유를 알 수 없는 고도로 밀집되어 있고 압축되어 있던 그 어떤 물질의 폭발에서 시작했다고 말합니다. 이것을 빅뱅이론이라고 하는데 그 폭발과 함께 생성된 빛과 수소와 헬륨과 같은 원소들이 시계 반대 방향으로 계속 회전하고 팽창하면서 일정한 조건에 따라 만나고 헤어지면서 항성이나 행성이나 위성과 같은 별과 이 우주가 생겨났다고 주장합니다.

과학자들의 이론에 의하면 이 우주는 지금도 계속 팽창하고 있으며 이 우주 안에 있는 모든 에너지의 총량은 처음이나 지금이나 똑 같습니다. 단지 우리가 알 수 없는 흑암 물질과 같은 것이 우주의 대부분을 차지하고 있기 때문에 우리의 눈에 보이는 부분만 우리가 인지할 수 있다는 것입니다.

과학자들에 의하면 지금 존재하고 있는 모든 것은 점차 질서 있는 쪽에서 무질서한 쪽으로 변해가고 있습니다. 이것을 열역학 제2법칙이라고 합니다. 또 일정한 질서가 아닌 혼돈의 상황으로 우주를 설명하는 카오스 이론에 의하면 인간이 지금 가지고 있는 지식이나 경험이나 인간이 발견한 과학의 법칙으로는 우주의 모든 현상을 다 설명할 수 없습니다. 최근에 과학자들이 말하는 다중 우주론이라는 것도 결국은 아직 사람들이 다 설명할 수 없는 각기 다른 차원의 우주가 지구가 속해 있는 이 우주 밖에 많이 존재한다는 것입니다.

자본주의의 발달은 그 많은 폐해에도 불구하고 사람들의 삶에 보다 많은 양의 재화를 공급함으로써 인류에게 이전보다 나은 삶의 환경을 제공해 주었습니다. 인문학과 철학의 발달과 과학과 의학의 발전은 인간의 수명을 연장시키고 보다 편리하고 안정된 삶을 제공해 주었습니다.

그러나 그것들은 그 모든 사상적 기반을 창조주 하나님을 인정하지 않는 유물론에 기초한 것이기 때문에 한계가 있습니다. 유물론이나 진화론은 나름대로 물질의 생성과 변화의 과정은 설명할 수 있습니다. 그러나 모든 만물의 시작과 끝이 어떻게 되는지 그리고 그 안에 있는 생명과 영혼의 문제는 어떻게 설명해야 되는지에 대해서는 그 논리의 전제가 물질이기 때문에 말하지 못하는 한계가 있습니다.

그래서 자본주의 사회 안에서 인문학과 과학만을 신봉하는 사람들은 나이가 들어갈수록 육체를 가지고 사는 삶에 너무 지나치게 집착합니다. 그가 가진 지식으로는 죽으면 어찌될 줄 모르기 때문에 또 죽으면 모든 것이 끝이라는 생각 때문에 하루라도 더 살아보려고 몸부림치고 죽음에 대한 불안과 공포를 이겨내지 못합니다.

인문학이나 철학이나 과학적인 사고방식으로는 육체가 죽으면 지금 내가 가지고 있는 모든 것을 포기해야 합니다. 사랑하는 사람들과 헤어져야하고 하고 싶은 일들도 더 이상 하지 못하고 모든 것을 이대로 끝내야 합니다. 그러니 나이가 들어 늙고 병드는 것도 아프고 서러운데 죽음으로 모든 것을 포기해야 한다면 그 죽음에 대한 공포가 얼마나 심하겠습니까?

바로 여기에 지금 자본주의와 인간이 만든 철학과 과학에 기초한 물질문명과 문화 속에 살고 있는 인류의 비극이 있습니다. 처음과 끝을 모르고 오늘을 산다는 것은 개인의 종말이 다가오면 다가오는 만큼 사는 것이 더 불안합니다.

인간이 만든 제도나 철학이나 과학도 다 인간의 행복을 추구합니다. 그러나 물질 중심의 유물론에서 시작한 인간의 생각과 제도나 방법으로는 인간을 영원히 행복하게 만들어 줄 수 없습니다. 이것이 지금 사람들이 만든 문명과 문화의 기초인 유물론의 결정적인 한계입니다.

그러면 종교는 어떠할까요?

세상에는 많은 종교가 있습니다. 종교는 사람들이 만든 사상이나 사회가 책임질 수 없고 대답할 수 없는 생명과 영혼의 문제에 대한 근본적인 해답을 추구합니다. 그래서 근본을 말하는 종자와 가르침을 말하는 교자를 합하여 종교(宗敎)라고 합니다.

종교는 과학이나 철학처럼 사람들이 살아가는 동안 어떻게 살아야 할 것이냐의 문제만이 아니라 생명의 본질이 무엇인지와 죽음 이후의 문제 그리고 영혼의 문제에 대한 해답을 추구합니다. 육체로 살아 있는 동안 사람이 어떻게 살아야 하는 것인지에 대한 해답은 인간의 이성이나 과학이나 철학도 어느 정도 대답할 수 있습니다.

그러나 생명의 본질과 죽음 이후의 문제 그리고 영혼의 문제에 대해서는 과학이나 철학은 삶의 과정에 대해서는 설명할 수 있으나 시작과 끝에 대해서는 모른다는 것이 과학과 철학의 한

계입니다.

그래서 사람들은 종교를 통하여 과학이나 철학이 다 대답하지 못하는 문제들에 대한 해답을 추구합니다. 자연 만물의 시작과 끝에 대한 해답과 함께 인간의 삶에 대해서도 생명의 분질과 오늘을 사는 삶의 문제 그리고 죽음이후의 삶의 문제에 대한 해답을 추구합니다.

그 물음과 해답을 인간에게만 좁혀서 보면 종교는 크게 네 가지의 인생에 대한 해답을 추구합니다. 그것은 행복(TO BE HAPPY)과 평안(INNER-PEACE)입니다. 이 두 가지를 합하여 개인으로서의 인생 그 자체를 잘 사는 것(WELL-BEING)이라고 합니다. 그리고 참된 종교는 사회 정의 실현을 통한 공동체의 평화(PEACE)와 영생(ETERAI-LIFE)을 추구합니다.

행복은 이 세상에서 육체를 가지고 사는 동안 건강하고 아름답게 살기 위해 추구하는 것입니다. 보통 불로장생하면서 부귀영화를 누리고 명예를 얻고 자손이 잘 되며 죽을 때 고통 없이 죽으면 행복한 삶이라고 생각합니다.

평안은 마음의 문제입니다. 내면의 문제입니다. 진정으로 행복한 사람은 외적인 조건만 좋은 것이 아니라 마음이 평안한 사람입니다. 아무리 많은 것을 가지고 누린다고 해도 내면의 평안이 없으면 행복할 수 없습니다. 마음이 평안한 사람은 감사하기 때문에 환경에 대한 불평이나 삶에 대한 두려움이 없습니다.

외적인 행복과 내적인 평안 이 두 가지가 조화를 이루어 사는 삶은 그 존재 자체가 아름다운 사람입니다. 그래서 종교는 잘 사는 삶(WELL-BEING)을 추구합니다.

평화는 개인의 삶을 넘어서는 공동체의 문제입니다. 정의 실현을 통해 이루어지는 평화는 온 세상과 사람과 자연의 조화와 질서와 균형의 문제입니다. 정의가 무너지고 평화가 없는 세상에서는 그 공동체에 속한 개인의 삶이 평안하거나 행복할 수 없습니다. 그러므로 참된 종교는 다툼이나 싸움이나 전쟁이 없는 세상, 정의 실현을 통해 평화가 이루어지는 세상을 추구합니다.

기독교의 경전인 성경에는 사회 정의를 외친 예언자들의 말씀을 전한 예언서가 있습니다. 이 예언서의 내용이 전체 성경의 사분의 일에 해당합니다. 예수님의 말씀도 예언자의 전승을 이어받은 내용이 많이 있고 신약의 예언서인 요한계시록도 하나님의 정의 실현을 통한 사랑의 완성으로 이루어지는 평화에 대해 말씀하고 있습니다. 참된 종교는 평화를 추구합니다.

영생은 영혼의 문제입니다. 영혼의 존재를 인정하지 않는 인간의 이성이나 과학이나 철학은 인간의 생명의 본질과 영혼의 문제에 대해 답을 할 수 없습니다. 이 영혼의 문제에 대한 해답이 있느냐 없느냐가 과학과 종교의 결정적인 차이입니다. 과학도 철학도 다 인간의 행복과 평안을 추구합니다. 그러나 영혼의 문제에 대해서는 철학이나 과학은 그 존재를 믿지 않기 때문에 답을 할 수 없습니다.

사람은 누구나 본능으로 움직이는 육체로 된 몸과 그 내면에 의식을 가진 마음을 가지고 삽니다. 그리고 그 안에는 영혼이 있습니다. 사람은 누구나 육체로 사는 동안 행복과 평안을 누리며 평화롭게 살기를 원합니다.

그러나 아무리 세상에서 잘 살아도 인생의 근본적인 문제는 죽음이 찾아왔을 때 내 영혼의 문제를 어떻게 할 것이냐 하는 것입니다. 인간은 몸과 마음만 있는 것이 아니라 영혼이 있습니다. 영혼의 존재를 인정하지 않는 과학이나 철학이나 세상에서의 형통만을 구하는 기복 종교는 이생에서의 평안과 행복과 평화을 추구하는 것으로 끝이 납니다.

그래서 참된 종교는 영생을 추구합니다. 참된 종교라면 몸과 마음과 영혼을 가진 사람들의 이생의 행복과 평안과 평화만이 아니라 내생과 영생에 대한 바른 해답을 주어야 합니다. 내생과 영생에 대한 해답을 줄 수 없으면 진정한 의미에서 종교가 아닙니다.

## 2. 종교의 종류

종교를 크게 나누어 보면 두 가지입니다. 하나는 영원히 살아 계신 절대자이시며 눈에 보이지 않는 모든 영의 세계와 눈에 보이는 물질의 세계를 창조하신 전능하신 창조주 하나님의 존재를 인정하고 주님으로 믿는 기독교와 같은 유신론적 종교입니다.

기독교는 하나님의 창조물인 인간의 몸과 함께 있는 영혼의 존재를 인정합니다. 때가 되면 몸은 죽으나 영혼은 죽지 않습니다. 영혼이 인간의 궁극적인 실체입니다. 영혼이 죽지 않는다는 말은 육체의 호흡이 끊어지고 심장의 박동이 멈춰 그 육체의 생명 현상이 사라진 이후에도 영혼은 사라지거나 없어지지 않는다는 뜻입니다.

몸과 마음을 가진 인간이 죽으면 육체는 흙으로 돌아가고 육체와 함께 마음속에 있던 육체의 의식은 사라지지만 육체로 사는 동안 몸과 마음과 함께 있던 영혼은 육체와 분리된 죽음 이후에도 보기도 하고 느낄 수도 있는 의식을 가진 존재로 영원히 살아서 존재합니다.

그리고 그가 살아 있던 동안 행한 모든 일에 대해 심판을 받습니다. 만일 영혼이 살아 있지 않다면 사람이 죽은 후에 심판을 받는다는 성경 말씀이 거짓이 됩니다. 그러므로 우리는 반드시 영혼의 준재를 믿어야 합니다.

> "한번 죽는 것은 사람에게 정해진 것이요 그 후에는 심판이 있으리
> 니"(히9:27)

그 심판 후에 천국이나 지옥에서 영생합니다. 영원한 행복과
평안을 누리며 천국에서 살거나 아니면 영벌을 받아 지옥에서
영원한 고통을 받게 됩니다.

> "또 내가 크고 흰 보좌와 그 위에 앉으신 이를 보니 땅과 하늘이
> 그 앞에서 피하여 간 데 없더라 또 내가 보니 죽은 자들이 큰 자나
> 작은 자나 그 보좌 앞에 서 있는데 책들이 펴 있고 또 다른 책이 펴
> 졌으니 곧 생명책이라 죽은 자들이 자기 행위를 따라 책들에 기록된
> 대로 심판을 받으니 바다가 그 가운데에서 죽은 자들을 내주고 또 사
> 망과 음부도 그 가운데에서 죽은 자들을 내주매 각 사람이 자기의 행
> 위대로 심판을 받고 사망과 음부도 불못에 던져지니 이것은 둘째 사망
> 곧 불못이라 누구든지 생명책에 기록되지 못한 자는 불못에 던져지더
> 라"(계20:11-15)

그래서 사람들은 살아있는 동안 반드시 영혼의 때가 있음을
알고 준비해야 합니다. 그래서 창조주 하나님의 존재를 믿는 사
람들은 행복과 평안과 평화만이 아니라 영생에 대한 해답을 하
나님과의 관계에서 찾습니다. 그러나 어리석은 인간들은 하나님

의 존재를 믿지 않을 뿐만 아니라 부인합니다.

> "어리석은 자는 그의 마음에 이르기를 하나님이 없다 하는도다 그
> 들은 부패하고 그 행실이 가증하니 선을 행하는 자가 없도다 여호와께
> 서 하늘에서 인생을 굽어 살피사 지각이 있어 하나님을 찾는 자가 있
> 는가 보려 하신즉 다 치우쳐 함께 더러운 자가 되고 선을 행하는 자
> 가 없으니 하나도 없도다"(시14:1-3)

또 하나의 종교는 절대자인 창조주 하나님의 존재를 인정하지
않는 무신론적 종교입니다. 이 종교는 세상 모든 자연 만물은 창
조주에 의해 창조된 것이 아니라 그 스스로 완전한 것이라고 생
각합니다. 단지 그 안에 있는 것들이 인연에 따라 만나고 흩어지
는 과정을 통해 끊임없이 윤회하면서 지금과 같은 각각의 모양
과 형상을 만들었다고 생각합니다.

그리고 이 종교는 그 모든 것은 그 안에 존재하는 에너지의 강
약과 많고 적음의 상태에 따라 생장성쇠와 생로병사를 반복하면서
이 우주 안에 다양한 모습으로 존재한다고 생각합니다. 인연과 자
연의 법칙과 질서에 따라 눈에 보이는 상태로 존재하기도 하고
눈에 보이지 않는 상태로 존재하면서 이 일을 계속 반복하며 무
한 윤회한다고 생각합니다. 그래서 이런 종교는 창조주 하나님의
존재나 불멸하는 인간 영혼의 존재를 인정하지 않습니다.

그러므로 이 종교가 추구하는 것은 주로 인간이 육체를 가지고 살아가는 동안의 몸과 마음의 행복과 평안입니다. 이들도 영생을 추구하기는 합니다. 그러나 이들이 말하는 영생은 몸과 마음의 수련과 깨달음을 통해 육체를 가진 인간의 욕망에서 벗어나 붓다와 같이 깨달은 자가 되어 무한 반복하는 윤회에서 벗어나는 것입니다.

그 외에도 많은 종교들이 있습니다. 자연이나 동물이나 정령을 숭배하는 토테미즘이나 애니미즘과 같은 종교도 있고 사람이 죽으면 그 혼령이 귀신이 된다고 생각하고 귀신을 섬기는 종교도 있습니다. 이것들은 모두 다 인간의 연약함을 돕는 그 무엇이 있어야 된다고 생각하는 인간들이 만든 종교입니다. 그리고 이와 같은 종교일수록 귀신들을 다스리거나 달랠 수 있다고 생각하는 무당들의 주술과 마법을 아주 중요하게 생각합니다. 이것은 샤머니즘입니다.

종교는 인민의 아편이라는 유명한 말이 있습니다. 이 말처럼 어떤 종교는 사람들의 정신을 마비시키기도 합니다. 어떤 종교는 사람들에게 현실을 외면하게 하고 자신들의 교주의 가르침에 맹종하면서 그 집단에만 몸과 마음을 다 바쳐 충성하게 만들어 버립니다. 그러나 이것은 거짓 종교가 가지는 역기능입니다.

또 종교는 사회 구성원들의 마음을 하나로 묶어 통합하기도

하고 또 어떤 경우에는 잘못된 교리나 주장을 통해 사회를 극심하게 분열시켜 사람과 사람 사이 그리고 집단과 집단 사이의 갈등을 촉발하고 분열하게 만들기도 합니다.

그래서 사람들의 마음을 순화시키고 이생의 행복과 평안뿐만 아니라 영혼의 문제와 내세에 대해서도 바른 해답을 주고 사회와 국가에 선한 영향력을 발휘하는 종교가 무엇인가를 반드시 알아야 합니다.

## 3. 성경의 가르침 따라

기독교의 경전은 성경입니다. 경전(經典)이라는 말은 진리를 가리키는 경이라는 말과 그 진리를 풀어 놓았다는 의미의 전이라는 단어가 합하여진 것입니다. 그러므로 기독교의 경전인 성경은 기독교의 진리를 담고 있으며 성경 스스로 그 진리를 풀어주고 있습니다. 우리가 흔히 성경은 성경으로 해석해야 한다는 말을 하는 이유는 성경이 기독교의 경전이기 때문입니다.

또한 성경은 우리 신앙의 표준서인 정경입니다. 정경이라는 말은 성경의 말씀이 우리 신앙의 잣대요, 표준이라는 것입니다. 성경은 과연 어떤 책일까요? 성경에 대한 정의가 성경에 나와 있습니다.

"또 어려서부터 성경을 알았나니 성경은 능히 너로 하여금 그리스도 예수 안에 있는 믿음으로 말미암아 구원에 이르는 지혜가 있게 하느니라. 모든 성경은 하나님의 감동으로 된 것으로 교훈과 책망과 바르게 함과 의로 교육하기에 유익하니 이는 하나님의 사람으로 온전하게 하며 모든 선한 일을 행할 능력을 갖추게 하려 함이라"(딤후3:15-17)

성경은 그 안에 담겨 있는 수많은 사건과 수천수만의 사람들의 인생과 기록된 말씀을 통해 예수 그리스도를 믿음으로 온전한 구원에 이르는 지혜를 얻게 합니다. 성경은 기독교인이 살아가야 할 삶의 방향과 목표를 교훈으로 제시합니다. 그리고 악을 행하면 그 말씀이 거울이 되어 자신을 비추어 돌아보게 함으로써 회개하도록 책망합니다. 또한 바른 삶을 살도록 이끌어 줍니다. 성경은 믿음 안에서 의롭게 사는 방법을 제시해 줌으로써 신앙을 가진 사람의 인격을 온전하게 하고 사는 날 동안 선을 행하며 살게 합니다.

성경의 가르침에 따라 이루어진 기독교는 인생의 행복과 평안과 평화와 영생에 대한 궁극적인 해답이 예수 그리스도 안에 있음을 믿고 예수 그리스도를 이 세상을 구원하실 유일한 구원자요 구세주로 믿는 종교입니다.

"이 예수는 너희 건축자들의 버린 돌로서 집 모퉁이의 머릿돌이 되었느니라 다른 이로써는 구원을 받을 수 없나니 천하 사람 중에 구원을 받을 만한 다른 이름을 우리에게 주신 일이 없음이라 하였더라"

(행4:11-12)

성경의 가르침에 의하면 예수 그리스도는 모든 우주 만물이 존재하기 전부터 하나님 아버지와 함께 계신 하나님이셨습니다.

"태초에 말씀이 계시니라 이 말씀이 하나님과 함께 계셨으니 이 말씀은 곧 하나님이시니라 그가 태초에 하나님과 함께 계셨고 만물이 그로 말미암아 지은 바 되었으니 지은 것이 하나도 그가 없이는 된 것이 없느니라"(요1:1-3)

또한 예수님은 우리와 같은 육체를 가진 인간의 몸으로 우리를 찾아오신 유일하신 하나님의 아들입니다.

"말씀이 육신이 되어 우리 가운데 거하시매 우리가 그의 영광을 보니 아버지의 독생자의 영광이요 은혜와 진리가 충만하더라"(요1:14)

그러므로 성경의 가르침과 하나님의 아들이신 예수그리스도 안에 인간의 참된 행복과 평안과 평화와 영생의 진리와 유일한 구원의 길이 있습니다.

1) **행복** : "이스라엘아 네 하나님 여호와께서 네게 요구하시는 것이 무엇이냐 곧 네 하나님 여호와를 경외하여 그의 모든

도를 행하고 그를 사랑하며 마음을 다하고 뜻을 다하여 네 하나
님 여호와를 섬기고 내가 오늘 네 행복을 위하여 네게 명하는
여호와의 명령과 규례를 지킬 것이 아니냐"(신10:12-13)

"도둑이 오는 것은 도둑질하고 죽이고 멸망시키려는 것뿐이요 내가
온 것은 양으로 생명을 얻게 하고 더 풍성히 얻게 하려는 것이라"

(요:10:10)

2) **평안** : "모든 지킬 만한 것 중에 더욱 네 마음을 지키라
생명의 근원이 이에서 남이니라"(잠4:23)

"보혜사 곧 아버지께서 내 이름으로 보내실 성령 그가 너희에게 모
든 것을 가르치고 내가 너희에게 말한 모든 것을 생각나게 하리라 평
안을 너희에게 끼치노니 곧 나의 평안을 너희에게 주노라 내가 너희에
게 주는 것은 세상이 주는 것과 같지 아니하니라. 너희는 마음에 근
심하지도 말고 두려워하지도 말라"(요14:26-27)

3) **평화** : "홀연히 수많은 천군이 그 천사들과 함께 하나님을
찬송하여 이르되 지극히 높은 곳에서는 하나님께 영광이요 땅에서
는 하나님이 기뻐하신 사람들 중에 평화로다 하니라"(눅2:13-14)

4) **영생** : "내가 진실로진실로 너희에게 이르노니 내 말을
듣고 또 나 보내신 이를 믿는 자는 영생을 얻었고 심판에 이르

지 아니하나니 사망에서 생명으로 옮겼느니라"(요5:24)

그러므로 성경의 가르침을 따라 예수 그리스도를 주님으로 고백하는 사람들은 늘 삶의 행복을 추구해야 합니다. 그리고 내적인 평안과 정의 실현을 통한 세상의 평화를 추구해야 합니다. 신앙생활을 하면서 행복하지 못하고 마음에 평안이 없다면 무엇이 잘못되었는지를 성경 말씀에 비추어 생각하고 예수 그리스도 안에서 행복과 평안을 찾아야 합니다.

이 세상의 온전한 평화는 주님 재림 이후에 모든 악의 세력과 사탄이 하나님의 심판을 받은 다음에 이루어집니다. 주님은 공의의 하나님이시기 때문에 악을 완전히 심판하신 후에 영원한 평화의 나라가 이루어지게 하십니다. 그러나 우리가 이 세상에서 살아가는 동안에도 정의는 실현 되어야 하고 평화는 이루어져야 합니다. 온전한 하나님의 평화는 새 하늘과 새 땅에서 이루어지지만 우리가 살아가는 동안에도 우리는 개인의 행복이나 평안을 넘어서는 이 세상의 평화를 추구해야 합니다.

우리 기독교인들은 육체를 가지고 이 땅에 사는 동안에도 이 지구에 사는 모든 사람과 더불어 누리는 평화를 추구해야 합니다. 자연 만물을 파괴하지 말고 잘 가꾸어야 합니다. 기독교 신앙을 가진 사람에 의해 이 세상의 평화가 깨진다면 그것은 잘못된 신앙입니다.

영생은 양생하시는 하나님의 생명입니다. 하나님께서는 우리의 영혼이 존재하는 순간부터 그 영혼이 영원히 살 수 있게 만들어 놓으셨습니다. 그리고 우리가 예수님을 주님으로 영접할 때 우리를 하나님의 자녀로 거듭나게 하셔서 영혼의 영생을 하나님의 자녀들이 평안함으로 누리는 천국의 영생으로 바꾸어 주셨습니다.

예수님을 믿으면서부터 내 영혼 안에서 시작된 이 영생을 천국가는 그날까지 잃어버리지 않고 누리며 살아야 합니다. 그 방법이 무엇일까요? 그것은 언제나 내 영혼이 하나님의 말씀을 먹으며 사는 것입니다. 예수님은 내가 너희에게 이른 말이 영이요 생명이라고 하셨습니다.

> "살리는 것은 영이니 육은 무익하니라 내가 너희에게 이른 말은 영이요 생명이라"(요6:63)

그러므로 우리가 예수님을 주님으로 영접한 때부터 시작된 거듭난 우리의 영혼이 갖게 된 영생은 우리가 항상 하나님의 말씀을 영혼의 양식으로 먹고 그 말씀대로 살 때 유지됩니다. 그리고 영생하는 그 영혼이 우리의 육신의 몸을 벗어버리고 하늘나라로 가게 되었을 때에도 그 영혼의 영생은 유지됩니다. 이 영생은 주님이 재림하실 때 우리의 영혼이 신령한 영의 몸을 입으며 변화되어 새 하늘과 새 땅에 들어가게 될 때 온전하게 완성됩니다.

우리가 바라고 소망하는 영생은 이단들이 말하는 것처럼 이 육체가 죽지 않고 살아서 영생하는 것이 아닙니다. 육체의 죽음 이후에도 하나님의 생명을 가진 영혼이 영생하시는 하나님과 함께 영원히 행복하게 사는 것입니다.

사탄도 영생합니다. 그러나 사탄은 심판을 받은 다음에 영원한 고통 속에서 영생합니다. 그 사탄의 영생과 우리의 영생이 다른 것은 바로 이것입니다. 사탄의 영생은 영원한 고통이 있는 지옥에서 영생하는 것이고 우리는 고통은 없고 영원한 행복과 평안과 평화가 있는 천국에서 영원히 사는 것입니다.

> "또 그들을 미혹하는 마귀가 불과 유황 못에 던져지니 거기는 그 짐승과 거짓 선지자도 있어 세세토록 밤낮 괴로움을 받으리라"
>
> (계20:10)

우리가 바라는 영생은 예수 그리스도를 주님으로 영접함으로 육체 안에서 하나님의 생명으로 거듭난 영혼이 천국에서 영원히 죽지 않는 영의 몸을 입고 고통이나 아픔이나 죽음이 없이 영원히 행복하게 사는 것입니다.

예수 그리스도 안에 참된 행복과 평안 그리고 평화와 영생이 있습니다.

# [1장 묵상 주제]

1. 이 세상을 지배하는 사상에 대해 말해 봅시다.

2. 종교란 무엇입니까?

3. 종교에는 어떤 종류가 있습니까?

4. 종교는 무엇을 추구합니까?

5. 영생에 대해 말해 봅시다.

6. 성경은 어떤 책입니까?

7. 기독교는 어떤 종교입니까?

## ✝ 제2장 예수가 정답이다

### 성경 본문(계1:1-2)

✝ 1. 이것은 예수 그리스도께서 계시하신 것을 기록한 책입니다. 하나님은 곧 일어날 일을 자기 종들에게 보이시려고 이 계시를 그에게 주셨습니다. 그래서 그리스도는 그의 천사를 자기 종 요한에게 보내 이 일을 알게 하신 것입니다.

✝ 2. 요한은 하나님의 말씀과 예수 그리스도께서 증거 하신 것, 곧 자기가 본 것을 다 증거 하였습니다.

### 1. 유일한 구원자 예수 그리스도

예수와 그리스도는 나눌 수 없습니다. 우리 기독교인들은 이 세상 모든 만물과 인생 문제에 대한 궁극적인 해답이 성경에 있고 예수 그리스도를 통해 모든 구원이 이루어지며 완성되는 것을 믿습니다.

그런데 초대교회로부터 지금까지 이단들이 계속 시도한 것은 이 인류 역사 속에 인간의 몸으로 오신 예수님과 구원자이신 그리스도를 분리하는 것입니다. 그 이유는 예수님이 오직 유일하시고 영원한 구원자가 아니라 이단의 교주가 영원한 구원자이거나 혹은 그 교주가 그 시대의 또 다른 구원자라고 말하기 위함입니다.

이들의 주장대로 하면 예수님은 하나님의 유일한 아들로서의 유일한 구원자가 아니라 석가모니처럼 여러 구원자 중의 하나가 됩니다. 예수 그리스도만이 아닌 또 다른 구원자가 있다는 말은 이런 뜻입니다. 그들에 의하면 기독교나 불교나 이슬람교나 다 인간의 행복과 평안 그리고 평화와 영생을 추구하는 목적은 같은데 단지 그것을 이루도록 하는 방법이 다르고 방편으로서의 가르침이나 수행의 내용만 다르다는 것입니다.

그러나 그 행복이나 평안이나 평화나 영생과 같은 구원을 추구하는 궁극적인 목적이 같기 때문에 모든 종교는 동등한 가치를 가지고 있고 그래서 종교 통합을 이루어 모든 인류의 구원을 모든 종교가 함께 노력하고 추구해서 이루어야 한다고 말합니다. 이것을 종교 다원주의라고 합니다.

종교 다원주의는 각 종교가 그 지향점이 같다는 것을 이렇게 설명합니다. 산은 하나인데 그 정상에 올라가는 길이 여러 가지인 것처럼 구원에 이르는 길이 여러 가지가 있으나 그 정강에서는 다 같이 만난다는 것입니다. 그러나 각각의 종교는 산으로 비유하면 그 올라가는 산이 다 다릅니다. 그리고 산에만 올라가는 것이 아니라 하나님을 믿느냐 믿지 않느냐에 따라 그 지향점도 다릅니다. 올라가는 산이 다르고 그 목표가 다른데 어찌 하나일 수 있습니까? 인간을 타락시키는 사탄의 허울 좋은 계략입니다.

그리고 이단들은 성경을 왜곡하여 시대마다 구원자가 있다는 식으로 설명합니다. 예를 들면 에녹이 그 시대의 구원자이고 아브라함이 그 시대의 구원자이며 모세가 그 시대의 구원자라는 식입니다. 그리고 예수님은 그 시대의 구원자인데 그 구원을 실패했기 때문에 마지막 시대의 구원자인 이단의 교주가 있어야 한다는 것입니다. 이것은 시대별 구원자론이라고 합니다. 이단의 교주를 시대의 구원자로 내세우기 위한 잘못된 가르침입니다.

성경에서 증언하는 예수님은 처음부터 하나님이시고 인류를 구원하실 유일한 메시아요 구원자인 그리스도입니다. 예수님은 자신에 대하여 이렇게 말씀하셨습니다.

"예수께서 이르시되 내가 곧 길이요 진리요 생명이니 나로 말미암지 않고는 아버지께로 올 자가 없느니라"(요14:6)

이 말씀처럼 예수님은 궁극적인 구원을 주시는 하나님 아버지께 나아가기 위한 유일한 길이요 유일한 진리이며 영생을 주시는 유일한 분입니다. 예수님은 여러 구원자 가운데 한 분이 아니라 영생을 주시는 유일한 구원자입니다.


## 2. 성경의 예언을 성취하신 예수

성경의 가르침대로 예수님은 창세기에서 말하는 것처럼 처음부터 구원자로 약속된 여자의 후손입니다.(창3:15) 예수님은 태어나시기 700년 전에도 처녀의 몸에서 태어나실 것이 예언 되었으며(사7:14) 예수님은 태어날 때부터 하나님이셨습니다.(사9:6) 예언자 이사야는 예수님이 십자가에서 고난을 받으실 것을 이렇게 예언했습니다.

> "그는 실로 우리의 질고를 지고 우리의 슬픔을 당하였거늘 우리는 생각하기를 그는 징벌을 받아 하나님께 맞으며 고난을 당한다 하였노라 그가 찔림은 우리의 허물 때문이요 그가 상함은 우리의 죄악 때문이라 그가 징계를 받으므로 우리는 평화를 누리고 그가 채찍에 맞으므로 우리는 나음을 받았도다"(사53:4-5)

예수님은 구약의 예언대로 처녀 마리아의 몸에서 그리스도로 태어나셨고(마1:16) 십자가에서 유대인의 왕이라는 죄목으로 사형선고를 받고 죽으셨습니다.

"그들이 예수를 십자가에 못 박은 후에 그 옷을 제비 뽑아 나누고 거기 앉아 지키더라 그 머리 위에 이는 유대인의 왕 예수라 쓴 죄패를 붙였더라"(마27:35-37)

"예수께서 다시 크게 소리 지르시고 영혼이 떠나시니라 이에 성소 휘장이 위로부터 아래까지 찢어져 둘이 되고 땅이 진동하며 바위가 터지고"(마27:50-51)

그래서 예수님의 이름은 자기 백성을 저들의 죄에서 구원한다는 뜻의 예수요(마1:19) 언제나 우리와 함께 하시는 임마누엘의 하나님이십니다.(마1:21-23) 그런데 이단들은 예수님은 그저 평범한 한 인간으로 태어난 사람이었는데 세례 요한에게 세례를 받으면서 비둘기 같이 내려오신 성령을 받아 그리스도가 되었다고 주장합니다(마3:16) 명백한 성경의 왜곡입니다.

그리고 예수님이 세례 받을 때 성령으로 왔던 그리스도는 예수님이 복음 전파 사역을 할 때 함께 있다가 십자가에서 죽으실 때 함께 고통을 당하거나 죽지 않고 떠나가셨으므로 육체를 가진 예수만 죽었다고 주장합니다.

그러나 예수님은 태어나실 때부터 하나님의 아들로 태어나셨고 세례를 받으시면서 공적인 삶을 시작하셨습니다. 십자가에서 죽으시면서 속죄를 완성하셨으며 부활하시고 승천하신 이후에 이제 다시 재림하셔서 모든 악과 사탄을 심판하시고 우리의 구원을 새 하늘과 새 땅에서 완성하십니다.

이단들은 예수님이 십자가에서 당하신 고난은 인간 예수의 육체만 죽은 것이고 구원자인 그리스도가 당한 것이 아니므로 불완전한 구원이라고 말합니다. 그래서 그들은 예수님이 십자가에서 이룬 구원이 완전하지 못하기 때문에 지금 이 시대에 또 다른 보혜사 성령과 하나가 된 육체를 가진 인간이 다시 이 시대의 구원자로 와서 인류를 구원해야 한다고 말합니다. 초대교회에서 시작된 영지주의 이단들로부터 동서고금의 거의 모든 이단들의 주장은 이 내용을 근본으로 합니다.

그런데 의외로 초대교회 때부터 예수님과 그리스도를 나누는 이 영지주의 이단에 속아 예수님이 십자가에서 이룬 완전속죄(히 9:12)를 부인하고 하나님을 대적한 무리들이 지금까지 많이 있습니다. 사도들의 서신에 많이 등장하는 이단들, 초대교회 안에 있던 영지주의자들은 니골라당이나 이세벨의 이름으로 등장하여 교회를 혼란시키고 성도들을 미혹하여 타락하게 했습니다.

초대교회 시대는 배교를 강요당하는 때였고 적당히 타협을 강요받는 시대였습니다. 그렇지 않으면 모진 핍박과 고난을 당하고 순교해야 하는 시대였습니다.

"여자들은 자기의 죽은 자들을 부활로 받아들이기도 하며 또 어떤 이들은 더 좋은 부활을 얻고자 하여 심한 고문을 받되 구차히 풀려나기를 원하지 아니하였으며 또 어떤 이들은 조롱과 채찍질뿐 아니라 결박과 옥에 갇히는 시련도 받았으며 돌로 치는 것과 톱으로 켜는 것과 시험과 칼로 죽임을 당하고 양과 염소의 가죽을 입고 유리하여 궁핍과 환난과 학대를 받았으니(이런 사람은 세상이 감당하지 못하느니라) 그들이 광야와 산과 동굴과 토굴에 유리 하였느니라"(히11:35-39)

교회 밖에서의 외적인 핍박과 교회 안에서 일어난 내적인 이단들의 거짓된 가르침을 이기고 세워진 교회는 지금까지 2천년의 세월을 넘어 그 숱한 고난과 시련을 이기고 영적 순결을 유지하며 오늘날까지 지속해 왔습니다.

우리 신앙의 핵심은 예수님이 유일한 그리스도인 것을 믿는 것입니다. 예수님은 그리스도와 나눌 수 없으며 나누어지지 않습니다. 초림하신 예수님이 메시아요 구세주요 구원자입니다. 그리고 그 예수님이 죽으시고 부활하시고 승천하셨습니다. 그리고 재림하십니다.

성경에는 예수님에 대한 두 가지 예언이 뒤섞어 있습니다. 하나는 초림 예수에 대한 예언이고 하나는 재림 예수에 대한 예언입니다. 초림 예수에 대한 예언은 여자의 후손을 통한 구원의 약속(창3:15)에서 출발합니다. 그리고 그 예언은 예수님이 모든 인류의 구원을 위해 율법의 완성자로서(마5:17) 십자가에서 흘리신 보혈로 속죄의 사역을 온전히 이루시면서 완성됩니다.(요19:30)

예수님은 십자가에서 죽으신 후 사흘 만에 부활하셨습니다. 그리고 승천하시면서 재림하실 것을 약속하셨습니다. 그 재림에 대하여 구약성경에서는 주로 주의 날에 이루어지는 심판과 그 심판 이후에 이루어지는 영원한 평화의 나라에 대한 말씀으로 많이 기록되어 있습니다.

> "그 날에 죄와 더러움을 씻는 샘이 다윗의 족속과 예루살렘 주민을 위하여 열리리라 만군의 여호와가 말하노라 그 날에 내가 우상의 이름을 이 땅에서 끊어서 기억도 되지 못하게 할 것이며 거짓 선지자와 더러운 귀신을 이 땅에서 떠나게 할 것이라"(슥13:1-2)

> "보라 내가 새 하늘과 새 땅을 창조하나니 이전 것은 기억되거나 마음에 생각나지 아니할 것이라 너희는 내가 창조하는 것으로 말미암아 영원히 기뻐하며 즐거워할지니라 보라 내가 예루살렘을 즐거운 성으로 창조하며 그 백성을 기쁨으로 삼고 내가 예루살렘을 즐거워하며 나의 백성을 기뻐하리니 우는 소리와 부르짖는 소리가 그 가운데에서 다시는 들리지 아니할 것이며 거기는 날 수가 많지 못하여 죽는 어린이와 수한이 차지 못한 노인이 다시는 없을 것이라 곧 백세에 죽는 자를 젊은이라 하겠고 백세가 못되어 죽는 자는 저주 받은 자이리라"
>
> (사65:17-20)

# 3. 초림 예수

예수님은 BC 4년 베들레헴에서 한 인간의 몸으로 태어나신 분입니다. 이 말씀은 예수님은 허구적인 존재가 아니라 하나님의 구원 역사를 이루기 위해 역사 속에 인간의 몸으로 실재하셨던 인물이라는 뜻입니다. 구약성경에서 한 아이의 몸으로 오실 예수님은 이렇게 예언되어 있습니다.

> "이는 한 아기가 우리에게 났고 한 아들을 우리에게 주신 바 되었는데 그의 어깨에는 정사를 메었고 그의 이름은 기묘자라, 모사라, 전능하신 하나님이라, 영존하시는 아버지라, 평강의 왕이라 할 것임이라"(사9:5)

이렇게 성경의 예언대로 태어나신 예수님은 하나님의 영광의 광채이시며 그 형상의 본체로서 율법의 마지막 시대에 오셔서 복음으로 하나님의 구원에 대한 약속을 성취하신 분입니다.

> "옛적에 선지자들을 통하여 여러 부분과 여러 모양으로 우리 조상들에게 말씀하신 하나님이 이 모든 날 마지막에는 아들을 통하여 우리에게 말씀하셨으니 이 아들을 만유의 상속자로 세우시고 또 그로 말미암아 모든 세계를 지으셨느니라 이는 하나님의 영광의 광채시요 그 본체의 형상이시라 그의 능력의 말씀으로 만물을 붙드시며 죄를 정결하게 하는 일을 하시고 높은 곳에 계신 지극히 크신 이의 우편에 앉으

셨느니라"(히1:1-3)

이 일을 이루신 예수님의 생애에 대한 내용은 신약성경의 복음서에 잘 기록되어 있으며 그분의 사역을 요약하여 성경은 이렇게 말씀합니다. 가르치시고 천국복음을 전파하시며 모든 병든 자와 약한 자를 고치신 사역을 우리는 메시야의 표적이라고 합니다.

> "예수께서 온 갈릴리에 두루 다니사 그들의 회당에서 가르치시며 천국 복음을 전파하시며 백성 중의 모든 병과 모든 약한 것을 고치시니 그의 소문이 온 수리아에 퍼진지라 사람들이 모든 앓는 자 곧 각종 병에 걸려서 고통당하는 자, 귀신 들린 자, 간질하는자, 중풍병자들을 데려오니 그들을 고치시더라"(마4:23-24)

초림하신 예수님은 처녀 마리아의 몸을 통해 인간의 몸으로 이 땅에 오셔서 세례 요한에게 세례를 받으신 이후에 성령님과 함께 본격적인 공적인 사역을 시작하셨고 천국 복음을 가르치시고 전파하시며 모든 병과 모든 약한 것을 고치셨습니다. 그리고 AD. 29년에 십자가에서 인류 구원을 위한 속죄 사역을 이루시고 죽으신 후 3일 만에 부활하시고 승천하셨습니다.

> "이 말씀을 마치시고 그들이 보는데 올려져 가시니 구름이 그를 가리어 보이지 않게 하더라"(행1:9)

## 4. 재림 예수

예수님의 육신의 몸은 십자가에서 죽었습니다. 그러나 예수님은 사흘 만에 죽은 자 가운데에서 신령한 몸으로 부활하셨습니다. 그리고 하나님 아버지께서 주신 하늘과 땅의 모든 권세를 가지셨습니다.

> "예수께서 나아와 말씀하여 이르시되 하늘과 땅의 모든 권세를 내게 주셨으니 그러므로 너희는 가서 모든 민족을 제자로 삼아 아버지와 아들과 성령의 이름으로 세례를 베풀고 내가 너희에게 분부한 모든 것을 가르쳐 지키게 하라 볼지어다. 내가 세상 끝날 때까지 너희와 항상 함께 있으리라 하시니라"(마28;18-20)

제자들에게 복음전파의 위대한 사명을 주시고 승천하신 예수님은 이제 곧 재림하십니다. 재림하시는 예수님은 초림 때 십자가에서 죽으시고 부활하시고 승천하신 바로 그 예수님입니다. 초림 예수가 재림 예수입니다.

승천하실 때 주신 약속대로 이제 곧 재림하실 예수님은 하나님이 계시는 하늘나라에서 오십니다. 그리고 그동안 나누어져 있던 하나님이 계시는 하늘과 인간이 사는 땅과 온 우주와 세상을 하나님의 절대 주권 아래 하나로 통일시키실 것입니다. 하나님이 계신 하늘과 인간이 사는 이 세상을 더 이상 둘로 나누어지지 않은 새 하늘과 새 땅으로 만드셔서 그 새 하늘과 새 땅을 통해 이루어지는 영원한 천국에서 구원을 완성하실 것입니다.

성전은 하나님의 이름이 있는 곳이고 하나님이 계신 곳입니다. 그래서 구약시대에는 하나님의 이름이 있는 곳을 건물로 지어 성전이라 했습니다.

"내가 주를 위하여 거하실 성전을 건축하였사오니 주께서 영원히 계실 처소로소이다 하고 얼굴을 돌려 이스라엘 온 회중을 위하여 축복하니 그 때에 이스라엘의 온 회중이 서 있더라"(대하6:2-3)

교회 시대가 시작되면서 하나님께 예배드리는 건물은 예배당이라 하고 하나님의 성령께서 함께하시는 성도들의 몸을 하나님의 성전이라고 했습니다.

"너희는 너희가 하나님의 성전인 것과 하나님의 성령이 너희 안에 계시는 것을 알지 못하느냐 누구든지 하나님의 성전을 더럽히면 하나님이 그 사람을 멸하시리라 하나님의 성전은 거룩하니 너희도 그러하니라"(고전3:16-17)

새 하늘과 새 땅에서 이루어지는 천국에는 구약시대와 같은 성전이 없습니다. 하나님이 함께 하시는 새 예루살렘 성이 성전이기 때문입니다.(계21:22) 천지가 창조된 이후 계획되었던 속죄를 통한 하나님의 구원 역사는 초림 예수를 통해 십자가에서 완전 속죄를 통해 이루어졌습니다.

예수님의 속죄를 통한 죄로부터의 구원은 완전한 것입니다.(요 19:30) 그리고 이제 곧 재림 예수를 통해 모든 악의 심판이 이루어지고(계16:17) 주님의 재림과 함께 천국이 이루어지면 인간의 모든 고통과 죽음이 없는 완전한 구원(계21:6)이 재림 예수를 통하여 완성됩니다. 초림하신 예수님 그리고 재림하실 예수님이 하나님의 유일한 구원자요 그리스도입니다.

## 5. 오직 예수의 믿음

믿음에는 이성적인 믿음과 의지적인 행함이 있는 믿음이 함께 있습니다. 믿음과 행함은 대립적인 개념이 아닙니다. 믿음으로 의롭다고 여김을 받고 믿음으로 행하여 상을 받습니다. 믿음으로 구원받고 행함으로 상을 받습니다. 그래서 오직 의인은 믿음으로 삽니다.

"내가 복음을 부끄러워하지 아니하노니 이 복음은 모든 믿는 자에게 구원을 주시는 하나님의 능력이 됨이라 먼저는 유대인에게요 그리고 헬라인에게 로다 복음에는 하나님의 의가 나타나서 믿음으로 믿음에 이르게 하나니 기록된바 오직 의인은 믿음으로 말미암아 살리라 함

과 같으니라"(롬1:16-17)

우리는 영혼을 구원할 믿음을 가진 성도들입니다.

"나의 의인은 믿음으로 말미암아 살리라 또한 뒤로 물러가면 내 마음이 그를 기뻐하지 아니하리라 하셨느니라 우리는 뒤로 물러가 멸망할 자가 아니요 오직 영혼을 구원함에 이르는 믿음을 가진 자니라"

(히10:38-39)

성경은 크게 보면 구약과 신약으로 되어 있습니다. 그 구약과 신약을 연결하는 인물은 말라기서에 엘리야로 묘사된 세례 요한입니다.(막1:2-5) 구약의 예언은 천지창조로부터 시작합니다. 죄를 지은 인간을 구원할 여자의 후손으로 예언된 예수님에 대한 말씀(창3:15)과 이스라엘 민족의 포로 생활 이후까지 다양한 역사와 율법과 지혜와 예언의 형태로 기록되어 있습니다.

신약의 예언은 처녀의 몸에서 태어나신 예수님의 탄생에서부터 시작해서 이 세상의 마지막 종말과 새 하늘과 새 땅으로 새로운 시작으로 완성되는 구원에 이르기까지 구원의 복음(엡1:17)과 은혜의 복음(행20:24)과 영원한 복음(계14:6)이 세 가지 복음이 사도행전과 사도들의 서신에 담겨 있습니다.

구약 예언의 핵심은 이 세상을 구원하실 메시아 곧 구세주가 오신다는 것입니다. 구약의 예언은 예수님의 초림으로 성취되었습니다. 신약 복음의 핵심은 예수님이 그리스도(마1:16)라는 내용입니다. 그 복음은 초림 예수를 통해 십자가 위에서의 속죄를 통해 이루어진 구원의 사건(요19:30)과 성령님과 함께 존재하는 오늘의 교회와 재림하실 예수님에 의해 진행되며(계1:7) 새 하늘과 새 땅의 하나님 나라에서 완전하게 완성됩니다.

> "보좌에 앉으신 이가 이르시되 보라 내가 만물을 새롭게 하노라 하시고 또 이르시되 이 말은 신실하고 참되니 기록하라 하시고 또 내게 말씀하시되 이루었도다 나는 알파와 오메가요 처음과 마지막이라 내가 생명수 샘물을 목마른 자에게 값없이 주리니"(계21:5-6)

구약의 율법으로는 온전히 이룰 수 없었던 속죄의 사역은 초림 예수에 의해 완성되었으며(요19:30) 그 속죄 사역의 완성을 통해 율법이 복음 안에서 완전하여졌습니다.

> "내가 율법이나 선지자를 폐하러 온 줄로 생각하지 말라 폐하러 온 것이 아니요 완전하게 하려 함이라"(마5:17)

예수님은 율법을 복음 안에서 완성하셨습니다. 율법의 조문들을 그 시대에 맞게 재해석하셨고 십자가의 속죄 사역을 통해 율법으로 이룰 수 없는 속죄를 온전히 이루셨습니다. 초림 예수에 의해 선포된 구원의 복음은 이제 곧 다시 오실 재림 예수의 영원한 복음으로 완성됩니다.

기독교 신앙의 근본적인 가르침은 성경에 있습니다. 그 가르침의 핵심은 예수님이 유일한 구세주라는 것입니다. 예수 그리스도라는 말씀은 예수님이 우리 인생의 모든 고통의 근원인 죄의 문제를 해결하셔서 행복한 삶으로 인도하시는 분이라는 뜻입니다. 또한 이생과 내생의 모든 문제를 해결하여 영생을 주시는 그리스도 곧 구세주라는 뜻입니다.

사람에게는 언제나 고통이 있습니다. 그래서 모든 종교는 늘 그고통에서 벗어나는 길을 제시합니다. 그것을 동양에서는 도(道)나법(法)이라 합니다. 예수님은 종교가 추구하는 그 도와 법을 모두이루신 분입니다. 고통에서 벗어나는 참된 진리를 가르쳐 주신 분이요 고통에서 벗어나면 누리게 되는 참 생명인 영생을 주신 분입니다. 사도 바울은 이 진리를 이렇게 설명했습니다.

> "그러므로 이제 그리스도 예수 안에 있는 사람들에게는 결코 정죄함이 없나니 이는 생명의 성령의 법이 죄와 사망의 법에서 해방 하였음이라"(롬8:1-2)

예수님은 영원한 생명을 주시기 위해 하늘로부터 오신 분입니다. 그 예수님이 주신 성령의 법이 죄 때문에 너는 죽어야 한다고 판정한 세상 법에서 우리를 완전히 해방시켜 주었습니다. 예

수님만 영원한 생명을 주시는 참 진리요 우리의 유일한 구원자
입니다. 오직 예수입니다.

## [2장 묵상 주제]

1. 이 세상을 구원하실 유일한 구원자는 누구입니까? 그 이유는?

2. 초대 교회 이단들에 대해 말해 봅시다.

3. 종교 다원주의는 무엇입니까?

4. 현대 교회 이단들에 대해 말해 봅시다.

5. 성경에 예언된 예수님은 어떤 분입니까?

6. 초림 예수님은 어떤 분인가요?

7. 재림 예수님은 어떤 분인가요?

# 🔼 제3장 계시의 세계

## 성경 본문(계1:1-2)

🔼 1. 이것은 예수 그리스도께서 계시하신 것을 기록한 책입니다. 하나님은 곧 일어날 일을 자기 종들에게 보이시려고 이 계시를 그에게 주셨습니다. 그래서 그리스도는 그의 천사를 자기 종 요한에게 보내 이 일을 알게 하신 것입니다.

🔼 2. 요한은 하나님의 말씀과 예수 그리스도께서 증거가 되신 것, 곧 자기가 본 것을 다 증거하였습니다.

요한계시록은 구원의 완성에 대한 진리를 보다 구체적으로 제시하는 영원한 복음입니다.(계14:6) 이 세상의 모든 악을 심판하시고 믿음을 가진 의로운 자들을 구원하실 구세주 예수님에 대해 알려주는 내용입니다. 재림하여 오실 예수님께서 이 세상의 마지막은 어떤 과정을 거쳐 이루어지고 이 세상 종말 이후에 이루어지는 영원한 세계와 새로운 시작에 대해 알려주신 것입니다.

계시라는 말씀은 열어서 알려준다는 뜻입니다. 하나님이 우리에게 종말과 완성에 대해 알려주신 내용이 요한계시록입니다. 요한계시록에는 여덟 가지 계시가 담겨 있는데 그 여덟 가지 계시를 통해 마지막 종말의 사건이 진행되는 과정과 그 완성의 내용을 알려줍니다.

## 1. 여덟 가지 계시

### 1) 하나님에 대한 계시입니다.

하나님은 창조주이십니다. 창조이전에도 살아 계셨습니다. 지금도 살아 계십니다. 그리고 세상 모든 만물을 심판하시고 모든 것이 새롭게 시작되는 이후에도 영원히 살아계실 하나님이십니다. 이 모든 역사와 이 세상 모든 만물을 주관하시고 섭리하시는 전능하신 하나님이십니다.(계1:8) 하나님 아버지는 예수 그리스도를 통해 우리를 구원하시고 성령님으로 우리 가운데 함께 하시는 하나님이십니다.

성부 성자 성령이신 삼위일체 하나님은 그 신성 즉, 창조성과 영원성과 전능성에서 완전한 일치를 이루십니다. 그러나 그 인격을 드러내실 때는 각각의 인격적인 특성을 드러내십니다. 그래서 삼위일체이십니다.

삼위일체 하나님은 어떤 기적을 베푸실 때 예수님처럼 그 능력을 스스로 제한하실 때가 있습니다. 이것은 예수님의 능력이 부족해서가 아니라 기적을 일으킬 필요가 없을 때입니다. 하나님의 기적은 하나님의 영광을 드러낼 때나 혹은 사람들의 생명을 살릴 때 나타납니다. 그래서 예수님은 육체로 계실 때 스스로 그 능력을 제한하실 때가 있었습니다. 예수님은 그 신성에서 아버지 하나님과 성령 하나님과 온전히 일치하는 분입니다. 요한계시록은 우리에게 삼위일체이신 하나님이 어떤 분인지 알려줍니다.

### 2) 재림하시는 예수 그리스도에 대한 계시입니다.

재림 예수의 마지막 심판과 최종적인 구원의 완성에 대한 계시입니다. 속죄를 완성하신 예수님으로부터 시작하여(계1:5) 하나님을 대적하는 모든 악과 사탄 루시퍼에 대해 계속되는 심판의 과정을 알려줍니다.

예수님의 재림에 의해 이루어지는 천년왕국과 마지막 흰 보좌 심판과 새 하늘과 새 땅에서 이루어지는 구원의 완성에 대해 알려 줍니다. 계시록은 예수 그리스도의 계시라는 말씀처럼 초림 예수의 사역에서부터 시작하여 재림 예수의 사역까지 그 전체가 예수님에게 집중되어 있습니다.

### 3) 인간에 대한 계시입니다.

### (1) 기독교의 인간 이해

인간은 창조주 하나님에 의해 하나님의 형상과 모양대로 지음 받은 가장 귀한 존재입니다. 다른 피조물과는 확실하게 구별되는 존재입니다. 하나님을 닮아 그 안에 창조적인 능력도 있고 영원을 사모하는 마음도 있습니다. 무엇인가를 할 수 있는 능력도 있습니다.

> "하나님이 이르시되 우리의 형상을 따라 우리의 모양대로 우리가 사람을 만들고 그들로 바다의 물고기와 하늘의 새와 가축과 온 땅과 땅에 기는 모든 것을 다스리게 하자 하시고 하나님이 자기 형상 곧 하나님의 형상대로 사람을 창조하시되 남자와 여자를 창조하시고 하나님이 그들에게 복을 주시며 하나님이 그들에게 이르시되 생육하고 번성하여 땅에 충만하라, 땅을 정복하라, 바다의 물고기와 하늘의 새와 땅에 움직이는 모든 생물을 다스리라 하시니라"(창1:26-28)

그런데 인간이 사탄의 속임수에 속아 어리석게 스스로 하나님과의 관계를 끊는 죄를 지었습니다. 그 죄의 결과로 죽음이 찾아왔습니다. 그런데 예수 그리스도께서 십자가에서 그 죄의 문제를 완전히 해결하여 주심으로 우리에게는 닫혀 있던 영생의 문이 다시 열렸습니다.

> "모든 사람이 죄를 범하였으매 하나님의 영광에 이르지 못하더니 그리스도 예수 안에 있는 속량으로 말미암아 하나님의 은혜로 값없이 의롭다 하심을 얻은 자 되었느니라"(롬3:23-24)

사람은 누구나 한번은 죽습니다. 그리고 그 후에는 심판이 있습니다. 그러나 예수 그리스도를 주님으로 영접하여 하나님의 자녀가 된 사람에게는 영생이 있습니다.

"한번 죽는 것은 사람에게 정해진 것이요 그 후에는 심판이 있으리니 이와 같이 그리스도도 많은 사람의 죄를 담당하시려고 단번에 드리신바 되셨고 구원에 이르게 하기 위하여 죄와 상관없이 자기를 바라는 자들에게 두 번째 나타나시리라"(히9:27-28)

계시록은 인간이 어떤 존재이며 이생의 삶과 그 이후 내생에 대한 모든 것을 가르쳐 줍니다. 모든 인간의 공통적인 물음 가운데 하나는 육체를 가진 인간의 종말인 죽음이 무엇이고 그 죽음 이후에는 어떻게 될 것이냐 하는 것입니다.

계시록에 의하면 인간에게는 영혼이 있기 때문에 하나님의 자녀 된 사람들의 죽음과 하나님의 자녀가 아닌 사람들의 죽음 이후는 명백한 차이가 있습니다. 인간의 내생에 대한 모든 것을 가르쳐 주는 것이 계시록입니다.

### (2) 타 종교의 세상과 인간에 대한 이해

불교에서는 모든 사물에서 보이는 것을 인연에 의해 설명합니다. 그 가르침에 의하면 지금 눈앞에 보이는 현상과 실체는 어떤 인연과 조건과 만남에 의해 나타나고 사라지며 계속 변하는 것이기 때문에 보이는 그대로가 실체가 아닙니다. 우리 눈앞에 보이는 것은 계속하여 변하고 또 변하는 그 무엇이 구름처럼 일시적으로 나타난 것이기 때문에 본래 실체가 없는 것입니다.

불교에서는 눈에 보이는 세계는 색의 세계이며 눈에 보이지 않는 세계는 공의 세계입니다. 이 모든 것은 끊임없이 변화한다고 생각합니다. 불교에서 말하는 오온개공(五蘊皆空)이라는 말에서 오온은 눈에 보이는 물질을 말하는 색과 느낌과 감정을 말하는 수 생각하는 상과 행동하는 행 그리고 그 모든 것을 분별하고 판단하는 식입니다.

색(色)수(受)상(想)행(行)식(識)의 이 다섯 가지 요소로 인간이 구성괴어 있다고 보는 것이 불교의 인간에 대한 기본 이해입니다. 그리고 그 모두가 공이라는 말은 이 모든 것이 다 계속 변하기 때문에 궁극적인 실체가 없다는 뜻입니다.

그래서 공은 본무자성(本無自性)이라고 표현합니다. 그러므로 불교에 의하면 색의 세계에서 눈에 보이는 현상이나 마음이나 몸으로 느끼는 감각이나 그에 따라 떠오르는 생각에 마무르거나 집착하지 않고 벗어난 사람은 누구나 그가 가진 고통에서 벗어날 수 있습니다.

이것이 창조주 하나님의 존재를 인정하지 않고 사람도 자연의 일부로 이해하는 불교에서 사람들을 고통에서 벗어나게 하는 구원의 방법으로 제시하는 고집멸도(苦集滅道)라는 것입니다.

깨달은 자라는 뜻의 붓다가 되었다는 것은 이제 마음을 스스로 다스려 그 어떤 것에도 더 이상 집착하지 않게 되었다는 것입니다. 그러나 아무리 깨달은 사람이라고 해도 여전히 살아 있는 동안에는 해결할 수 없는 문제가 있습니다. 그것은 인간은 사는 동안 늙고 병들며 결국에는 죽는다는 것입니다.

불교에서는 인생에는 생로병사(生老病死)의 네 가지 근원적인 고통이 있다고 말합니다. 기독교인에게는 한 생명의 탄생은 하나님의 축복이며 죽음도 하나님의 축복입니다. 삶이 축복인 이유는 육체를 가지고 세상을 사는 영적인 존재는 인간 밖에 없기 때문이며 육체가 죽은 후에도 그 영혼에게는 영원한 행복의 안식처인 천국이 준비되어 있기 때문입니다. 기독교인에게는 태어남도 사는 것도 그리고 죽는 것까지 다 하나님의 은혜요 축복입니다.

그런데 불교에서는 왜 인간으로 태어나는 것도 괴로움일까요? 그것은 그들이 창조주요 영원하신 절대자 하나님을 인정하지 않기 때문입니다. 그들은 인간의 삶이 끊임없이 인연에 따라 윤회하고 또 환생한다고 믿기 때문입니다.

그들이 흔히 쓰는 말 가운데 이 또한 지나가리라는 말이 있습니다. 그러나 한 번 사는 것도 생로병사 곧 태어나 늙고 병들고 죽는 것이 괴로움인데 죽어도 끝나지 않고 또 다시 태어나 늙고 병들고 죽는 것을 겪게 된다면 지금 이것이 지나간다고 무슨 의미가 있겠습니까?

그들에게는 태어나는 것 자체가 괴로움입니다. 그들은 죽으면 끝나는 것이 아니라 그 괴로움을 다시 반복해야 한다고 하니 유난히 지금 생을 사는 동안의 행복과 평안에 집착합니다. 집착하지 않아야 평안을 얻고 윤회에서 벗어난다는 것이 기본 교리인데 다음 생이 어떻게 될지 몰라 지금 인간으로 사는 동안의 행복과 평안에 집착하니 이 얼마나 허망합니까?

창조주이신 하나님을 믿지 않는 삶은 그래서 허무한 것입니다.

힘들어도 살아갈 수밖에 없는 현실에서 나타나는 일시적인 현상이나 생각에 집착하지 않는다고 해도, 끊임없이 변하는 것에 집착하지 않는다고 해도 인생의 근본 문제는 해결되지 않습니다. 집착하지 않아도 밥 먹지 않으면 배고픈 것이 현실입니다. 병들면 몸과 마음이 아픈 것이 현실입니다. 깨달은 자도 육체를 가지고 사는 동안에는 이 현실에서 절대로 벗어날 수 없습니다.

불교는 깨달음을 통해 알게 된 것을 실천하여 붓다가 되어 윤회에서 벗어나겠다는 것이 핵심입니다. 그런데 여기에는 커다란 논리적 모순이 있습니다. 그들은 자연은 본래 완전한 것이고 그 안에서 모든 것이 윤회하며 존재한다고 말합니다. 그리고 존재에 큰 고통을 주는 그 윤회에서 벗어나는 것이 해탈이요 구원이라고 합니다. 그러면 결국 그들이 말하는 해탈은 윤회를 기본으로 존재하는 생명을 가진 모든 존재가 자연 질서 때문에 넘어설 수 없는 우주 생명의 자연 질서를 넘어서겠다는 것입니다.

다름 말로 하면 지금의 인간의 상태로는 윤회의 굴레를 벗어날 수 없으니 몸과 마음의 수련이나 수양을 통해 깨달음을 얻고 붓다와 같은 존재가 되어 이번 생애에서는 죽는다고 해도 윤회는 이번 생애로 끝내고 다시는 이 자연 질서를 따라 윤회하는 존재가 되지 않겠다는 것입니다.

색과 공의 세계를 넘어서는 무(無)의 존재가 되겠다는 것입니다. 여기에서 말하는 무는 모든 것이 사라져 아무것도 없는 것이 아니라 공과 색의 세계를 넘어서 윤회하지 않는 궁극적 실체가 되겠다는 것입니다.

윤회하는 세상을 벗어나 윤회하지 않는 우주 밖에 존재하는 천상의 신적인 존재가 되겠다는 것입니다. 그 말이 천상천하 유아독존(天上天下 唯我獨尊)이라는 말입니다. 하늘 위에도 하늘 아래에도 나같이 존귀한 존재가 없다는 뜻이니 인간으로서는 감히 하지 못할 말입니다.

그러므로 불교에서 말하는 무아(無我)는 고정된 실체가 없다는 해석보다는 윤회하지 않는 존재가 되겠다는 것으로 보아야 합니다. 이것은 창조주의 존재를 인정하지 않고 인간이 인간 스스로 삶과 죽음의 경계를 넘어서는 신이 되고자 하는 인간의 가장 큰 욕심입니다.

그러나 성경의 가르침에 의하면 피조물인 인간은 스스로 창조주와 같은 신이 될 수 없습니다. 인간은 인간 스스로를 구원할 수 없습니다.

도교에서는 구원의 진리를 도(道)라는 말로 나타내는데 이 말의 뜻을 유무상생(有無相生)이라는 것입니다. 이 또한 모든 사물에는 고정된 실체가 없다는 말이며 눈에 보이는 것과 눈에 보이지 않는 것이 서로 도우며 공존한다는 말입니다. 도교에서는 사람이 좋은 약이나 건강하게 하는 음식을 가려먹고 수련하여 불로장생하는 것과 죽지 않는 신선(神仙)이 되는 길을 투구합니다.

유교에서는 이 도를 일음일양(一陰一陽)이라 합니다. 유교의 가르침에 의하면 자연만물은 어떤 것은 음이고 어떤 것은 양이어서 이것이 서로 조화를 이루고 완전히 합하여 있는 것이 만물을 생성하는 근본인 태극(太極)입니다.

이 태극의 작용에 의해 만물이 이루어지기 때문에 이 또한 모든 만물은 때가 있으니 너무 현실에 집착하지 말라는 것입니다. 결국 불교나 도교와 같은 종교의 가르침의 특징은 모든 만물은 끊임없이 계속해서 변하는 것이라는 것입니다. 그런데 이 모든 가르침의 근본적인 문제는 이 모든 자연은 스스로 완전하며 영원한 것이 없다고 생각하는 것입니다. 창조주 하나님의 존재를 인정하지 않기 때문에 궁극적으로 존재하는 영원한 것이 없습니다. 그래서 그 가르침의 끝이 허무한 것입니다.

### (3) 영혼의 문제

사람이 다른 동식물과 결정적으로 다른 이유는 무엇일까요? 영원하신 창조주 하나님의 형상과 모양대로 창조되었기 때문입니다. 그래서 우리 인간에게는 다른 동식물과는 달리 몸과 마음만 있는 것이 아니라 영원불멸하며 실재 존재하는 영혼이 있습니다.

육체의 죽음은 몸을 사라지게 하고 육체를 움직이던 마음과 뇌의 의식 작용을 멈추게 합니다. 그러나 영혼은 그렇지 않습니다. 많은 종교나 철학에서 영생불멸하는 영혼은 존재하지 않거나 혹은 영혼이 있다고 해도 육체의 죽음과 함께 영혼도 함께 없어지는 비본질적인 것이라고 주장합니다.

그러나 성경의 가르침은 그렇지 않습니다. 인간의 육체가 죽은 후에도 영혼은 여전히 살아 존재하고 있습니다. 성경을 보십시오.

> "다섯째 인을 떼실 때에 내가 보니 하나님의 말씀과 그들이 가진 증거로 말미암아 죽임을 당한 영혼들이 제단 아래에 있어 큰 소리로 불러 이르되 거룩하고 참되신 대주재여 땅에 거하는 자들을 심판하여 우리 피를 갚아 주지 아니하시기를 어느 때까지 하시려 하나이까 하니"(계6:9-10)

이렇게 사람에게는 동물이나 식물과 달리 영생불멸의 존재인 영혼이 있습니다. 동물과 식물도 자연에 의해 생성된 육체가 있습니다. 그들에게도 하나님이 주신 생명이 있습니다. 그래서 생명의 숨이 붙어 있는 동안에는 그들도 본능과 의식을 가지고 활동합니다. 그러나 그 생명의 숨이 끊어지면 동물이나 식물은 그 의식도 함께 사라지게 됩니다.

불교와 같이 윤회와 환생을 말하는 종교는 이 세상에 생명을 기지고 살아 있는 모든 것을 모양과 형체는 다르지만 같은 생명을 가진 것으로 봅니다. 그래서 생명의 관점에서 생명을 가진 모든 것을 중생(衆生)이라고 하고 사람이나 동식물을 똑같이 취급합니다. 그들이 말하는 구원에서 중생제도(衆生濟度)라는 말도 그런 의미에서 이 세상에 있는 모든 생물이 윤회에서 벗어나도록 하겠다는 것입니다.

그래서 기독교가 아닌 다른 종교에 빠지면 동물을 사람과 구별하지 않고 똑같은 생명을 가진 존재로 잘못 인식하고 오히려 사람보다 동물을 더 가족으로 우대하는 잘못된 생각과 행동을 하게 됩니다. 이 생각이 더 잘못되면 성 평등 이데올르기에 빠져 동물이나 사람의 성을 같은 것으로 생각하고 동성애나 짐승과의 성적인 관계를 맺는 것까지 정당화하게 됩니다. 그러나 하나님께서 반드시 사람은 남성과 여성으로 창조하셨지 제3의 성을 창조하신 것이 아닙니다. 제3의 성은 인간이 죄를 범한 이후에 죄에 의해 인간의 유전자가 잘못되면서 생긴 일입니다. 그래서 하나님께서는 동성애나 수간과 같은 성범죄를 엄격하게 못하도록 하시는 것입니다.(레18장, 롬1장)

사람은 동물이나 식물과는 다른 영혼을 가진 존재입니다. 사람에게는 하나님께서 인간을 창조하실 때 하나님의 영으로 숨을 불어 넣으셨기 때문에 그때 생겨난 영혼이 있습니다.

> "여호와 하나님이 땅의 흙으로 사람을 지으시고 생기를 그 코에 불어넣으시니 사람이 생령이 되니라"(핑2:7)

인간의 존재에 대해 성경은 이렇게 말씀합니다.

> "평강의 하나님이 친히 너희를 온전히 거룩하게 하시고 또 너희의 온 영과 혼과 몸이 우리 주 예수 그리스도께서 강림하실 때에 흠 없

게 보전되기를 원하노라"(살전5:23)

성경에서 인간은 영과 혼과 몸으로 되어 있다고 말씀합니다. 하나님의 영을 받아 형성된 것이 혼이며 몸은 영혼을 담고 있는 그릇입니다. 인간의 정신을 다스리는 것이 혼(魂)이고 육체인 몸을 움직이는 에너지를 백(魄)이라고 합니다.

그래서 사람을 말할 때 영(spirit)과 혼(soul)과 몸(body)의 셋으로 나누어 말하기도 하고 영혼육백체(靈魂肉魄體)라고 말하는 이유가 여기에 있습니다. 동식물에게도 몸을 움직이는 백이라는 생명의 에너지가 있습니다. 그러나 그것은 인간의 정신을 움직이는 혼의 에너지와 다른 것입니다.

그런데 인간을 영과 혼과 몸으로 구별하는 계시가 불분명했던 구약시대에는 인간의 생명과 짐승의 생명을 구별하지 않고 모두 혼으로 말하였습니다. 전도서 3장 21절이 대표적인 경우인데 이 본문에서는 번역에 따라 영이라고도 하고 혼이라고 하면서 인간이나 동물이 모두 같은 생명을 가진 존재라는 의미로 번역하고 있습니다.

"인생들의 혼은 위로 올라가고 짐승의 혼은 아래 곧 땅으로 내려가는 줄을 누가 알랴"(전3:21)

"Who knows if the spirit of man rises upward and if the spirit of the animal goes down into the earth?"(전3:21)

그러나 신약의 관점에서 엄밀하게 말하면 인간에게는 하나님께서 주신 영에 의해 생긴 혼이 있고 짐승이나 식물에게는 하나님이 주신 생명이 있으며 그 육체의 생명을 주관하는 백이 있을 뿐입니다. 그러므로 혼비백산(魂飛魄散)이라는 말처럼 사람이 죽으면 혼은 하늘로 올라가고 짐승이나 식물이 죽으면 그 육체를 주관하던 백이 흩어져 그 생명현상이 끝나게 되는 것입니다.

하나님은 창조의 영이시고 모든 생명의 원천이신 완전한 영이십니다. 그래서 하나님은 성령(The Holy Spirit)이시고 인간은 하나님이 주신 영의 생명과 정신을 가진 영혼(the Soul)이며 동물은 하나님이 주신 자연 생명을 가진 살아 있는 피조물로서 정령(spirit, 精靈)입니다. 하나님의 아들이신 예수님은 생명을 주시는 영이시고 인간은 하나님이 주시는 영적안 생명을 받은 산영입니다.

"기록된바 첫 사람 아담은 생령이 되었다 함과 같이 마지막 아담은 살려 주는 영이 되었나니"(고전15:45)

"So it is written: "The first man Adam became a living being(soul)"; the last Adam, a life-giving spirit."

(고전15:45)

이처럼 흙으로 만들어진 인간의 몸에는 음과 양으로 구성된 자연의 모든 원소가 다 들어 있으며 동물과 같이 육체를 본능으로 움직이게 하는 자연 생명의 에너지가 있습니다. 이 에너지는 육체가 죽으면 시간이 흐르면 사멸됩니다.

그러나 엄마의 모체에서 하나님에 의해 창조된 인간의 영혼은 동식물과는 달리 육체가 사라진 이후에도 영원히 존재합니다. 동식물이나 사람이나 하나님께서 주신 생명은 다 가지고 있습니다. 그러나 인간에게는 동식물과는 달리 영혼이 있고 동식물에게는 영혼이 없습니다. 바로 그것이 인간과 이 우주만물 안에 존재하는 다른 생명체가 결정적으로 다른 이유입니다.

하나님은 온 세상 천지만물을 창조하신 완전한 창조의 영으로 존재하시는 분입니다. 영이신 하나님은 생명을 가진 모든 것의 생명의 원천이요 근본이십니다. 그러나 인간의 영혼은 전능하신 하나님의 영과는 다릅니다. 하나님께서 주신 생기를 통해 창조된 인간의 영혼은 전능하신 창조주 하나님의 영과는 달리 제한된 능력을 가진 피조된 영적 존재입니다. 동식물은 어떠할까요? 같은 피조물이지만 영혼이 있는 사람들과 달리 영혼이 없는 단순한 생명만을 가진 피조물입니다.

하나님은 전능하신 창조의 영이시며 인간은 영혼을 가진 존재이고 동식물은 영혼이 없는 단순히 생명을 가진 피조물이라는 이 진리는 바뀌거나 뒤집어질 수 없는 영원한 진리입니다. 아버지는 아버지요 아들은 아들입니다. 어머니는 어머니이고 딸은 딸입니다. 아들이 자기를 낳아주신 아버지가 될 수 없고 아버지는 자기가 낳은 아들이 될 수 없습니다. 딸을 낳은 어머니는 자기가 낳은 그 딸이 될 수 없고 그 딸은 자기를 낳아주신 어머니가 될 수 없습니다.

그러므로 모든 만물을 창조하시고 모든 생명의 근원이신 하나님은 영원히 하나님이시고 피조물로서 영혼을 가진 인간은 언제나 인간이며 생명은 있으나 영혼이 없는 피조물인 동물은 언제나 동물입니다. 이렇게 성경적인 바른 이해가 있어야 하나님과 사람과 동물이나 다른 식물과의 관계를 바르게 이해하고 그 관계를 바르게 설정할 수 있습니다.

### (3-1) 영혼의 생성

인간의 육체 안에 하나님께서 인간의 육체 안에 생명의 본체인 영(SPIRIT)을 불어 넣으실 때 사람의 몸 안에는 동물적인 본능과는 다른 영적인 의식이 생겨납니다. 인간의 마음 안에서 의식작용을 하는 이것을 우리는 혼(SOUL)이라고 합니다.

영이 인간의 몸 안에 생겨난 의식작용을 하는 혼과 결합하면 사람에게는 영과 혼이 하나가 된 영혼이 사람들의 몸 안에 자리

잡게 됩니다. 이때부터 사람은 비로소 식물이나 동물과 구별되는 살아있는 영적 존재가 됩니다.

사람의 몸 안에 영혼이 창조되어 생겨나는 시점은 언제일까요? 육신의 부모에 의해 어머니의 몸 안에 생명이 잉태되는 순간이 아닙니다. 한 인간의 몸 안에 그 사람 고유의 영혼이 창조되는 시점은 그 몸이 형체를 이루면서 태아의 몸이 자연적으로 형성된 육체의 본능에 의해서가 아니라 그 육체 안에 하나님의 숨(영)이 들어가면서 의식이 생겨나는 순간입니다.

그 마음의 의식작용으로 희노애락애오욕(喜怒哀樂愛惡慾)의 감정을 느끼기 시작하는 바로 그 순간입니다. 어떤 이들은 인간의 영혼은 이미 잉태되기 전에 존재하고 있었고 이미 존재하고 있던 그 영혼이 사람들이 잉태되거나 출산할 때 그 몸 안에 들어간다고 말합니다.

그러나 이것은 성경적인 가르침이 아닙니다. 왜냐하면 이것은 첫 사람 아담이전에 영혼이 존재한 것이 되기 때문에 아담 창조와 함께 영혼이 존재하기 시작했다고 말씀하는 성경의 가르침과 다르기 때문입니다.

인간의 육체는 그 모양과 형체를 갖추기 시작하는 순간부터 본능적인 자연 에너지인 백(魄)에 의해 움직입니다. 그리고 그 육체에 하나님의 숨이 들어가면서 그 안에 영혼이 생겨납니다. 영혼이 생겨나면 몸이 자연적인 본능뿐 아니라 의식을 갖게 되고 그때부터 영혼과 육체가 하나 되어 그 몸은 혼과 백의 에너지와 의식 작용에 따라 움직이기 시작입니다. 모체 안에 정자와 난자가 만나 생명이 잉태되는 순간의 태아에게는 영혼이 존재하지 않습니다. 그 순간부터는 아버지와 어머니의 정자와 난자에 있던 유전적인 정보만이 완전하지 않은 상태로 존재하고 있을 뿐입니다.

### (3-2) 몸의 성장과 영혼의 변화

마음의 의시작용과 함께 인간의 몸 안에 자리를 잡은 영혼은 처음 생겨난 이후에 육체의 생장성쇠(生長盛衰)와 생로병사와 함께 변화합니다. 영혼이 고정된 형체나 고정된 상태가 아니라 세월의 흐름과 그 육체의 성장이나 변화에 따라 같이 변한다는 것을 우리는 무엇으로 알 수 있을까요?

부활하시기 이전의 예수님과 부활하신 이후의 예수님과 심판주로 재림하여 오실 예수님의 모습을 비교해 보면 알 수 있습니다. 부활하시기 이전 십자가에서 죽으시던 예수님의 육체의 모습은 초라하고 보잘 것 없었습니다. 그런데 부활하신 이후의 예수님의 모습과 재림주로 오실 예수님의 모습은 십자가에서 죽으시던 예수님과는 전혀 다른 모습입니다.

(가) **십자가** : "제육시로부터 온 땅에 어둠이 임하여 제구시까지 계속되더니 제구시쯤에 예수께서 크게 소리 질러 이르시되 엘리 엘리 라마 사박다니 하시니 이는 곧 나의 하나님, 나의 하나님, 어찌하여 나를 버리셨나이까 하는 뜻이라"(눅27:45-46)

(나) **부활하신 예수** : "이 날 곧 안식 후 첫날 저녁 때에 제자들이 유대인들을 두려워하여 모인 곳의 문들을 닫았더니 예수께서 오사 가운데 서서 이르시되 너희에게 평강이 있을지어다 이 말씀을 하시고 손과 옆구리를 보이시니 제자들이 주를 보고 기뻐하더라 예수께서 또 이르시되 너희에게 평강이 있을지어다 아버지께서 나를 보내신 것 같이 나도 너희를 보내노라 이 말씀을 하시고 그들을 향하사 숨을 내쉬며 이르시되 성령을 받으라 너희가 누구의 죄든지 사하면 사하여질 것이요 누구의 죄든지 그대로 두면 그대로 있으리라 하시니라"(요20:19-23)

(다) **재림하실 예수** : "또 내가 하늘이 열린 것을 보니 보라 백마와 그것을 탄자가 있으니 그 이름은 충신과 진실이라 그가 공의로 심판하며 싸우더라 그 눈은 불꽃같고 그 머리에는 많은 관들이 있고 또 이름 쓴 것 하나가 있으니 자기밖에 아는 자가 없고 또 그가 피 뿌린 옷을 입었는데 그 이름은 하나님의 말씀이라 칭하더라"(계19:11-13)

이것은 우리에게 무엇을 알려줍니까? 인간의 영혼과 육체의 모양이 삶과 죽음의 과정에서 반드시 일치하지 않는다는 것입니다. 예수님은 하나님의 영광의 광채이시며 그 형상의 본체이십니다. 본체라는 말은 영의 실체라는 말입니다. 하나님의 영이 인간의 형상으로 나타나신 유일하신 분이 예수님이십니다. 그래서 예수님은 나를 본 자는 아버지를 보았다고까지 말씀하시는 것입니다.

> "예수께서 이르시되 빌립아 내가 이렇게 오래 너희와 함께 있으되 네가 나를 알지 못하느냐 나를 본 자는 아버지를 보았거늘 어찌하여 아버지를 보이라 하느냐"(요14:9)

> "옛적에 선지자들을 통하여 여러 부분과 여러 모양으로 우리 조상들에게 말씀하신 하나님이 이 모든 날 마지막에는 아들을 통하여 우리에게 말씀하셨으니 이 아들을 만유의 상속자로 세우시고 또 그로 말미암아 모든 세계를 지으셨느니라 이는 하나님의 영광의 광채시요 그 본체의 형상이시라 그의 능력의 말씀으로 만물을 붙드시며 죄를 정결하게 하는 일을 하시고 높은 곳에 계신 지극히 크신 이의 우편에 앉으셨느니라"(히1:1-3)

하나님의 형상의 본체이신 예수님이 초림하셔서 육체를 입으셨던 모습하고 부활하시고 승천하신 모습과 재림하실 예수님의 모습은 전혀 다른 분이라고 할 만큼 너무 다른 모습입니다. 그 이유는 하나님의 본체이신 예수님의 영혼이 입으셨던 몸이 부활 이전과 부활 이후에 완전히 달라졌기 때문입니다. 부활하시기 이전의 예수님은 성령께서 본래 형체를 버리시고 육의 몸을 입으신 모습입니다.

> "그는 근본 하나님의 본체시나 하나님과 동등됨을 취할 것으로 여기지 아니하시고 오히려 자기를 비워 종의 형체를 가지사 사람들과 같이 되셨고 사람의 모양으로 나타나사 자기를 낮추시고 죽기까지 복종하셨으니 곧 십자가에 죽으심이라"(빌2:6-8)

그러나 부활하신 이후 주님이 우리에게 보여주신 몸은 완전히 영의 몸을 입으신 완전(完全)한 성령체(聖靈體)입니다.

### (3-3) 영혼구원의 첫 단계(거듭남)

사람들이게 하나님의 영(숨)이 들어가면서 생긴 영혼은 그 순간에 구원받은 것이 아닙니다. 세상을 사는 모든 사람에게 영혼이 있지만 그 모든 영혼이 구원을 받은 것은 아닙니다. 각 사람 안에 있는 영혼이 구원을 받으려면 그 영혼이 예수 그리스도를 주님으로 영접하고 믿음을 고백해야 합니다.

> "네가 만일 네 입으로 예수를 주로 시인하며 또 하나님께서 그를 죽은 자 가운데서 살리신 것을 네 마음에 믿으면 구원을 받으리라 사람이 마음으로 믿어 의에 이르고 입으로 시인하여 구원에 이르느니

라"(롬10:9-10)

이렇게 예수 그리스도를 주님으로 영접하는 순간이 물과 성령으로 거듭나는 순간입니다. 물과 성령으로 거듭난다는 것은 구원으로 초청하는 하나님의 말씀을 믿고 예수님을 고백하여 하나님의 자녀로 다시 태어난다는 것입니다.

> "예수께서 대답하시되 진실로 진실로 네게 이르노니 사람이 물과 성령으로 나지 아니하면 하나님의 나라에 들어갈 수 없느니라. 육으로 난 것은 육이요 영으로 난 것은 영이니 내가 네게 거듭나야 하겠다 하는 말을 놀랍게 여기지 말라"(요3:5-7)

우리는 육으로 먼저 태어났으며 하나님의 영이 역사하셔서 영혼을 가진 존재가 되었습니다. 그래서 성령으로 난 것이 우리의 생명의 본질인 영입니다. 그러나 처음 태어난 이 영은 하나님의 자녀의 영이 아닙니다. 자연인의 몸 안에 있는 영입니다. 그래서 하나님의 말씀을 통해 하나님의 자녀로 거듭나야 합니다. 영혼의 첫 번째 구원은 말씀을 통해 다시 태어나게 하시는 성령님의 역사입니다.

> "그가 그 피조물 중에 우리로 한 첫 열매가 되게 하시려고 자기의 뜻을 따라 진리의 말씀으로 우리를 낳으셨느니라"(약1:18)

사람의 마음 안에 있는 존재를 영혼이라고도 하고 속사람이라고도 합니다. 구원받은 사람의 영혼은 하나님은 아버지라고 고백하고 하나님의 능력으로 강건하여 집니다.

"너희가 육신대로 살면 반드시 죽을 것이로되 영으로써 몸의 행실을 죽이면 살리니 무릇 하나님의 영으로 인도함을 받는 사람은 곧 하나님의 아들이라 너희는 다시 무서워하는 종의 영을 받지 아니하고 양자의 영을 받았으므로 우리가 아빠 아버지라고 부르짖느니라 성령이 친히 우리의 영과 더불어 우리가 하나님의 자녀인 것을 증언하시나니 자녀이면 또한 상속자 곧 하나님의 상속자요 그리스도와 함께 한 상속자니 우리가 그와 함께 영광을 받기 위하여 고난도 함께 받아야 할 것이니라"(롬8:13-17)

종에게는 상속권이 없습니다. 그러나 자녀에게는 상속권이 있습니다. 계시록 2장과 3장에는 하나님의 자녀가 되어 이기는 자에게 주시는 12가지 상이 있습니다. 그런데 그 모든 상을 하나님께서는 이긴 자인 하나님의 자녀들에게 상속하여 주신다고 하셨습니다.

"또 내게 말씀하시되 이루었도다. 나는 알파와 오메가요 처음과 마지막이라 내가 생명수 샘물을 목마른 자에게 값없이 주리니 이기는 자는 이것들을 상속으로 받으리라 나는 그의 하나님이 되고 그는 내 아들이 되리라"(계21:6-7)

그래서 각 사람의 영혼에게 가장 중요한 일은 먼저 각 사람의 영혼이 예수님의 구원을 믿고 예수님을 주님으로 고백하여 하나님의 자녀가 되는 일입니다. 지금 이 세상에는 육체로 태어난 그 이후에 자연 그대로의 영혼의 상태로 있는 자연인(육의 사람)과 어떤 종교든지 받아 들여 그 가르침을 따라 사는 종교인(육신에 속한 사람)과 예수 그리스도를 주님으로 영접하여 신앙으로 사는 신앙인(영의 사람)이 뒤섞여 살고 있습니다.

> "육에 속한 사람은 하나님의 성령의 일들을 받지 아니하나니 이는 그것들이 그에게는 어리석게 보임이요, 또 그는 그것들을 알 수도 없나니 그러한 일은 영적으로 분별되기 때문이라 신령한 자는 모든 것을 판단하나 자기는 아무에게도 판단을 받지 아니하느니라 누가 주의 마음을 알아서 주를 가르치겠느냐 그러나 우리가 그리스도의 마음을 가졌느니라 형제들아 내가 신령한 자들을 대함과 같이 너희에게 말할 수 없어서 육신에 속한 자 곧 그리스도 안에서 어린 아이들을 대함과 같이 하노라"(고전2:14-3:1)

천국이 있고 지옥이 있기 때문에 사람은 누구나 예수 믿고 그 영혼이 구원받아야 합니다. 구원의 첫걸음은 각 사람의 영혼이 예수님을 믿어 죄 사함 받고 하나님의 자녀가 되는 것입니다.
이것을 중생 또는 거듭남 또는 다시 태어남이라고 합니다.

### (3-4) 구원받은 영혼에게 주시는 영의 몸

우리도 우리 영혼의 상태에 따라 이런 변화가 일어날 것입니다. 우리 영혼이 육체 안에 있을 때에는 우리의 영혼은 우리의 몸과 닮은 모습입니다. 그러나 그 영혼이 육체를 떠나는 순간 우리의 영혼은 물질로 된 육체적인 에너지의 한계를 벗어나 예수님처럼 시간과 공간을 초월하는 자유를 얻게 됩니다. 그리고 예수님이 재림하실 때 마치 다 낡은 헌 옷을 벗고 아름다운 새 옷을 입는 것처럼 지금의 육체와는 전혀 다른 새로운 영의 몸을 입게 됩니다.

> "만일 땅에 있는 우리의 장막 집이 무너지면 하나님께서 지으신 집 곧 손으로 지은 것이 아니요 하늘에 있는 영원한 집이 우리에게 있는 줄 아느니라 참으로 우리가 여기 있어 탄식하며 하늘로부터 오는 우리 처소로 덧입기를 간절히 사모하노라 이렇게 입음은 우리가 벗은 자들로 발견되지 않으려 함이라 참으로 이 장막에 있는 우리가 짐진 것 같이 탄식하는 것은 벗고자 함이 아니요 오히려 덧입고자 함이니 죽을 것이 생명에 삼킨바 되게 하려 함이라"(고후5:1-4)

성경은 이 사실을 또 이렇게 말씀합니다.

> "예수를 너희가 보지 못하였으나 사랑하는도다 이제도 보지 못하나 믿고 말할 수 없는 영광스러운 즐거움으로 기뻐하니 믿음의 결국 곧 영혼의 구원을 받음이라"(벧전1:9)

성경이 믿음의 결론이 물질로 된 육의 몸의 구원이 아닌 영혼의 구원이라고 말씀하는 이유가 무엇일까요? 육체가 죽으면 우리의 영혼이 육의 몸인 육체를 벗어버리기 때문입니다. 그리고 그 영혼이 영원한 몸인 영의 몸을 입게 되기 때문입니다.

여기에서 우리가 깊이 새겨야 할 교훈이 하나 있습니다. 그것은 우리의 육의 몸을 벗어난 영혼은 예수님이 재림하실 때 그 영혼의 상태에 따라 그 영혼에 맞는 영의 몸을 입게 된다는 것입니다.

이 사실을 성경은 이렇게 말씀합니다.

"육의 몸으로 심고 신령한 몸으로 다시 살아나나니 육의 몸이 있은 즉 또 영의 몸도 있느니라"(고전15:44)

"it is sown a natural body, it is raised a spiritual body. If there is a natural body, there is also a spiritual body."(고전15:44)

"각각 그들에게 흰 두루마기를 주시며 이르시되 아직 잠시 동안 쉬되 그들의 동무 종들과 형제들도 자기처럼 죽임을 당하여 그 수가 차기까지 하라 하시더라"(계6:11)

이들은 모두 순교자들의 영혼입니다. 말도 하고 있고 과거에 대한 기억도 다 가지고 있습니다. 그런데 성경은 분명히 하나님 께서 그들에게 각각 흰 두루마기를 주신다고 하셨습니다. 우리들 이 옷을 입을 때에도 계절과 기온과 체구에 따라 몸에 맞는 옷을 입는 것처럼 순교자들에게 옷을 주실 때에도 각각 그 영혼의 상태에 맞는 영의 몸을 주십니다. 이 영의 몸을 흰 옷이라고 말씀합니다. 또 신부들이 입는 밝고 빛나는 세마포 옷이라고 말씀합니다.(계19:8)

흰색은 빛의 색입니다. 빛의 삼원색을 우리는 빨강과 파랑과 초록이라고 하는데 이 세 가지 색이 합해지면 흰 색이 됩니다. 하늘 보좌 위에 앉으신 하나님의 모습은 청색으로 빛나는 벽옥 같고 홍색으로 빛나는 홍보석 같으며 그 앞에 있는 무지개는 녹색을 상징하는 녹보석 같습니다. 빛 가운데 계신 하나님이십니다. 하나님이 계신 곳은 이 세 가지 색이 어우러진 빛으로 가득한 곳이며 하나님은 빛들의 아버지이십니다.

"내가 곧 성령에 감동되었더니 보라 하늘에 보좌를 베풀었고 그 보좌 위에 앉으신 이가 있는데 앉으신 이의 모양이 벽옥과 홍보석 같고 또 무지개가 있어 보좌에 둘렸는데 그 모양이 녹보석 같더라"

(계4:2-3)

"온갖 좋은 은사와 온전한 선물이 다 위로부터 빛들의 아버지께로

부터 내려오나니 그는 변함도 없으시고 회전하는 그림자도 없으시니라"(약1:17)

빨강과 파랑은 태극 문양과 같습니다. 하나님은 음과 양의 자연 만물을 주관하시며 창조하신 분입니다. 무지개는 우리 인간이 사는 세상과는 다른 세상을 표현할 때 나타납니다. 하나님은 우리의 상상을 초월하는 빛 가운데 계시며 모든 만물을 창조하신 창조주 하나님이십니다. 그분이 우리의 아버지입니다. 우리가 사모하는 천국은 그래서 우리 아버지 하나님이 계시는 더 나은 본향입니다.

"그들이 나온바 본향을 생각하였더라면 돌아갈 기회가 있었으려니와 그들이 이제는 더 나은 본향을 사모하니 곧 하늘에 있는 것이라 이러므로 하나님이 그들의 하나님이라 일컬음 받으심을 부끄러워하지 아니하시고 그들을 위하여 한 성을 예비하셨느니라"(히11:15-16)

### (3-5) 죽음 이후의 영혼의 상태

육체가 죽은 이후에 사람의 몸 안에 있던 영혼은 그 영혼의 상태에 따라 낙원과 음부로 나누어진 새로운 세상으로 가게 됩니다. 누가복음 16장을 보면 나사로의 영혼은 낙원에 그리고 부자의 영혼은 음부에 있습니다.

"이에 그 거지가 죽어 천사들에게 받들려 아브라함의 품에 들어가고 부자도 죽어 장사되매 그가 음부에서 고통 중에 눈을 들어 멀리 아브라함과 그의 품에 있는 나사로를 보고"(눅16:22-23)

낙원에 있던 영혼들은 예수님의 재림과 함께 이루어지는 어린 양의 혼인잔치에서 신부가 되고 천년왕국에서 예수님의 아내 되어 부활한 몸으로 왕의 권세와 영광을 누리게 됩니다.

"또 내가 보좌들을 보니 거기에 앉은 자들이 있어 심판하는 권세를 받았더라 또 내가 보니 예수를 증언함과 하나님의 말씀 때문에 목 베임을 당한 자들의 영혼들과 또 짐승과 그의 우상에게 경배하지 아니하고 그들의 이마와 손에 그의 표를 받지 아니한 자들이 살아서 그리스도와 더불어 천 년 동안 왕 노릇 하니(그 나머지 죽은 자들은 그 천년이 차기까지 살지 못하더라) 이는 첫째 부활이라 이 첫째 부활에 참여하는 자들은 복이 있고 거룩하도다 둘째 사망이 그들을 다스리는 권세가 없고 도리어 그들이 하나님과 그리스도의 제사장이 되어 천 년 동안 그리스도와 더불어 왕 노릇 하리라"(계20:4-6)

"살아서"라는 말은 부활하여라는 뜻입니다. 영혼이 영의 몸을 입고라는 뜻입니다. 이것을 첫째 부활이요, 상으로 주어지는 부활이라고 합니다. 이것은 육체가 죽은 이후에 영혼이 가는 첫 번째 천국인 낙원에 이어 두 번째 천국인 천년 왕국에서 이루어지는 일입니다.

작정된 그 천년이 지나면 마귀는 심판을 받고 불못에 던져지고 영의 몸을 입고 천년왕국에서 살던 우리의 영혼은 새 하늘과 새 땅에서 이루어지는 세 번째 천국인 새 예루살렘에서 영원히 삽니다. 주님은 초림 하셨을 때 십자가를 지시기 이전에 제자들과 마지막 만찬을 하는 자리에서 내가 너희를 위하여 있을 곳을 예비하러 간다고 하셨습니다.

> "또 내가 새 하늘과 새 땅을 보니 처음 하늘과 처음 땅이 없어졌고 바다도 다시 있지 않더라 또 내가 보매 거룩한 성 새 예루살렘이 하나님께로부터 하늘에서 내려오니 그 준비한 것이 신부가 남편을 위하여 단장한 것 같더라 내가 들으니 보좌에서 큰 음성이 나서 이르되 보라 하나님의 장막이 사람들과 함께 있으매 하나님이 그들과 함께 계시리니 그들은 하나님의 백성이 되고 하나님은 친히 그들과 함께 계셔서 모든 눈물을 그 눈에서 닦아 주시니 다시는 사망이 없고 애통하는 것이나 곡하는 것이나 아픈 것이 다시 있지 아니하리니 처음 것들이 다 지나갔음이리라"(계21:1-4)

영혼은 있으나 하나님을 부인하고 예수 그리스도 안에 주어진 구원을 받아들이지 않는 사람들은 죽으면 그 영혼이 음부에 있다가 부활하여 행위에 따라 심판을 받고 사탄과 함께 두 번째 사망인 불못에 던져집니다.

그러나 하나님 아버지를 믿고 예수그리스도를 주님으로 영접하여 그분의 뜻대로 산 사람들은 죽으면 그 영혼이 첫째 천국인 낙원에 있다가 주님이 재림하시면 그 영혼이 영의 몸을 입고 첫째 부활인 천년왕국에 참여하게 됩니다. 이곳이 낙원에 이은 두 번째 천국입니다.

그 천년이 지나면 새 하늘과 새 땅에서 이루어지는 세 번째 천국인 영원한 천국에서 아픔이나 고통이나 죽음이 없고 저주가 없는 영원히 행복한 삶을 살게 됩니다. 그러므로 우리는 영혼이 있음을 알고 영혼의 때와 주님의 재림을 준비해야 합니다.

### (3-6) 영혼관리의 중요성

사람들의 영혼은 한번 생겨난 이후에 그 에너지의 상태에 따라 사라지거나 없어지는 것이 아닙니다. 영혼은 불멸합니다. 만일 영혼이 죽음과 함께 사라진다면 사람이 한번 죽는 것은 정하신 것이요 그 후에는 심판이 있다는 말씀이나 예수님의 재림에 대한 성경 말씀이 성립되지 않습니다. 없어진 것을 무슨 근거로 심판하겠습니까?

> "한번 죽는 것은 사람에게 정해진 것이요 그 후에는 심판이 있으리니 이와 같이 그리스도도 많은 사람의 죄를 담당하시려고 단번에 드리신바 되셨고 구원에 이르게 하기 위하여 죄와 상관없이 자기를 바라는 자들에게 두 번째 나타나시리라"(히9:27-28)

영혼은 하나님에 의해 창조된 우주와 자연에서 생겨난 것이 아닙니다. 그래서 자연에서 생겨난 다른 것들처럼 생겨났다가 없어지는 것이 아닙니다. 영혼은 하나님의 영이신 성령님에 의해 사람들의 몸 안에 영생불멸하는 존재로 창조된 것입니다. 그러므로 영혼은 우리 인간의 본체입니다. 그리고 그 영혼이 외적으로 드러나는 형상의 완성은 육체로 된 몸을 벗고 영의 몸을 입을 때입니다.

그래서 우리의 영혼은 예수 그리스도 안에서 구원받아야 되고 계속 사랑 안에서 그리스도의 날까지 성장하면서 변화해야 합니다. 예수님이 우리에게 새 계명을 주시면서 너희가 서로 사랑하라고 말씀하신 이유도 여기에 있습니다. 우리 영혼이 육의 몸을 가지고 살면서 어떻게 살았느냐에 따라 그가 입을 영의 몸이 결정되기 때문입니다.

사탄이 불못에 던져져 영원한 고통을 당하는 이유가 무엇입니까? 그가 창조된 그때부터 늘 하던 일이 하나님의 뜻을 거스르고 수많은 사람들을 미혹하여 타락시키며 헤아릴 수 없는 고통 속에 몰아넣었기 때문입니다.

> "또 그들을 미혹하는 마귀가 불과 유황 못에 던져지니 거기는 그 짐승과 거짓 선지자도 있어 세세토록 밤낮 괴로움을 받으리라"
>
> (계20:10)

우리는 늘 우리 영혼의 상태를 점검하고 살펴보아야 합니다. 구원받은 하나님의 자녀답게 하나님을 사랑하고 이웃을 사랑하면서 그 사랑 안에서 하나 되어 영혼이 변화하면서 빛의 세계로 나아가야 합니다.

> "어떤 율법교사가 일어나 예수를 시험하여 이르되 선생님 내가 무엇을 하여야 영생을 얻으리까 예수께서 이르시되 율법에 무엇이라 기록되었으며 네가 어떻게 읽느냐 대답하여 이르되 네 마음을 다하며 목숨을 다하며 힘을 다하며 뜻을 다하여 주 너의 하나님을 사랑하고 또한 네 이웃을 네 자신 같이 사랑하라 하였나이다 예수께서 이르시되 네 대답이 옳도다 이를 행하라 그러면 살리라"(눅10:25-28)

> He answered: 'Love the Lord your God with all your heart and with all your soul and with all your strength and with all your mind ; and, 'Love your neighbor as yourself'.(눅10:27)

영생은 하나님을 사랑하되 마음(heart)과 목숨(soul)과 힘(strength)과 뜻(mind)을 다하여 사랑하는 동시에 이웃을 사랑하되 내 몸과 다르지 않게 사랑하며 사는 것입니다.

마음과 목숨과 힘과 뜻은 인간의 전 존재(TOTAL-BEING)입니다. 그러므로 영생을 추구하는 삶은 사랑 안에서 하나님과 하나 됨과 이웃과 하나 됨의 삶이 아름답게 조화를 이루며 사는 것입니다. 하나님과 나와 이웃의 삶이 분리되지 않고 하나가 되어 사는 것입니다.

우리는 이 사랑 안에서 하나님이 계시는 영광과 생명으로 가득한 빛의 세계로 나아가야 합니다. 서로를 정죄하고 분리하는 죄를 벗어나지 못하고 하나님을 대적하고 자신의 삶을 소중하게 생각하지 않고 이웃을 미워하며 살면 그 영혼이 깊은 어둠에서 벗어나지 못합니다. 오히려 살면 살수록 더 깊은 어둠과 고통의 길로 나아가게 됩니다.

사람에게는 영혼이 있고 그 영혼은 불멸하는 존재입니다. 인간의 본체입니다. 사람들이 죽은 후에도 영혼은 남아 있고 그 영혼들이 말을 하는 것을 볼 수 있습니다. 그러므로 그 영혼의 문제에 대한 해답이 없으면 인간은 아무리 마음을 다스리고 지금의 고통스러운 현실에 머무르지 않으려고 집착하지 않아도 영원히 고통에서 벗어날 수 없습니다. 인간은 몸과 마음만 있는 육적인 존재가 아니라 영혼이 있는 영적인 존재입니다.

육체를 가지고 사는 동안에만 영혼이 몸과 함께 존재하고 죽으면 그 영혼도 사멸된다면 육체로 사는 동안만 행복하게 잘 살면 그만입니다. 죽은 다음에 심판이 없고 천국과 지옥이 없다면 육체로 사는 동안 무슨 짓을 해서라도 잘 먹고 잘 살면 그만입니다. 그러나 인간에게는 영원히 사는 영혼이 있고 죽은 다음에는 심판이 있습니다.

그러기 때문에 아무리 삶의 현실에 집착하지 않고 아무리 신비 체험을 통해 일시적으로 인간이 가진 몸의 한계와 마음의 경계를 벗어난다고 해도 죽음 이후도 존재하는 그 영혼에 대한 해답을 찾지 못하면 인간은 죄에서부터 시작된 고통에서 영원히 벗어날 수 없습니다.

육체로 사는 동안 몸과 마음의 고통에서 벗어나는 길은 있는 것을 없는 것처럼 생각한다고 되는 일이 아닙니다. 밥을 먹지 않으면 배고프고 배고프면 밥을 먹어야지 배가 고프지 않은 것으로 생각한다고 해결될 일이 아닙니다. 그래서 고통에서 벗어나는 길을 찾아보려고 스스로 수행한다고 애를 쓰거나 무엇을 깨달으려고 애를 쓸 이유가 없습니다.

예수님께서 가르쳐주신 하나님의 진리 말씀을 붙잡고 그 가르침에 따라 삶의 현실을 잘 이기고 사는 것이 구원의 길이요 행복과 평안과 영생의 길입니다.

우리 영혼과 마음의 본래 자리는 하늘이고 몸의 본래 자리는 우주입니다. 요한계시록은 이 지구와 우주를 넘어서는 그 너머의 넓은 하늘의 세계와 우리 마음과 잇대어 있는 영혼의 본래자리인 그 하늘이 어디인지를 알려 줍니다.

거듭난 하나님의 자녀들에게는 영원한 행복과 영생의 나라인 새 하늘과 새 땅이 준비되어 있습니다. 이 진리를 거부하고 하나님의 자녀가 되지 못한 채 죽는 사람들에게는 영원한 고통의 자리인 불못이 준비되어 있습니다. 성경의 가르침에 의하면 인생의 종말은 죽음이 아닙니다. 삶의 마무리는 영원한 고통으로의 새로운 시작이거나 영원한 생명과 행복과 평안의 완성된 삶 두 가지 가운데 하나입니다.

"하나님이 세상을 이처럼 사랑하사 독생자를 주셨으니 이는 그를 믿는 자마다 멸망하지 않고 영생을 얻게 하려 하심이라"(요3:16)

영생의 길과 멸망의 길 그 갈림길에 예수님이 있고 천국과 지옥으로 가는 그 과정과 결과를 가르쳐 주는 것이 요한계시록입니다. 기독교는 이생의 고통에서 뿐만 아니라 영원한 고통에서 벗어나는 길을 가르쳐 줍니다. 계시록에서 우리는 이 진리를 발견해야 합니다.

어리석은 부자는 육체로 사는 것만 생각하고 영혼의 때를 준비하지 않았습니다. 그 결과는 분명합니다.

"또 비유로 그들에게 말하여 이르시되 한 부자가 그 밭에 소출이 풍성하매 심중에 생각하여 이르되 내가 곡식 쌓아 둘 곳이 없으니 어찌할까 하고 또 이르되 내가 이렇게 하리라 내 곳간을 헐고 더 크게 짓고 내 모든 곡식과 물건을 거기 쌓아 두리라 또 내가 내 영혼에게 이르되 영혼아 여러 해 쓸 물건을 많이 쌓아 두었으니 평안히 쉬고 먹고 마시고 즐거워하자 하리라 하되 하나님은 이르시되 어리석은 자여 오늘 밤에 네 영혼을 도로 찾으리니 그러면 네 준비한 것이 누구의 것이 되겠느냐 하셨으니 자기를 위하여 재물을 쌓아 두고 하나님께 대하여 부요하지 못한 자가 이와 같으니라"(눅12:16-21)

## 4) 교회에 대한 계시입니다.

지상에 현존하는 교회의 완성된 미래와 악한 이방 종교의 종말에 대한 계시입니다. 교회는 구약시대 유대교의 전통을 이어받았으나 유대교를 넘어서서 형성된 것입니다. 교회는 성령 강림을 통해 예수님을 구세주로 믿는 하나님의 백성들에 의해 이루어졌습니다. 엄청난 박해 속에서 믿음을 지킨 초대교회 시대를 거쳐 박해가 사라진 시대에 형성된 가톨릭교회 시대를 거쳐 종교개혁 교회 시대를 넘어가면서 오늘에도 존재하고 있는 것이 교회입니다.

그리고 지금의 교회는 가톨릭교회와 개혁교회로 공존하고 있고 교단을 중심으로 하지 않는 또 다른 형태의 독립 교회들도 생겨나고 있습니다. 그러나 지상의 교회는 예수님의 재림과 함께 사라질 것입니다. 그 교회들은 영원한 천국에서 지금과는 전혀 다른 새로운 모습으로 나타나게 될 것입니다. 계시록은 동시대에 함께 존재하던 이방인들의 우상을 섬기던 성전과 유대인의 회당

그리고 그 시대에 존재하던 예수 그리스도를 섬기는 교회의 과거와 현재와 미래에 대해 가르쳐 주고 있습니다. 지상에 존재하는 불완전한 교회는 예수님의 재림과 함께 사라지게 될 것이며 새 하늘과 새 땅에서 완성된 모습으로 영원히 존재하게 될 것입니다.

"성 안에서 내가 성전을 보지 못하였으니 이는 주 하나님 곧 전능하신 이와 및 어린 양이 그 성전이심이라"(계21:22)

그리고 계시록에서 모든 거짓 종교와 거짓 선지자의 대표는 음녀입니다.

"곧 성령으로 나를 데리고 광야로 가니라 내가 보니 여자가 붉은 빛 짐승을 탔는데 그 짐승의 몸에 하나님을 모독하는 이름들이 가득하고 일곱 머리와 열 뿔이 있으며 그 여자는 자주 빛과 붉은 빛 옷을 입고 금과 보석과 진주로 꾸미고 손에 금잔을 가졌는데 가증한 물건과 그의 음행의 더러운 것들이 가득하더라. 그의 이마에 이름이 기록되었으니 비밀이라, 큰 바벨론이라, 땅의 음녀들과 가증한 것들의 어미라 하였더라"(계17:3-5)

정치와 결탁하여 권세를 휘두른 이 음녀가 대표하는 이 땅에 존재하는 우상을 섬기는 모든 거짓 종교와 하나님을 대적하면서 하나님의 뜻을 거스른 모든 악한 종교는 하나님의 심판에 의해 사라지게 될 것입니다. 권력과 결탁하여 온갖 위세를 부리던 거짓된 종교와 그 지도자들은 영원한 고통과 멸망에 처해지게 될 것입니다.

> "또 내가 보매 그 짐승과 땅의 임금들과 그들의 군대들이 모여 그 말 탄 자와 그의 군대와 더불어 전쟁을 일으키다가 짐승이 잡히고 그 앞에서 표적을 행하던 거짓 선지자도 함께 잡혔으니 이는 짐승의 표를 받고 그의 우상에게 경배하던 자들을 표적으로 미혹하던 자라 이 둘이 산 채로 유황불 붙는 못에 던져지고 그 나머지는 말 탄 자의 입으로부터 나오는 검에 죽으매 모든 새가 그들의 살로 배불리더라"
>
> (계19:19-21)

### 5) 역사의 종말에 대한 계시입니다.

아담으로부터 시작된 타락한 인류 문화와 문명과 정치와 경제 체제의 종말에 대해 가르쳐 줍니다.

> "하늘과 성도들과 사도들과 선지자들아, 그로 말미암아 즐거워하라 하나님이 너희를 위하여 그에게 심판을 행하셨음이라 하더라"
>
> (계18:20)

이 인류 역사는 하나님을 섬기는 문화와 하나님을 대적하는 문화로 나눌 수 있습니다. 하나님을 대적하는 사탄에 의해 주도

되는 세상의 문화와 종교와 정치와 경제 체제는 예수님의 재림으로 심판을 받고 사라지게 될 것입니다.

계시록에서는 이 문화와 문명과 종교 정치 체제를 음녀와 바벨론으로 상징하고 있습니다. 그리고 그것을 주도하는 것들은 용과 짐승으로 상징되어 있습니다.

> "용이 짐승에게 권세를 주므로 용에게 경배하며 짐승에게 경배하여 이르되 누가 이 짐승과 같으냐. 누가 능히 이와 더불어 싸우리오 하더라 또 짐승이 과장되고 신성 모독을 말하는 입을 받고 또 마흔두 달 동안 일할 권세를 받으니라"(계13:4-5)

구약성경에서 모든 예언자가 선포한 말씀의 핵심 가운데 하나는 정치가 잘못하면 나라가 망한다는 것입니다. 타락한 정치와 거짓 종교가 결탁하여 하나님의 뜻을 저버리고 하나님을 대적하면 이 세상에 세워진 그 어떤 나라도 영원하지 못하고 반드시 망한다는 것입니다. 다니엘은 금신상 환상과 짐승들의 환상을 통해 이것을 알려주었습니다.

> "왕이여 왕이 한 큰 신상을 보셨나이다 그 신상이 왕의 앞에 섰는데 크고 광채가 매우 찬란하며 그 모양이 심히 두려우니 .그 우상의 머리는 순금이요 가슴과 두 팔은 은이요 배와 넓적다리는 놋이요 그 종아리는 쇠요 그 발은 얼마는 쇠요 얼마는 진흙이었나이다 또 왕이

보신즉 손대지 아니한 돌이 나와서 신상의 쇠와 진흙의 발을 쳐서 부서뜨리매 그 때에 쇠와 진흙과 놋과 은과 금이 다 부서져 여름 타작마당의 겨 같이 되어 바람에 불려 간 곳이 없었고 우상을 친 돌은 태산을 이루어 온 세계에 가득하였나이다"(단2:31-35)

계시록에서는 사탄을 상징하는 용과 권력을 가진 나라들과 왕들을 상징하는 짐승의 모습으로 이것을 알게 해주었습니다.

"내가 보니 바다에서 한 짐승이 나오는데 뿔이 열이요 머리가 일곱이라 그 뿔에는 열 왕관이 있고 그 머리들에는 신성 모독 하는 이름들이 있더라 내가 본 짐승은 표범과 비슷하고 그 발은 곰의 발 같고 그 입은 사자의 입 같은데 용이 자기의 능력과 보좌와 큰 권세를 그에게 주었더라"(계13:1-2)

사람들의 영혼까지 사고팔면서 사람들을 핍박하고 수탈하며 자기들 마음대로 죽이는 정치와 경제 체제는 반드시 망하게 되어 있습니다.(계18장) 애굽도 망하고 앗수르도 망했습니다. 바벨론도 망하고 페르시아도 망했습니다. 헬라제국도 망하고 계시록에서 바벨론으로 묘사된 로마(벧전5:13)도 망했습니다. 세계 문명사에서 인간들이 만들었던 거대한 제국들은 모두 다 망했습니다. 사람을 사람답게 살지 못하게 하는 모든 정치와 경제 체제는 반드시 망하게 됩니다. 하나님의 나라만 영원합니다. 계시록은 이것을 보여주고 있습니다.

하나님은 공의의 하나님이십니다. 인간들이 만든 인본주의적인 인류 문명과 문화가 사라진 이후에는 음녀를 대신하는 예수님과 바벨론을 대신하는 새 예루살렘 성으로 신본주의 문화와 문명의 세계가 이루어집니다.(계21장-22장)

### 6) 모든 악과 사탄의 종말에 대한 계시입니다.(계20:10)

사탄은 하나님에 의해 창조된 피조물 가운데 가장 간교한 자이고(창3:1) 하나님을 대적하다가 그를 추종하던 천사들과 함께 하늘에서 떨어진 존재입니다.

> "하늘에 전쟁이 있으니 미카엘과 그의 사자들이 용과 더불어 싸울새 용과 그의 사자들도 싸우나 이기지 못하여 다시 하늘에서 그들이 있을 곳을 얻지 못한지라 큰 용이 내쫓기니 옛 뱀 곧 마귀라고도 하고 사탄이라고도 하며 온 천하를 꾀는 자라 그가 땅으로 내쫓기니 그의 사자들도 그와 함께 내쫓기니라"(계12:7-9)

본래 그 이름이 루시퍼이며 옛 뱀이요 용이요 사탄이요 마귀인데, 이 마귀가 이 세상의 모든 악의 시발점입니다.

> "너 아침의 아들 계명성이여 어찌 그리 하늘에서 떨어졌으며 너 열국을 엎은 자여 어찌 그리 땅에 찍혔는고 네가 네 마음에 이르기를 내가 하늘에 올라 하나님의 뭇 별 위에 내 자리를 높이리라 내가 북

극 집회의 산 위에 앉으리라 가장 높은 구름에 올라가 지극히 높은 이와 같아지리라 하는도다 그러나 이제 네가 스올 곧 구덩이 맨 밑에 떨어짐을 당하리로다"(시14:12-15)

하나님에 의해 아름답고 선하게 창조된 인간들을 거짓말로 속여 죄를 짓도록 한 것도 사탄입니다. 사탄의 유혹이 사람들이 죄를 짓게 한 근본 원인이었습니다. 인간의 죄는 사탄의 유혹에서 비롯되었습니다.(창3:1-6)

사탄은 계시록에서 바다에서 올라오는 짐승으로 상징된 악한 정치 세력과 땅에서 올라오는 짐승으로 상징된 거짓 선지자들을 통해 사람들을 탄압하고 미혹하여 죄를 짓게하고 하나님을 대적하는 일을 하게 합니다. 그러나 그 모든 사탄의 역사와 악의 역사는 예수님의 재림과 함께 끝나게 됩니다. 하나님의 사랑은 하나님의 정의가 온전히 실현되는 예수님의 재림에 의해 완성됩니다.

## 7) 이 모든 우주 만물의 종말에 대한 계시입니다.(계20:11)

처음 창조에 속한 우주 만물과 지구는 예수님의 재림 이후 천년왕국이 지난 다음에 사라지게 되고 새 하늘과 새 땅의 역사가 시작됩니다.(계21장-22장) 이 과정을 명확하게 보여주는 것이 요한계시록의 종말 계시입니다.

"또 내가 새 하늘과 새 땅을 보니 처음 하늘과 처음 땅이 없어졌고 바다도 다시 있지 않더라. 또 내가 보매 거룩한 성 새 예루살렘이 하나님께로부터 하늘에서 내려오니 그 준비한 것이 신부가 남편을 위하여 단장한 것 같더라 내가 들으니 보좌에서 큰 음성이 나서 이르되 보라 하나님의 장막이 사람들과 함께 있으매 하나님이 그들과 함께 계시리니 그들은 하나님의 백성이 되고 하나님은 친히 그들과 함께 계셔서 모든 눈물을 그 눈에서 닦아 주시니 다시는 사망이 없고 애통하는 것이나 곡하는 것이나 아픈 것이 다시 있지 아니하리니 처음 것들이 다 지나갔음이리라"(계21:1-4)

## 8) 죽음과 고통이 없는 천국에 관한 계시입니다.

아픔과 눈물과 저주와 어둠이 사라지는 것을 보여주는 천국계시입니다.

"다시 저주가 없으며 하나님과 그 어린 양의 보좌가 그 가운데에 있으리니 그의 종들이 그를 섬기며 그의 얼굴을 볼 터이요 그의 이름도 그들의 이마에 있으리라 다시 밤이 없겠고 등불과 햇빛이 쓸 데 없으니 이는 주 하나님이 그들에게 비치심이라 그들이 세세토록 왕 노릇 하리로다"(계22:3-5)

예수님의 십자가 보혈로 우리의 영혼이 구원받은 다음에도 우리의 육체는 반드시 죽게 되어 있습니다. 그러나 그 육체적인 죽음을 가져다주는 사망이 예수님의 재림과 함께 완전히 사라지게 됩니다. 이것이 예수님 재림의 신비 가운데 가장 큰 신비입니다. 계시록은 육체의 죽음이 없는 새로운 세상을 우리에게 보여줍니다.

천국에서는 이 세상에서 우리가 경험하는 인생에 대한 모든 저주와 어둠이 사라지게 됩니다. 이 모든 죽음이 지나가고 고통이 사라지게 됩니다. 저주가 사라지고 어둠이 사라집니다. 예수님의 재림과 함께 지금 이 세상에 일시적으로 존재하고 또 유한하게 존재하며 고통을 주던 모든 것들이 다 사라지게 됩니다. 무한하고 영원한 새로운 세상이 시작됩니다.

계시록에서 말씀하는 종말은 단순히 모든 것이 사라지고 없어진다는 것이 아닙니다. 계시록은 구약의 율법이 초림 예수의 구원의 복음(엡1:13)과 은혜의 복음(행20:24) 안에서 완성되는 것처럼 초림 예수에 의해 선포된 복음이 재림하시는 예수 그리스도 안에서 영원한 복음(계14:6)으로 완성되는 새로운 세상을 우리에게 보여줍니다.

(가) 구원의 복음 : "그 안에서 너희도 진리의 말씀 곧 너희의 구원의 복음을 듣고 그 안에서 또한 믿어 약속의 성령으로 인치심을 받았으니"(엡1:13)

(나) 은혜의 복음 : "내가 달려갈 길과 주 예수께 받은 사명

곧 하나님의 은혜의 복음을 증언하는 일을 마치려 함에는 나의 생명조차 조금도 귀한 것으로 여기지 아니하노라"(행20:24)

(다) **영원한 복음** : "또 보니 다른 천사가 공중에 날아가는데 땅에 거주하는 자들 곧 모든 민족과 종족과 방언과 백성에게 전할 영원한 복음을 가졌더라"(계20:24)

그래서 성경에서 말씀하는 종말은 우리 모든 믿는 사람들에게 궁극적인 희망입니다. 주님의 재림과 함께 이 세상에 속한 모든 불완전한 것은 사라지고 영원하고 완전한 하나님의 나라가 시작됩니다. 종말은 희망입니다.

이 내용을 그 아들인 예수님에게 알려주신 분은 하나님이십니다. 하나님은 이 세상 모든 만물을 창조하시고 주관하시며 운행하시고 완성하시는 분입니다. 하나님은 지금 이 우주에 존재하고 있는 시간과 공간과 물질을 창조하기 이전부터 계신 분이며 이 세상 모든 만물이 사라진 이후에도 영원히 존재하시는 분입니다.

예수님은 바로 그 창조주 하나님이 우리와 같은 인간의 몸으로 오신 유일하신 하나님의 아들입니다. 아들은 아버지에게 그 존재의 근원이 있다는 뜻입니다. 하나님께서 그 아들이신 예수님에게 이 계시록의 내용을 알려 주셨습니다. 예수님은 이 내용을 예수님을 주님으로 섬기는 주님의 종들과 하나님의 백성에게 알려 주시려고 그 분을 섬기는 천사들을 통해 요한에게 알려 주셨습니다.

계시록은 마지막 때에 신속하게 일어날 일을 배교를 강요당하고 타협하지 않으면 순교를 해야 하는 주의 종들에게 이기는 자가 되도록 이 말씀을 주었습니다. 마지막 순간에도 예수님을 주님과 그리스도로 고백하는 믿음을 지킬 때 주어지는 하나님의 축복이 무엇인가 알게 하시려고 주신 것입니다. 예수님은 교회들을 위하여 그 천사들을 보내어 이것들을 주의 종들에게 알게 하셨습니다.

> "나 예수는 교회들을 위하여 내 사자를 보내어 이것들을 너희에게 증언하게 하였노라 나는 다윗의 뿌리요 자손이니 곧 광명한 새벽 별이라 하시더라"(계22:16)

천사들은 하나님을 섬기는 하늘에 있는 영적인 존재들입니다. 그들은 하나님께서 맡겨주신 다양한 일들을 수행합니다. 하나님께서 예수님에게 알려주신 이 일들은 반드시 신속하게 이루어질 일들이고, 이 일들은 예수님의 부활 승천 이후부터 시작되었으며 지금도 이루어지고 있으며, 앞으로 완성될 일들입니다.

창조의 역사가 어느 한 시점에서부터 시작하여 계속되는 것처럼 종말의 사건도 어느 한 시점에서 시작하여 계속되는 사건입니다. 성경적인 종말은 율법의 시대가 끝나면서 예수님의 시대를 통해 복음 안에서 그 율법의 완성과 새로운 시작을 이룬 것처럼 종말도 예수님의 부활 승천과 함께 이미 시작되었고 지금도 진행되고 있습니다. 지금 우리는 그 종말의 완성이 가까운 시대에 살고 있습니다.

이 계시의 내용은 사도 요한의 때부터 이루어져 왔으며 이 역사 속에서 반드시 속히 완성될 일들입니다. 계시록은 그림을 보여주는 것과 같은 상징적인 용어들로 쓰인 것이 많은데 이는 그 의미를 감추려고 하는 것이 아니라 그 의미를 그림을 보듯이 선명하게 알도록 하기 위함입니다.


## 2. 주의 종 사도 요한

### 1) 주의 종

이 모든 계시의 내용을 하나님께서는 예수님에게 주셨습니다. 그리고 예수님은 그 계시의 내용을 주님의 종들에게 알려주시려고 그 천사를 요한에게 보내어 알게 하셨습니다. 그래서 요한은 그 내용을 편지로 써서 그 종들에게 전했고 그 종들은 우리에게 까지 알려주신 것입니다.

계시록은 모르도록 감추어진 것이 아니라 알게 하려고 주신 것입니다. 그래서 우리는 이 내용을 잘 알고 있어야 합니다. 주의 종이라는 말씀이 무슨 뜻인가요? 하나님께서 주신 계시의 말씀을 잘 알고 그 계시의 내용을 제대로 바르게 전하는 사람이 주의 종입니다.

계시의 내용을 모르면 주의 종이 아닙니다. 계시의 내용을 자기 마음대로 바꾸어 전해도 주의 종이 아닙니다. 주의 종은 하나님이 주시는 계시를 바르게 알고 하나님의 뜻대로 바르게 전하는 것이 주의 종입니다.

이일들은 반드시 이루어질 일들입니다. 신속하게 이루어질 일들입니다. 그때로부터 지금까지 그리고 계속해서 이루어질 일들입니다. 그러므로 주의 종들은 이 계시의 내용을 바로 알고 시대와 때를 분별할 줄 알고 깨어 기도하며 준비하고 가르쳐야 합니다.

"충성되고 지혜 있는 종이 되어 주인에게 그 집 사람들을 맡아 때를 따라 양식을 나눠 줄 자가 누구냐 주인이 올 때에 그 종이 이렇게 하는 것을 보면 그 종이 복이 있으리로다 내가 진실로 너희에게 이르노니 주인이 그의 모든 소유를 그에게 맡기리라 만일 그 악한 종이 마음에 생각하기를 주인이 더디 오리라 하여 동료들을 때리며 술친구들과 더불어 먹고 마시게 되면 생각하지 않은 날 알지 못하는 시각에 그 종의 주인이 이르러 엄히 때리고 외식하는 자가 받는 벌에 처하리

니 거기서 슬피 울며 이를 갈리라"(마24:46-51)

하나님께서는 이 계시의 내용을 예수님에게 주셨습니다. 그 계시가 전달되는 모습을 계시록 5장에서는 이렇게 묘사하고 있습니다.

"내가 또 보니 보좌와 네 생물과 장로들 사이에 한 어린 양이 서 있는데 일찍이 죽임을 당한 것 같더라 그에게 일곱 뿔과 일곱 눈이 있으니 이 눈들은 온 땅에 보내심을 받은 하나님의 일곱 영이더라 그 어린 양이 나아와서 보좌에 앉으신 이의 오른손에서 두루마리를 취하시니라"(계5:6-7)

성부 하나님께로부터 이 모든 계시의 내용을 받은 예수님은 반드시 속히 일어날 이일들에 대해 천사들을 보내어 사도 요한에게 알게 하였고 사도 요한은 편지를 써서 각 교회를 섬기는 주의 종들에게 보내었습니다.

이 계시의 내용은 사도 요한의 때부터 이루어져 왔으며 이 역사 속에서 반드시 속히 완성될 일들입니다. 계시록은 그림을 보여주는 것과 같은 상징적인 용어들로 쓰인 것이 많은데 이는 그 의미를 감추려고 하는 것이 아니라 그 의미를 그림을 보듯이 선명하게 알도록 하기 위함입니다.

요한은 이 일들이 일어나고 진행되는 과정을 보았습니다. 보았기 때문에 그 내용을 알게 되었습니다. 그래서 요한은 이 일들에 대해 알게 되었으므로 자기가 알게 된 사실들을 교회를 섬기는 주의 종들과 교회들에게 알린 것입니다. 요한은 이 내용을 모르는 상태에서 그저 환상 가운데 본 일들을 기계처럼 받아 전한 것이 아닙니다. 그 내용을 보고 들어 알게 된 사실을 우리들에게까지 전해지도록 그 시대의 주의 종들에게 알려준 것입니다. 그는 그 내용을 전하면서 하나님의 감동 안에서 말로 하지 않고 이 편지의 형식을 취하여 글로 씁니다.

하나님의 감동 안에서 글을 쓴다는 것은 단어의 선택이나 언어의 배열에 그만큼 성령님을 통해 하나님이 주시는 영감이 작용했다는 것입니다. 모든 성경이 하나님의 감동으로 된 것(딤후 3:16)이라는 그 깊은 의미가 여기에 있습니다.

요한은 요한복음과 요한 1,2,3서를 비롯하여 요한계시록을 통하여 하나님의 말씀을 전했으며 또한 수십 년의 목회를 통하여 하나님의 말씀을 전했습니다. 그는 예수님이 이 땅에 오신 유일하신 하나님의 아들이요 구세주라는 사실을 증언했습니다.

"말씀이 육신이 되어 우리 가운데 거하시매 우리가 그의 영광을 보니 아버지의 독생자의 영광이요 은혜와 진리가 충만하더라"(요1:14)

또 예수님에 대해 자기가 아는 그대로 또 보고 경험한 그대로를 계시가 손상되지 않도록 하기 위해 자기 마음대로 더하거나 빼지 않고 그대로 전했습니다.

> "태초부터 있는 생명의 말씀에 관하여는 우리가 들은 바요 눈으로 본 바요 자세히 보고 우리의 손으로 만진 바라 이 생명이 나타내신바 된지라 이 영원한 생명을 우리가 보았고 증언하여 너희에게 전하노니 이는 아버지와 함께 계시다가 우리에게 나타내신바 된 이시니라"(요일1:1-2)

### 2) 요한의 생애

요한은 유대 땅 갈릴리 호숫가의 게네사렛이라는 동네에서 세베대라는 분의 아들로 태어났습니다. 그의 형은 사도들 가운데 가장 먼저 순교한 야고보입니다. 어린 시절 형과 함께 아버지를 도와 어부로 살다가 예수님을 만나 예수님의 제자가 되었으며 예수님의 특별한 사랑을 받던 제자입니다.

예수님이 가는 곳마다 베드로와 그 형 야고보와 함께 동행하였고 예수님이 십자가에서 죽으실 때 제자들 가운데 바로 그 곁을 지켰던 유일한 제자였으며 예수님이 부활 승천하신 이후에는 예수님의 부탁을 받고 예수님의 어머니 마리아를 모시고 살았습니다. 에베소 교회는 바울이 3차 선교 여행 중에 개척했던 교회입니다. 바울의 믿음의 아들이었던 디모데가 이어서 목회를 했는데 65년 이후 디모데를 이어 목회하였습니다. 95년 로마 황제 도미티안에 의해 지중해에 있는 밧모섬에 유배를 당했고 96년 하반기에 풀려나와 100년까지 에베소에 살다가 세상을 떠났습니다.

그는 사도들 가운데 순교하지 않고 임종한 유일한 제자였습니다. 계시록은 순교자들과 순교하지 않았으나 끝까지 믿음을 지킨 하나님의 자녀들을 두 부류로 나눕니다. 그들은 곧 순교자들과 그 오른손이나 이마에 짐승의 표를 받지 않고 끝까지 이긴 자가 되어 천년왕국에 참여하게 된 분들입니다.(계20:4) 요한은 70년이 넘는 세월을 예수님의 제자로 살면서 말과 글로 또 행동으로 하나님의 말씀과 예수 그리스도를 증언하며 살았습니다. 그리고 밧모섬에서 이 계시록의 내용을 예수님이 보낸 천사들을 통해 받아 글로 써서 우리에게 전해지도록 한 예수님의 사도입니다.

# [3장 묵상 주제]

1. 계시란 무엇입니까?

2. 여덟 가지 계시에 대해 말해 봅시다.

3. 기독교와 불교의 인간과의 차이는 무엇입니까?

4. 하나님의 역사 섭리에 대해 말해 봅시다.

5. 주의 종이란?

6. 사도 요한에 대해 말해 봅시다.

7. 성경에서 말씀하는 천국은 어떤 곳입니까?

## 성경본문(계1:3-4)

■ 3. 이 예언의 말씀을 읽는 사람과 듣고 그 가운데 기록된 것을 지키는 사람들은 행복합니다. 이 예언들이 이루어질 때가 가까웠기 때문입니다.

■ 4. 나 요한은 아시아에 있는 일곱 교회에 편지합니다. 지금도 계시고 전에도 계셨고 앞으로 오실 하나님과 그분의 보좌 앞에 일곱 영으로 계시는 성령님과 그리고 충성스러운 증인이시며 죽은 사람들 가운데서 제일 먼저 부활하시고 세상의 왕들을 다스리시는 예수 그리스도께서 여러분에게 은혜와 평안을 내려 주시기를 기도합니다. 우리를 사랑하시고 자기 피로 우리를 죄에서 해방하셨으며.

## 1. 예언이란?

성경은 구약 39권과 신약 27권으로 되어 있습니다. 구약 39권 가운데 창세기부터 신명기까지의 5권을 오경이라 하고 여호수아서부터 에스더서까지의 12권을 역사서라 합니다. 욥기부터 아기서까지의 5권을 지혜서라 하고 이사야서부터 말라기지의 17권을 예언서라 합니다.

신약은 4권의 복음서와 한권의 역사서인 사도행전 그리고 22권의 서신으로 되어 있습니다. 22권의 서신은 13권의 바울서신과 히브리서를 포한 8권의 일반 서신 그리고 한권의 예언서인 요한 계시록으로 되어 있습니다.

성경은 그 전체가 예언의 내용이지만 특히 예언서로 구별되어 있는 예언서 17권은 이사야나 예레미야나 에스겔이나 다니엘과 같은 특정한 예언자들에게 임한 하나님의 말씀을 예언자들이 대언한 내용입니다.

　　"유다 왕 웃시야와 요담과 아하스와 히스기야 시대에 아모스의 아들 이사야가 유다와 예루살렘에 관하여 본 계시라"(사1:1)

　　"베냐민 땅 아나돗의 제사장들 중 힐기야의 아들 예레미야의 말이라 아몬의 아들 유다 왕 요시야가 다스린 지 십삼 년에 여호와의 말씀이 예레미야에게 임하였고"(렘1:2-4)

구약시대에 예언자들을 통해 주신 예언서 17권의 말씀은 북이스라엘의 멸망 직전에 아모스나 호세아 선지자에게 주신 말씀에서부터 시작해서 이사야나 예레미아와 같이 남 유다가 바벨론에 명하게 될 때 주신 말씀 그리고 바벨론 포로시절에 주신 다니엘서와 에스겔서와 같은 말씀과 포로에서 돌아왔을 때 주신 학개 스가랴 말라기와 같은 선지자들을 통해 주신 말씀들입니다.

그러므로 예언서의 말씀은 이스라엘 민족이 앗수르나 바벨론에 의해 나라가 망하게 되고 가장 고통스러운 시절을 보낼 때 주신 말씀입니다. 그래서 그 말씀을 통하여 이스라엘 백성들은 왜 자신들이 망하게 되었는지 그리고 그곳에서도 하나님이 자신들을 영원히 버리지 아니하시고 붙들어 다시 세워 주셨는지를 늘 되새김하였습니다.

예언서를 통하여 하나님께서 주시는 말씀의 핵심은 분명합니다. 하나님을 떠나 하나님을 대적하는 무리나 그 세력은 그가 누구든지 반드시 망한다는 것입니다. 그러나 그 아픔과 혼란 중에도 하나님을 신뢰하고 믿음으로 이기는 사람들은 하나님께서 반드시 보호하신다는 것입니다. 그리고 하나님께서는 그 백성을 다시 돌아보시고 반드시 새롭게 하시고 더 좋아지게 하신다는 것입니다. 이것이 예언서에 나타난 하나님의 역사 섭리입니다.

구약시대에 예언자들에게 임했던 이 특별한 계시의 은혜가 밧모섬에 있던 요한에게 임하였습니다. 그러므로 요한이 우리에게 전한 계시록은 구약의 예언서와 같은 예언의 말씀입니다.

기독교 신앙 안에서 예언이란 기본적으로 하나님께서 주신 말씀이라는 뜻입니다. 그리고 하나님이 앞으로 이루실 하나님의 뜻을 전하는 내용이 예언입니다. 하나님이 우리에게 주시는 예언은 죄에 대한 심판을 통해 과거를 돌아보며 회개하게 합니다. 그 말씀 앞에 지금 현재의 내 모습에 대해 깊은 성찰을 하게하며 미래를 내다보고 준비하게 합니다. 예언은 과거와 현재와 미래를 관통하는 살아 계신 하나님의 말씀입니다.

하나님이 주신 예언은 때로 과거의 죄에 대한 지적과 현재에 대한 혹독한 심판을 말씀하시지만 심판의 때가 지난 이후에의 아름다운 미래에 대한 꿈과 희망을 갖게 합니다. 이사야 선지자는 이렇게 말씀합니다.

> "보라 내가 새 하늘과 새 땅을 창조하나니 이전 것은 기억되거나 마음에 생각나지 아니할 것이라 너희는 내가 창조하는 것으로 말미암아 영원히 기뻐하며 즐거워할지니라. 보라 내가 예루살렘을 즐거운 성으로 창조하며 그 백성을 기쁨으로 삼고 내가 예루살렘을 즐거워하며 나의 백성을 기뻐하리니 우는 소리와 부르짖는 소리가 그 가운데에서 다시는 들리지 아니할 것이며 거기는 날 수가 많지 못하여 죽는 어린이와 수한이 차지 못한 노인이 다시는 없을 것이라 곧 백세에 죽는 자를 젊은이라 하겠고 백세가 못되어 죽는 자는 저주 받은 자이리라"
>
> (사65-17-20)

이 말씀의 내용이 다시 정리되고 확장된 말씀으로 예언된 것이 계시록 21장의 새 하늘과 새 땅에 대한 예언입니다.

에스겔 선지자는 이렇게 말씀합니다.

"그가 나를 데리고 성전 문에 이르시니 성전의 앞면이 동쪽을 향하였는데 그 문지방 밑에서 물이 나와 동쪽으로 흐르다가 성전 오른쪽 제단 남쪽으로 흘러 내리더라"(겔47:1)

"이 강물이 이르는 곳마다 번성하는 모든 생물이 살고 또 고기가 심히 많으리니 이 물이 흘러 들어가므로 바닷물이 되살아나겠고 이 강이 이르는 각처에 모든 것이 살 것이며"(겔47:9)

이 말씀의 내용은 계시록 22장에서 다시 확장되고 정리되어 생명수가 흐르는 강으로 묘사되고 있습니다. 이처럼 구약 예언서의 심판과 구원의 말씀은 요한 계시록을 통하여 다시 정리되어 완성된 모습으로 기록되어 있습니다.

## 2. 영적 축복의 기본 원리

계시록의 말씀은 교회를 섬기는 주의 종들과 성도들에게는 축복의 말씀입니다. 이 계시록에는 일곱 가지 축복의 말씀이 있습니다.(1:3, 14:13, 16:15, 19:9, 29:6. 22:7, 22:14) 그 외에도 처음 시작에서 은혜와 평강을 비는 축복으로 시작하는데 마지막 말씀도 축복의 말씀입니다.

> "주 예수의 은혜가 너희 모든 자들에게 있을지어다. 아멘!"
>
> (계22:21)

계시록에 나오는 일곱 가지 축복의 내용은 주로 고난을 이기고 승리하는 이긴 자에게 주어지는 축복입니다. 2장과 3장에는 이기는 자에게 주어지는 열두 가지 상이 나오며 그 모든 축복을 하나로 합하여 계시록 21장 7절에서는 이렇게 정리합니다. 2장과 3장에 나오는 이기는 자에게 주어지는 그 모든 내용은 천국에서 누릴 영생과 관련된 축복의 내용입니다.

> "이기는 자는 이것들을 상속으로 받으리라 나는 그의 하나님이 되고 그는 내 아들이 되리라"(계21:7)

이것은 현재 계시록에서 두 짐승으로 상징되어 있는 적그리스도의 세력에 의해 고난당하고 있는 주의 종들과 성도들에게 세상이 주지 못하는 위로를 주고 끝까지 믿음을 지킬 것을 격려하는 것입니다.

또한 끝까지 이기는 자가 되어 믿음을 지켜 승리할 때 주어지는 축복과 천국의 상을 미리 보여줌으로써 현재 당하는 환란과 핍박을 예수 그리스도의 재림과 함께 이루어질 천년왕국과 천국에 대한 소망과 확신을 갖게 하기 위함인 것을 알게 합니다.

십자가에서 보여주신 하나님의 사랑은 악과 사탄에 대한 최종적인 심판을 거쳐 완성됩니다. 지금은 의로운 자들이 악한 자들에 의해 고난을 당하지만 마지막까지 이기는 자에게는 반드시 하나님의 보상이 있습니다. 구약의 욥기서에서 말씀하는 신정론 곧 악한 세상에서 하나님의 의가 최종적으로 실현되는 내용이 요한계시록입니다. 이것을 계시록은 우리에게 말씀하고 있습니다.

### 1) 읽음으로 얻는 지식

그러므로 예언으로 주어진 이 계시록의 말씀을 읽을 수 있는 기회를 가진 사람은 행복합니다. 하나님의 말씀을 읽을 수 있는 기회는 누구에게나 주어지는 것이 아닙니다. 하나님의 특별한 은총이고 축복입니다. 그러므로 행복합니다.

말씀을 읽으려면 문자를 읽을 수 있어야 합니다. 그리고 단순히 글을 읽는 것이 아니라 저자가 성령님의 감동 속에 쓴 그 말씀의 의미를 파악해야 합니다. 계시록의 말씀을 읽으면서 하나님이 하시는 말씀의 내용을 알 수 있어야 합니다. 찬찬히 그 말씀의 의미가 무엇인지를 새기면서 그 내용을 알 수 있도록 읽어야 합니다. 100번을 읽어도 그리고 외워도 그 말씀의 진정한 의미를 알지 못하면서 읽는 것은 쓸데없는 짓입니다. 그러므로 천천히 이 말씀을 읽으면서 그 내용이 무엇인지를 바로 알 수 있도록 읽어야 합니다.

성경을 읽으면서 역사 공부를 통해 저자가 처한 상황도 알고 저자의 지식정도와 사역의 내용도 미리 알아야 합니다. 왜 저자가 그 내용을 성경의 그 대목에 기록하였는지를 앞뒤 문맥을 살펴 바르게 알아야 합니다. 독서백편이면 의자현(意自見)이라는 말 곧 100번을 읽으면 그 뜻을 알 수 있게 된다는 것은 단순히 반복해서 많이 읽으라는 것이 아니라 그 뜻을 바르게 새기도록 읽고 알라는 뜻입니다. 신앙적인 축복은 성경을 바르게 읽는 바른 앎에서 시작합니다.

### 2) 들음으로 얻는 깨달음의 지혜

이 예언의 말씀을 들을 수 있는 기회를 가진 사람도 행복합니다. 말씀을 듣는다는 것은 내가 알고 있던 고정관념에서 벗어나게 합니다. 다른 사람이 읽을 때와 내가 읽을 때 알던 것과는 다른 것을 알 수 있게 됩니다. 전혀 새로운 시각에서 그 말씀을 보게 합니다.

말씀에 대한 바른 깨달음은 더 많은 들음에서 옵니다. 그러므로 우리는 하나님의 말씀을 들을 수 있는 자리에 빠지지 말아야합니다. 말씀을 듣는 이유는 말씀을 들으면서 사람의 말이 아닌 하나님의 음성을 듣기 위함입니다. 계시록에서 가장 강조하는 말씀 가운데 하나는 성령이 교회들에게 하시는 말씀을 들으라는 것입니다.

누군가가 이 예언의 말씀을 전할 때 그 말씀을 들으면서 성령의 음성을 들어야 합니다. 교훈하시고 책망하시는 음성을 들어야 합니다. 내 마음에 불을 붙이고 기름을 부으시는 성령의 음성을 들어야 합니다. 고넬료는 그 집안사람들과 함께 베드로가 전하는 말씀을 들으면서 성령을 받았습니다.

> "베드로가 이 말을 할 때에 성령이 말씀 듣는 모든 사람에게 내려 오시니 베드로와 함께 온 할례 받은 신자들이 이방인들에게도 성령 부어 주심으로 말미암아 놀라니 이는 방언을 말하며 하나님 높임을 들음 이더라"(행10:44-46)

말씀을 들으면서 우리는 자신을 성찰하고 신앙인으로서 삶의 자세를 새롭게 가다듬게 됩니다. 성령께서 역사하시는 하나님의 말씀을 듣는 사람은 복이 있습니다. 말씀에 대한 바른 지식과 함께 성령께서 주시는 음성을 듣고 말씀에 대한 깊은 깨달음이 있는 사람이 행복합니다.

그러나 이 깨달음은 구원파에서 말하는 구원받았다는 사실에 대한 깨달음이나 신천지에서 말하는 비유풀이를 통한 성경 비밀을 깨닫는 것이 아닙니다. 이 깨달음은 신앙을 가진 사람이 지금의 현실에서 어떻게 사는 것이 신앙적으로 바로 사는 것인지를 바르게 알려주는 깨달음입니다.

구원파에서는 자신들이 죄 사함 받고 구원받은 사실을 깨달아 알면 다시는 회개할 필요가 없다고 가르칩니다. 그들이 즐겨 사용하는 성경 본문입니다.

> "형제들아 내가 너희에게 전한 복음을 너희에게 알게 하노니 이는 너희가 받은 것이요 또 그 가운데 선 것이라 너희가 만일 내가 전한 그 말을 굳게 지키고 헛되이 믿지 아니하였으면 그로 말미암아 구원을 받으리라"(고전15:1-2)

> "그가 거룩하게 된 자들을 한 번의 제사로 영원히 온전하게 하셨느니라"(히10:14)

이와 같은 말씀에 근거해서 한 번에 모든 죄를 다 용서받았으니 죄 사함 받은 날짜를 알고 죄 사함 받은 것을 깨닫고 확실히 믿으면 다시 회개할 것이 없다고 가르칩니다. 그러나 그것은 성경 말씀을 왜곡하는 것입니다.

요한계시록은 교회들에게 주시는 말씀인데 주님은 그 교회들에게 회개하라고 하십니다. 교회 안에 있는 사람들이 예수님을 믿고 죄 사함 받은 사람일까요? 아닐까요? 예수님을 믿고 죄 사함 받아 하나님의 자녀가 된 사람들입니다. 그들에게 주님은 죄 사함 받은 것을 깨달으라하지 않고 회개하라고 하셨습니다. 구원파는 계시록에 나오는 현대판 니골라당이요, 이세벨이며, 음녀입니다. 깨달음의 의미가 무엇인지 성경을 바로 알아야 합니다.

> "그러므로 어디서 떨어졌는지를 생각하고 회개하여 처음 행위를 가지라 만일 그리하지 아니하고 회개하지 아니하면 내가 네게 가서 네 촛대를 그 자리에서 옮기리라"(계2:5)

구원파와 달리 신천지는 성경은 비유이니 비유풀이를 통해 성경을 바르게 깨달을 것을 말합니다. 그리고 시대적 구원자 론을 내세워 이 시대의 구원자가 누구인지 알고 그 구원자가 가르쳐 주는 것을 깨달아 알아야 구원받을 수 있다고 속여 많은 성도들을 미혹했습니다. 현대판 영지주의입니다.

그들이 내세우는 이 시대의 구원자는 하나님의 말씀을 받아먹고 성경에 통달했다고 거짓말을 하면서 자기 스스로를 재림 예수라고 말하는 이만희입니다. 그들은 그들 신천지 무리로 구별된 14만 4천명의 제사장의 숫자가 채워지면 그들에게 하늘에 있던 순교자들의 영이 임하여 육체가 영생불사하고 그들이 땅에서 왕 노릇 한다고 말합니다.

그러나 그들의 말이 얼마나 허무맹랑한 주장인가 하는 것은 코로나19 사태를 겪으면서 여실히 드러났습니다. 죽지 않기는커녕 병을 집단 감염시킨 그들의 거짓에 속아 인생을 망친 성도들이 얼마나 많이 있습니까? 이단들의 거짓에 속으면 안 됩니다.

그들이 비유풀이의 근거로 잘 쓰는 성경 말씀이 있습니다.

> "예수께서 이 모든 것을 무리에게 비유로 말씀하시고 비유가 아니면 아무 것도 말씀하지 아니하셨으니 이는 선지자를 통하여 말씀하신 바 내가 입을 열어 비유로 말하고 창세부터 감춰진 것들을 드러내리라 함을 이루려 하심이라"(마13:35-35)

비유는 예수님의 말씀처럼 자신이 하는 말을 상대방이 더 잘 알아듣도록 하는 도구로 쓰이는 것이지 자신이 말하는 사실을 비밀로 감추려고 하는 것이 아닙니다. 그리고 성경 전체는 비유가 아닙니다. 역사요, 예언이요. 사실입니다.

특히 요한계시록은 교회를 섬기는 주의 종들에게 앞으로 진행될 역사의 진행을 알게 하고 믿음을 지키는 사람들에게 어떤 상이 준비되어 있는지를 알게 하는 것입니다.

> "보라 내가 속히 오리니 내가 줄 상이 내게 있어 각 사람에게 그가

행한 대로 갚아 주리라 나는 알파와 오메가요 처음과 마지막이요 시작과 마침이라"(계22:12-13)

계시록 2장과 3장에는 이기는 자들에게 주어지는 12가지 상에 대해 말씀하고 있습니다. 준비된 상이 무엇인지 미리 알게 해서 고난 중에 있는 교회들과 성도들을 위로하고 격려하고 믿음의 자세를 새롭게 하도록 각성시켜서 주님의 재림을 준비하도록 그동안 감추어져 있던 종말에 관한 것들을 계시로 열어 알려주신 말씀입니다.

그러므로 이단들이 말하는 깨달음과 성경에서 말하는 깨달음은 같은 의미가 아닌 것을 알고 잘 분별하여 성경적인 바른 신앙생활을 해야 합니다.

### 3) 마음에 새기고 믿음으로 행함

계시록에 있는 말씀은 새 언약의 말씀입니다. 새 언약은 예수님의 십자가와 부활에 의해 유대인만이 아니라 세상 모든 사람들에게 구원의 문이 열렸다는 것이고 그 새 언약은 예수님의 재림에 의해 완전히 성취된다는 것입니다. 예언으로 주어진 새 언약의 핵심은 예수님의 재림입니다.

"이것들을 증언하신 이가 이르시되 내가 진실로 속히 오리라 하시

거늘 아멘 주 예수여 오시옵소서 주 예수의 은혜가 모든 자들에게 있을지어다 아멘"(계22:20-21)

그러므로 이 재림에 대한 예언의 말씀을 읽고 듣기만 하는 것이 아니라 이 말씀을 마음에 새기고 믿음으로 실천하며 사는 사람은 행복합니다. 재림의 때가 가깝기 때문입니다. 기독교는 믿음과 소망의 종교입니다. 하나님을 믿으며 하나님의 말씀인 성경의 가르침을 구원의 진리로 믿습니다.

그 믿음은 크게 두 가지인데 하나는 영혼을 구원하는 구원의 믿음이고 하나는 생활 속에 역사가 나타나게 하는 실천하는 믿음입니다. 성경은 이 두 믿음의 관계에 대해 이렇게 말씀합니다.

"내가 복음을 부끄러워하지 아니하노니 이 복음은 모든 믿는 자에게 구원을 주시는 하나님의 능력이 됨이라 먼저는 유대인에게요 그리고 헬라인에게로다 복음에는 하나님의 의가 나타나서 믿음으로 믿음에 이르게 하나니 기록된바 오직 의인은 믿음으로 말미암아 살리라 함과 같으니라"(롬1:16-17)

믿음에서 믿음에 이르게 한다는 말씀에서 첫 믿음은 영혼을 구원하는 구원의 믿음입니다. 이 구원의 믿음에 대해 성경은 이렇게 말씀합니다.

"네가 만일 네 입으로 예수를 주로 시인하며 또 하나님께서 그를 죽은 자 가운데서 살리신 것을 네 마음에 믿으면 구원을 받으리라 사람이 마음으로 믿어 의에 이르고 입으로 시인하여 구원에 이르느니라"(롬10:9-10)

이 구원의 믿음은 생활 속에 그 믿음을 실천하는 행위로 나타납니다.

"네가 보거니와 믿음이 그의 행함과 함께 일하고 행함으로 믿음이 온전하게 되었느니라"(약2:22)

하나님은 행한 대로 갚아주시는 분입니다.(계22:12) 그러므로 말씀대로 살면 말씀대로 이루어지는 축복의 사람이 됩니다. 하나님은 말씀대로 사는 사람에게 말씀대로 축복하십니다.

"복 있는 사람은 악인들의 꾀를 따르지 아니하며 죄인들의 길에 서지 아니하며 오만한 자들의 자리에 앉지 아니하고 오직 여호와의 율법을 즐거워하여 그의 율법을 주야로 묵상하는도다 그는 시냇가에 심은 나무가 철을 따라 열매를 맺으며 그 잎사귀가 마르지 아니함 같으니 그가 하는 모든 일이 다 형통하리로다"(시1:1-3)

기독교는 선을 행함으로 믿음을 온전하게 증거하는 종교입니다. 성경은 이렇게 말씀합니다.

"네가 보거니와 믿음이 그의 행함과 함께 일하고 행함으로 믿음이 온전하게 되었느니라"(약2:22)

"영혼 없는 몸이 죽은 것 같이 행함이 없는 믿음은 죽은 것이니라"(약2:26)

성경은 구원받은 하나님의 자녀가 예수 그리스도 안에 있는 구원에 이르는 지혜를 알게하며 선을 행하며 살도록 주신 신앙의 지침서입니다.

"또 어려서부터 성경을 알았나니 성경은 능히 너로 하여금 그리스도 예수 안에 있는 믿음으로 말미암아 구원에 이르는 지혜가 있게 하느니라 모든 성경은 하나님의 감동으로 된 것으로 교훈과 책망과 바르게 함과 의로 교육하기에 유익하니 이는 하나님의 사람으로 온전하게 하며 모든 선한 일을 행할 능력을 갖추게 하려 함이라"

(딤후3:15-17)

그리스도인의 삶의 증거는 말씀을 기준삼아 선하게 사는 것입니다. 선악과를 다 먹은 인간의 행위는 하나님이 정하신 선의 기준을 어긴 것입니다. 그러므로 예수 그리스도를 주님을 영접한 사람들은 하나님의 말씀을 기준으로 삼고 성경의 가르침대로 선하게 살아야 합니다. 믿음 안에서 선을 행한 사람은 생명의 부활로 영생을 누리고 하나님을 떠나 악한 일을 행한 자는 심판의 부활로 나아갑니다. 그러므로 신앙에는 반드시 선을 행함이 있어야 합니다.

성경은 예수님이 재림하실 때 신부들이 입는 옷을 밝고 빛나는 세마포 옷이라고 하는데 이 옷을 성도들의 옳은 행실이라고 합니다. 찬란하고 아름다운 신부의 옷을 입는 사람들은 믿음 안에서 선을 행하며 산 사람들입니다.

> "우리가 즐거워하고 크게 기뻐하며 그에게 영광을 돌리세 어린 양의 혼인 기약이 이르렀고 그의 아내가 자신을 준비하였으므로 그에게 빛나고 깨끗한 세마포 옷을 입도록 허락하셨으니 이 세마포 옷은 성도들의 옳은 행실이로다 하더라"(계19:7-8)

하나님이 우리에게 약속하신 천국은 햇빛보다 일곱 배나 강한 새하얀 빛의 세계이며 어둠이 전혀없는 충만한 아름다움과 생명으로 충만한 세계입니다.

> "여호와께서 자기 백성의 상처를 싸매시며 그들의 맞은 자리를 고치시는 날에는 달빛은 햇빛 같겠고 햇빛은 일곱 배가 되어 일곱 날의 빛과 같으리라"(사30:26)

> "다시 저주가 없으며 하나님과 그 어린 양의 보좌가 그 가운데에 있으리니 그의 종들이 그를 섬기며 그의 얼굴을 볼 터이요 그의 이름

도 그들의 이마에 있으리라 다시 밤이 없겠고 등불과 햇빛이 쓸 데 없으니 이는 주 하나님이 그들에게 비치심이라 그들이 세세토록 왕 노릇 하리로다"(계22:3-5)

이 예언의 말씀을 읽고 듣고 가슴에 새기고 믿음으로 행하는 사람들이 복이 있는 이유는 이 모든 예언의 말씀들이 이루어지고 있기 때문입니다. 그리고 이 모든 말씀들이 완전히 이루어질 그날이 눈앞에 있는 것처럼 아주 가까이 와 있기 때문입니다.


## 3. 창조 원리에 따른 축복

사람들은 영혼이 없는 생물들과는 다르게 영혼이 있는 존재로 창조되었습니다. 그래서 하나님께서는 다른 생물들에게는 생육하고 번성하고 충만하라고 하셨지만 사람들에게는 생육하고 번성하며 땅에 충만하며 정복하고 다스리라고 하셨습니다. 정복하고 다스리는 일은 영혼이 있는 사람들에게만 허락하신 일입니다.

"하나님이 큰 바다 짐승들과 물에서 번성하여 움직이는 모든 생물을 그 종류대로, 날개 있는 모든 새를 그 종류대로 창조하시니 하나님이 보시기에 좋았더라 하나님이 그들에게 복을 주시며 이르시되 생육하고 번성하여 여러 바닷물에 충만하라 새들도 땅에 번성하라 하시니라"(창1:21-22)

또 노아의 홍수 이후에는 생명이 있는 모든 동식물을 사람들의 먹을거리로 허락하셨습니다.

> "하나님이 노아와 그 아들들에게 복을 주시며 그들에게 이르시되 생육하고 번성하여 땅에 충만하라 땅의 모든 짐승과 공중의 모든 새와 땅에 기는 모든 것과 바다의 모든 물고기가 너희를 두려워하며 너희를 무서워하리니 이것들은 너희의 손에 붙였음이니라 모든 산 동물은 너희의 먹을 것이 될지라 채소 같이 내가 이것을 다 너희에게 주노라"(창9:1-3)

하나님께서는 사람을 창조하실 때 처음부터 축복으로 시작하셨습니다. 하나님의 형상과 모양대로 만드셨기 때문입니다. 인간의 속사람도 하나님의 품성을 닮게 만들고 겉 사람의 모양도 하나님을 닮게 만드셨습니다. 그리고 그들에게 복을 주셨습니다.

> "하나님이 이르시되 우리의 형상을 따라 우리의 모양대로 우리가 사람을 만들고 그들로 바다의 물고기와 하늘의 새와 가축과 온 땅과 땅에 기는 모든 것을 다스리게 하자 하시고 하나님이 자기 형상 곧 하나님의 형상대로 사람을 창조하시되 남자와 여자를 창조하시고 하나님이 그들에게 복을 주시며 하나님이 그들에게 이르시되 생육하고 번성하여 땅에 충만 하라, 땅을 정복하라, 바다의 물고기와 하늘의 새와 땅에 움직이는 모든 생물을 다스리라 하시니라"(창1:26-28)

**1) 첫 번째 복이 생육하라 입니다.** 생육은 영혼과 육체가 온전

히 건강한 성인 남녀의 좋은 만남을 통해 아이를 낳아 기를 때 이루어지는 일입니다. 하나님이 사람에게 주신 첫 번째 복은 정상적인 남녀가 만나 이루는 가정의 복입니다. 그러므로 남성과 여성이 아닌 제3의 성의 존재를 말하거나 동성애를 정당화 하는 것은 성경 말씀에 비추어 보면 하나님의 창조 질서를 어기는 일입니다.

"너는 여자와 동침함 같이 남자와 동침하지 말라 이는 가증한 일이니라 너는 짐승과 교합하여 자기를 더럽히지 말며 여자는 짐승 앞에 서서 그것과 교접하지 말라 이는 문란한 일이니라"(레18:22-23)

"스스로 지혜 있다 하나 어리석게 되어 썩어지지 아니하는 하나님의 영광을 썩어질 사람과 새와 짐승과 기어 다니는 동물 모양의 우상으로 바꾸었느니라 그러므로 하나님께서 그들을 마음의 정욕대로 더러움에 내버려 두사 그들의 몸을 서로 욕되게 하게 하셨으니 이는 그들이 하나님의 진리를 거짓 것으로 바꾸어 피조물을 조물주보다 더 경배하고 섬김이라 주는 곧 영원히 찬송할 이시로다 아멘 이 때문에 하나님께서 그들을 부끄러운 욕심에 내버려 두셨으니 곧 그들의 여자들도 순리대로 쓸 것을 바꾸어 역리로 쓰며 그와 같이 남자들도 순리대로 여자 쓰기를 버리고 서로 향하여 음욕이 불 일듯 하매 남자가 남자와 더불어 부끄러운 일을 행하여 그들의 그릇됨에 상당한 보응을 그들 자신이 받았느니라"(롬1:22-27)

영혼과 육체가 건강한 남녀가 만나 좋은 가정을 이루어 자녀를 낳아 잘 기르는 것이 하나님이 주신 축복의 첫 시작입니다.

**2) 두 번째 복이 번성하라 입니다.** 번성은 수가 늘어나는 것인데 그것은 주변의 상황이 편안하고 모든 것이 잘 갖추어져 있을 때 이루어지는 일입니다. 가난하고 헐벗은 상태에서는 번성할 수 없습니다. 하나님은 번성의 복을 주십니다.

하나님이 가장 먼저 주신 생육과 번성의 복을 사람들이 잃어버리게 된 것은 아담의 범죄 이후입니다. 하나님은 하나님의 형상과 모양대로 사람을 지으셨는데 아담은 타락 이후에 자신의 모양과 형상을 닮은 사람들을 후손으로 낳게 되었습니다.

> "이것은 아담의 계보를 적은 책이니라 하나님이 사람을 창조하실 때에 하나님의 모양대로 지으시되 남자와 여자를 창조하셨고 그들이 창조되던 날에 하나님이 그들에게 복을 주시고 그들의 이름을 사람이라 일컬으셨더라 아담은 백 삼십세에 자기의 모양 곧 자기의 형상과 같은 아들을 낳아 이름을 셋이라 하였고 아담은 셋을 낳은 후 팔백 년을 지내며 자녀들을 낳았으며 그는 구백 삼십세를 살고 죽었더라"
>
> (창5:1-5)

아담과 하와의 범죄 이후 하나님의 형상과 모양이 아닌 아담의 형상과 모양을 닮은 사람들이 아담과 하와를 통해 태어나게 되었습니다. 그 죄의 결과로 아이들 가운데 유전자 변형이나 돌연변이도 생겨나면서 오늘날에는 제3의 성이라고 말하는 이상한 종족들이 태어나게 된 것입니다. 그러므로 이것은 죄성을 극복함으로 다시 하나님의 형상을 회복하도록 만들어가야 할 문제이지 인권이라는 명목으로 정당화 할 일이 아닙니다. 하나님은 남자 아담과 여자 하와를 만드셨고 그 이후에 태어난 모든 인류는 죄를 지은 아담의 후예입니다.

**3) 세 번째 주신 복은 땅에 충만 하라는 복입니다.** 이 축복은 우리가 살아가는 땅을 채워가는 축복입니다. 하나님은 비어 있는 것이나 허무한 것을 좋아하시지 않습니다. 번성하여 빈 땅 없이 경작하면서 땅을 채우는 축복도 우리는 누려야 합니다. 땅 끝까지 복음을 전하라는 선교적인 사명은 땅에 충만 하라는 하나님의 축복을 이루는 일입니다.

**4) 네 번째 주신 땅을 정복하고 다스리는 복은 하나님께서 우리에게 주신 또 하나의 복입니다.** 모든 것을 조화롭게 다스리며 아름답게 가꾸고 이끌며 살아가는 것도 하나님이 주신 큰 축복 가운데 하나입니다. 머리가 될지언정 꼬리가 되지 않게 하시는 하나님은 축복의 하나님이시고 우리 인생에 복을 주시는 하나님이십니다.

정복하고 다스리는 복을 누리려면 내가 정복하고 다스려야 할 대상을 알아야 합니다. 몸에 병이 나면 병을 알아야 정복하고 다스리는 것처럼 자연 만물도 그 대상의 속성과 원리를 알아야 정복하고 다스릴 수 있습니다. 그러므로 우리는 자연 만물에 대해 과학적으로 연구하고 공부해서 알아야 합니다. 신앙을 가진 사람은 현명해야 합니다. 신앙은 성경적으로, 생활은 과학적으로 할 줄 알아야 합니다. 그래야 정복하고 다스릴 수 있습니다.

## 4. 시대와 상황과 사람에 따라 달라질 수 있는 축복의 내용

그런데 계시록의 복은 이 창세기의 축복과는 그 성격이 다른 복입니다. 구약 성경의 복이 대부분 이 창세기의 말씀처럼 이 땅에서의 성공과 번영을 말하는 복입니다. 그러나 신약성경의 복 특별히 요한계시록의 일곱 가지 복은 주로 물질과 세상의 복을 넘어가는 복입니다. 영적인 복이요 신령한 복입니다.

그래서 참으로 하나님이 주시는 축복의 사람이 되려면 구약에서 말씀하는 생활의 축복과 신약 특히 계시록에서 말씀하는 영적인 축복의 두 가지 복이 영혼과 육체에 조화를 이루어 나타나야 합니다.

이 조화가 이루어진 사람이 온전히 행복한 사람이요 하나님의 복을 온전히 누리며 사는 사람입니다. 시도 바울은 순교를 앞둔 인생의 마지막 순간에도 모든 것을 후히 주사 누리게 하시는 하나님께 소망을 두라고 말씀합니다.

> "네가 이 세대에서 부한 자들을 명하여 마음을 높이지 말고 정함이 없는 재물에 소망을 두지 말고 오직 우리에게 모든 것을 후히 주사 누리게 하시는 하나님께 두며 선을 행하고 선한 사업을 많이 하고 나누어 주기를 좋아하며 너그러운 자가 되게 하라"(딤전6:17-18)

하나님은 영혼과 육체를 온전히 하나로 축복하시는 축복의 하나님이십니다.

> "사랑하는 자여 네 영혼이 잘됨 같이 네가 범사에 잘되고 강건하기를 내가 간구하노라"(요삼1:2)

그런데 우리는 먼저 사람마다 살아가는 시대와 상황에 따라 그 사람이 추구하고 또 받아 누리는 복의 내용이 달라지는 것을 알아야 합니다. 구약시대의 사람들이 바라고 누리기를 원하는 복은 주로 세상에서 육신을 가지고 살아가면서 누리기를 원하는 복입니다. 그 대표적인 말씀이 신명기에 있습니다.

> "네가 네 하나님 여호와의 말씀을 삼가 듣고 내가 오늘 네게 명령하는 그의 모든 명령을 지켜 행하면 네 하나님 여호와께서 너를 세계

모든 민족 위에 뛰어나게 하실 것이라 네가 네 하나님 여호와의 말씀을 순종하면 이 모든 복이 네게 임하며 네게 이르리니 성읍에서도 복을 받고 들에서도 복을 받을 것이며 네 몸의 자녀와 네 토지의 소산과 네 짐승의 새끼와 소와 양의 새끼가 복을 받을 것이며 네 광주리와 떡 반죽 그릇이 복을 받을 것이며 네가 들어와도 복을 받고 나가도 복을 받을 것이니라 여호와께서 너를 대적하기 위해 일어난 적군들을 네 앞에서 패하게 하시리라 그들이 한 길로 너를 치러 들어왔으나 네 앞에서 일곱 길로 도망하리라 여호와께서 명령하사 네 창고와 네 손으로 하는 모든 일에 복을 내리시고 네 하나님 여호와께서 네게 주시는 땅에서 네게 복을 주실 것이며 여호와께서 네게 맹세하신 대로 너를 세워 자기의 성민이 되게 하시리니 이는 네가 네 하나님 여호와의 명령을 지켜 그 길로 행할 것임이니라 땅의 모든 백성이 여호와의 이름이 너를 위하여 불리는 것을 보고 너를 두려워하리라 여호와께서 네게 주리라고 네 조상들에게 맹세하신 땅에서 네게 복을 주사 네 몸의 소생과 가축의 새끼와 토지의 소산을 많게 하시며 여호와께서 너를 위하여 하늘의 아름다운 보고를 열으사 네 땅에 때를 따라 비를 내리시고 네 손으로 하는 모든 일에 복을 주시리니 네가 많은 민족에게 꾸어줄지라도 너는 꾸지 아니할 것이요 여호와께서 너를 머리가 되고 꼬리가 되지 않게 하시며 위에만 있고 아래에 있지 않게 하시리니 오직 너는 내가 오늘 네게 명령하는 네 하나님 여호와의 명령을 듣고 지켜 행하며 내가 오늘 너희에게 명령하는 그 말씀을 떠나 좌로나 우로나 치우치지 아니하고 다른 신을 따라 섬기지 아니하면 이와 같으리라"(신28:1-14)

이렇게 분명히 성경에는 하나님의 말씀을 따라 살면 세상에서 받아 누리게 되는 이생의 복 즉 무병장수나 부귀영화 그리고 만사형통의 복이 약속되어 있습니다. 그러므로 우리는 이생에서 하나님 앞에 이 축복을 주시기를 바라는 기도를 하는 것이고 이 축복을 받아 누려야 합니다.

아담과 하와를 창조하셨을 때 그들이 처음으로 만난 하나님은 축복하시는 하나님이셨습니다. 그러므로 하나님께 축복을 바라는 것은 당연한 일입니다.

그러나 분명한 것은 이 축복이 이루어지는 것이 시대에 따라 다르고 사람에 따라 다르다는 것입니다. 이 말씀이 주어지던 시대는 하나님의 약속대로 애굽에서 이스라엘 백성들이 가나안 땅에 들어가기 직전 그 백성들을 앞에 두고 하나님의 사람이 모세가 그들에게 마지막 설교로 당부하는 말씀의 내용입니다.

하나님의 말씀대로 살 때 이루어지는 축복을 말씀한 것입니다. 그러므로 이 축복이 하나님의 말씀을 따라 사는 모든 성도에게 시대를 관통하여 주어지는 축복의 말씀인 것은 틀림없습니다.

그러나 그 적용은 시대와 상황에 따라 다를 수 있습니다. 다니엘이나 에스겔처럼 포로로 끌려간 시대에도 같이 적용할 수 없고 로마의 식민지가 되어 있던 예수님 시대나 초대 교회 시대에도 똑같이 적용할 수 없습니다.

예수님이 살던 시대 그리고 초대 교회가 세워지던 시대는 이스라엘 땅을 로마가 다스리던 시대였습니다. 그러므로 그 시대에는 고위관리가 되거나 부자로 살기 위해서는 로마에 협조하고 로마의 통치를 적극적으로 받아들여야만 가능한 시기였습니다. 그래서 신명기에서 말씀하는 축복을 현실적으로 받아 누리기에는 많은 한계가 있었습니다.

그래서 그 시대의 백성들이 구하던 가장 큰 복은 신명기의 축복이 아니라 하나님이 약속하신 메시야가 이스라엘에 오셔서 다시 그들이 주권을 회복하고 하나님을 마음껏 섬기는 하나님의 통치가 그 땅에서 이루어지기를 바라는 것입니다. 로마의 통치가 아닌 하나님이 세우신 왕에 의해 이루어지는 하나님의 나라에서 압제받지 않고 평화를 누리며 사는 것이었습니다. 그래서 그 당시 이스라엘 사람들이 바라던 기도의 가장 큰 주제는 세상에서의 형통이나 행복이 아니라 이스라엘이 회복되는 하나님의 나라입니다.

그런데 예수님은 이스라엘 사람들의 바램처럼 단순히 이스라엘을 로마의 통치에서 벗어나게 할 이스라엘을 위한 정치적인 메시야로 오신 분이 아니었습니다. 예수님은 인류를 구원하기 위한 구세주로 오셨습니다.

그래서 이스라엘 민족의 기대를 저버린 메시야였기 때문에 로마사람들과 결탁한 그 시대의 이스라엘 지도자들과 로마인들에 의해 예수님은 유대인의 왕이라는 죄목으로 십자가에서 죽임을 당하신 것입니다. 십자가는 그 당시에 정치범들에게 가해지는 가장 악랄한 형벌이요 사형집형의 수단이었습니다.

만일 예수님이 십자가에서 죽으신 것으로 끝나고 부활하시지 않았다면 예수님의 죽음은 1세기에 있었던 정치범으로 몰린 한 유대인 젊은이의 죽음의 사건으로 끝났을 것입니다. 그러나 십자가에서 죽으신 예수님이 부활하시고 승천하셨고 예수님을 주님으로 영접하여 하나님의 자녀가 된 모든 성도들의 구원의 완성을 위해 이제 다시 오실 것이기 때문에 예수님은 온 인류의 참 구원자요 메시야이십니다.

예수님의 십자가는 온 인류의 죄의 문제를 해결하신 하나님의 구원의 사건이며 죽으신 예수님은 부활하심으로 그분이 하나님이 약속하신 인류를 구원할 메시야이심을 확실하게 증거하셨습니다.

"예수 그리스도의 종 바울은 사도로 부르심을 받아 하나님의 복음을 위하여 택정함을 입었으니 이 복음은 하나님이 선지자들을 통하여 그의 아들에 관하여 성경에 미리 약속하신 것이라 그의 아들에 관하여 말하면 육신으로는 다윗의 혈통에서 나셨고 성결의 영으로는 죽은 자들 가운데서 부활하사 능력으로 하나님의 아들로 선포되셨으니 곧 우

리 주 예수 그리스도시니라"(롬1:1-4)

구약에서 주로 약속하는 이 세상에서 받는 복은 시대와 상황과 사람에 따라 다를 수 있음을 우리는 알아야 합니다. 그리고 우리는 이 세상에 사람으로 태어나 예수 믿어 하나님의 자녀가 된 복에 먼저 감사해야 합니다. 그리고 우리가 살아가는 시대에 내 인생에 맞는 복을 하나님께 구해야 합니다.

사도 바울처럼 내게 주신 하나님의 축복을 자족하는 마음으로 누리며 살아야 합니다. 하나님께서 나에게 맡겨주신 사명을 감당하기 위해 능력을 주실 것을 구해야 합니다. 그래야 축복 때문에 다른 사람과 비교하다가 시험 드는 일이 없이 내가 살아가는 시대와 내 인생의 때와 상황에 맞게 영혼과 육체가 균형 잡힌 축복의 사람이 될 수 있습니다. 그리고 주님 다시 오시는 날 우리는 천국에서 영원한 행복과 평안을 누리는 영생의 삶을 살 수 있습니다.

## 5. 축복의 완성을 위한 실천

하나님께서는 믿음의 조상 아브라함을 부르시면서 하나님이 주시는 복을 받아 네 인생이 복이 되라고 하셨습니다. 복이 되라는 말씀은 네 인생 자체가 복이 되고 너를 통하여 모든 사람이 복을 받게 되는 복의 통로가 되라는 말씀입니다. 이 말씀처럼 우리 기독교인들은 평생 복의 통로가 되기를 힘써야 합니다. 그 복의 통로가 되는 길은 항상 주님이 주신 복이 무엇인지를 바르게 알고 복있는 사람이 되도록 실천하며 사는 것입니다. 주어진 복이 무엇인지 모르고 실천이 없으면 복의 통로가 될 수 없습니다.

> "여호와께서 아브람에게 이르시되 너는 너의 고향과 친척과 아버지의 집을 떠나 내가 네게 보여 줄 땅으로 가라 내가 너로 큰 민족을 이루고 네게 복을 주어 네 이름을 창대하게 하리니 너는 복이 될지라 너를 축복하는 자에게는 내가 복을 내리고 너를 저주하는 자에게는 내가 저주하리니 땅의 모든 족속이 너로 말미암아 복을 얻을 것이라 하신지라"(창12:1-2)

## 1) 하나님의 축복 가운데 하나님의 형상과 모양대로 창조된 인간

기독교는 창조주 하나님이 계신 것과 인간은 하나님의 형상과 모양대로 하나님에 의해 창조된 피조물임을 전제합니다. 기독교 신앙은 "전능하사 천지를 창조하신 하나님을 내가 아버지로 믿는다."는 고백에서 출발합니다.

천지를 창조하신 하나님이 안 계신다면 기독교 신앙은 그 모든 것이 다 헛것입니다. 천지를 창조하신 하나님은 반드시 계시고 우리 인간은 하나님을 닮은 존재로 창조되었습니다.

하나님께서 사람들을 만드실 때 남자와 여자로 창조하시고 그들 모두를 하나님의 형상과 모양대로 창조하시며 그들에게 복을 주셨다는 성경의 말씀은 이 세상에 존재하는 모든 인간이 남녀노소를 불문하고 절대적으로 평등하고 고귀한 존재임을 선언하는 것입니다.

남자와 여자의 성적인 차별이 없고 계급이나 인종의 차별이 없는 절대 평등과 세상에 사는 모든 인간에 대한 절대 사랑의 선언입니다. 그러므로 인간의 탄생은 불교에서 말하는 것처럼 고통이 아니라 하나님의 축복입니다.

## 2) 죄를 짓고 축복과 행복을 잃어버린 인간들의 아픔

그런데 사람들보다 먼저 창조되어 하나님을 대적하던 존재가 있었습니다. 그는 사탄 루시퍼입니다. 간교한 혀를 가진 뱀의 모습으로 나타난 그 마귀 루시퍼의 속임수에 빠져 사람들이 죄를 짓고 하나님이 주신 행복을 잃어버리게 되었습니다. 그러므로 세상을 사는 모든 인간의 불행과 죽음의 원인은 하나님의 말씀을 어기고 지은 죄입니다. 사람으로 태어난 것이 고통의 원인이 아니라 마귀에게 속아 하나님의 뜻을 어긴 인간의 죄가 고통과 불행과 죽음의 원인입니다.

"여호와 하나님이 뱀에게 이르시되 네가 이렇게 하였으니 네가 모든 가축과 들의 모든 짐승보다 더욱 저주를 받아 배로 다니고 살아 있는 동안 흙을 먹을지니라 내가 너로 여자와 원수가 되게 하고 네 후손도 여자의 후손과 원수가 되게 하리니 여자의 후손은 네 머리를 상하게 할 것이요 너는 그의 발꿈치를 상하게 할 것이니라 하시고 또 여자에게 이르시되 내가 네게 임신하는 고통을 크게 더하리니 네가 수고하고 자식을 낳을 것이며 너는 남편을 원하고 남편은 너를 다스릴 것이니라 하시고 아담에게 이르시되 네가 네 아내의 말을 듣고 내가 네게 먹지 말라 한 나무의 열매를 먹었은즉 땅은 너로 말미암아 저주를 받고 너는 네 평생에 수고하여야 그 소산을 먹으리라 땅이 네게 가시덤불과 엉겅퀴를 낼 것이라 네가 먹을 것은 밭의 채소인즉 네가 흙으로 돌아갈 때까지 얼굴에 땀을 흘려야 먹을 것을 먹으리니 네가 그것에서 취함을 입었음이라 너는 흙이니 흙으로 돌아갈 것이니라 하시니라"(창3:14-18)

### 3) 하나님의 아들이신 예수님께서 오셨습니다.

예수님께서는 인간의 모든 고통의 원인인 죄의 문제를 해결하기 위해 이 땅에 인간의 몸으로 오셨습니다. 사랑의 하나님께서는 예수님을 통해 나타내신 하나님의 사랑을 믿고 예수님을 주님으로 영접하는 모든 사람을 하나님의 자녀가 되게 하십니다.

"영접하는 자 곧 그 이름을 믿는 자들에게는 하나님의 자녀가 되는 권세를 주셨으니 이는 혈통으로나 육정으로나 사람의 뜻으로 나지 아니하고 오직 하나님께로부터 난 자들이니라 말씀이 육신이 되어 우리 가운데 거하시매 우리가 그의 영광을 보니 아버지의 독생자의 영광이요 은혜와 진리가 충만하더라"(요1:12-13)

하나님의 구원은 유대인과 같은 특정한 민족에게만 주어진 것이 아닙니다. 권력을 가진 자나 부자나 집안 혈통이 좋은 자들에게만 주어진 것이 아닙니다. 구원은 예수님이 우리 인간의 모든 고통의 원인이 죄의 문제를 완전히 해결하여 주심을 믿고(요19:30) 예수님의 가르침대로 살면 이루어집니다. 하나님의 구원에는 빈부의 구별이 없고 배움의 정도에도 상관이 없고 건강한지 아닌지도 상관이 없습니다. 모든 고통과 죽음의 근본 원인인 죄를 예수님이 해결하여 주신 것을 마음으로 믿고 입으로 시인하며 예수님의 가르침대로 살면 구원을 받습니다.

이것을 하나님의 자녀로 거듭났다고 하는데 하나님은 우리를 하나님이 주신 구원의 말씀을 통해 그 말씀을 믿는 자들을 하나님의 자녀로 다시 태어내게 하셨습니다.

"그가 그 피조물 중에 우리로 한 첫 열매가 되게 하시려고 자기의 뜻을 따라 진리의 말씀으로 우리를 낳으셨느니라"(약1:18)

"그 안에서 너희도 진리의 말씀 곧 너희의 구원의 복음을 듣고 그

안에서 또한 믿어 약속의 성령으로 인 치심을 받았으니 이는 우리 기
업의 보증이 되사 그 얻으신 것을 속량하시고 그의 영광을 찬송하게
하려 하심이라"(엡1:13-14)

### 4) 구원과 축복은 믿음의 실천을 통해 온존해 집니다.

구원이 고통과 죽음에서 벗어나는 것이라면 그것은 인간의 노
력이나 선행이나 수행으로 되는 것이 아니라 그 근본 문제인 죄
가 해결되어야 하는 것입니다.(계1:5) 그 죄에서 벗어나 하나님
의 자녀답게 믿음으로 살아야 되는 것입니다.

"네가 보거니와 믿음이 그의 행함과 함께 일하고 행함으로 믿음이
온전하게 되었느니라"(약2:22)

예수님을 주님으로 믿는 사람은 그 믿음 때문에 하나님의 말
씀을 인생을 바르게 살아가는 표준으로 삼습니다. 선을 행하며
살아갑니다. 영생의 길도 말씀을 표준으로 삼고 바르게 살고 선
을 행하며 사는 그 삶에 있습니다. 하나님께서는 행한 대로 갚아
주시는 하나님이십니다. 믿음은 행함으로 온전해집니다. 그리고
그 행함의 열매는 고스란히 그 믿음을 행하며 산 사람의 것입니다.

"보라 내가 속히 오리니 내가 줄 상이 내게 있어 각 사람에게 그가
행한 대로 갚아 주리라"(계22:12)

행한 대로 갚아주신다는 이 말씀 속에도 사람을 절대로 차별하지 아니하시는 하나님의 놀라운 은혜가 담겨 있습니다. 부자라고 더 주고 높은 사람이라고 우대하는 것이 아닙니다. 모두 그 사람이 형편과 처지에 따라 행한 대로 입니다. 그러므로 우리는 선을 행하되 낙심하지 말아야 합니다.

> "스스로 속이지 말라 하나님은 업신여김을 받지 아니하시나니 사람이 무엇으로 심든지 그대로 거두리라 자기의 육체를 위하여 심는 자는 육체로부터 썩어질 것을 거두고 성령을 위하여 심는 자는 성령으로부터 영생을 거두리라 우리가 선을 행하되 낙심하지 말지니 포기하지 아니하면 때가 이르매 거두리라"(갈6:7-9)

기독교의 구원과 축복은 명확합니다. 구원은 인간 스스로의 수행이나 깨달음을 통해 윤회의 삶에서 벗어나 이루는 것이 아니라 하나님의 아들이신 예수님이 모든 불행과 죽음의 원인인 죄를 십자가의 보혈로 완전하게 해결하여 주셨음을 믿는 믿음으로 이루어집니다.

그리고 그 믿음을 바탕으로 하나님의 자녀답게 진리의 가르침을 따라 바르고 선하게 사는 것이 온전한 구원을 이루어가는 길입니다. 그러면 언젠가 우리가 이 육체적인 삶을 마감할 때 하나님께서 약속하신 천국에서 각각 그가 행한 대로 상을 받고 영원한 행복과 안식을 누리며 영원히 살게 됩니다.

천지를 창조하신 하나님은 살아 계시고 우리에게는 영혼이 있습니다. 부활이 있고 영생이 있습니다. 그러므로 주님의 참된 진리의 가르침 따라 바르게 살고 선을 행하면 반드시 하나님께서 우리를 천국으로 인도하십니다. 하나님은 우리를 영원히 사랑하십니다. 성경의 참된 진리(眞理)의 가르침을 표준삼아 정의(正義)와 착한 선행(善行)을 실천하며 사는 것, 바로 이것이 구원받은 기독교인의 삶의 모습입니다.

## [4장 묵상 주제]

1. 예언이란 무엇입니까?

2. 성경을 읽어 아는 지식의 축복에 대해 말해 봅시다.

3. 듣고 깨달아 아는 지혜의 축복에 대해 말해 봅시다.

4. 새 언약의 말씀을 마음에 새기고 믿음으로 행하는 사람
   의 축복에 대해 말해 봅시다.

5. 하나님의 형상대로 창조된 인간이란 무슨 뜻일까요?

6. 생육하라는 말씀에 근거해서 동성애가 되인 이유에 대해
   말해봅시다(레18장, 롬1장 참조)

7. 영육 간에 균형잡힌 축복에 대해 말해 봅시다.(눅 16장
   참조)

# ✝ 제5장 교회란 무엇인가?

## 성경 본문(계1:3-4)

✝ 3. 이 예언의 말씀을 읽는 사람과 듣고 그 가운데 기록된 을 지키는 사람들은 행복합니다. 이 예언들이 이루어질 때가 가까웠기 때문입니다.

✝ 4. 나 요한은 아시아에 있는 일곱 교회에 편지합니다. 지금도 계시고 전에도 계셨고 앞으로 오실 하나님과 그분의 보좌 앞에 일곱 영으로 계시는 성령님과 그리고 충성스러운 증인이시며 죽은 사람들 가운데서 제일 먼저 부활하시고 세상의 왕들을 다스리시는 예수 그리스도께서 여러분에게 은혜와 평안을 내려 주시기를 기도합니다. 우리를 사랑하시고 자기 피로 우리를 죄에서 해방시키셨으며.

## 1. 교회들에게 보낸 편지

요한은 그가 계시로 받은 이 계시록에 있는 내용을 아시아 지역에 있는 일곱 교회에 편지로 써서 보냈습니다. 아시아 지역은 로마가 통치하던 열 개의 지역행정단위 가운데 하나입니다. 그 가운데 특히 에베소가 포함된 이 지역은 로마의 직할 통치 구역 가운데 하나입니다. 열 개의 지역 가운데 로마가 포함된 지역을 본도라고 했습니다. 아시아 지역은 지금의 터키 지역입니다.

아시아 지역에는 사도 바울이 개척한 교회들과 계시록에 나오는 여러 교회가 있는데 그 교회들 가운데 지나간 시대와 앞으로 올 미래 시대까지의 온 시대의 교회를 대표할만한 일곱 개의 교회들을 뽑아 두루마리에 주님이 주시는 말씀의 내용을 써서 편지로 보냈습니다.

요한이 편지로 보낸 이유는 그가 밧모섬에 있었기 때문입니다. 각 교회에 그 내용을 전달하기 위해서는 두루마리에 내용을 써서 인편을 통해 편지로 보내 알리는 방법 밖에 없었기 때문입니다.

이 계시록의 내용은 교회들에 주어진 것입니다. 교회를 목회하는 목회자들과 또 함께 교회를 섬기는 하나님의 백성들에게 주어진 것입니다. 교회들을 위하여 주어진 것이고 교인들에게 주어진 것입니다.

그러므로 이 내용은 교회 안에 있는 사람들에게는 밝히 알려졌지만, 교회 밖에 있는 사람들은 쉽게 이해하지 못하는 내용도 있습니다. 계시록은 교회들에게 보낸 편지의 내용입니다.

## 2. 교회란?

교회는 무엇입니까? 이 세상에는 많은 단체가 교회라는 이름으로 모이고 있습니다. 그러나 성경에 근거한 교회는 예수 그리스도를 주님으로 고백하는 사람들이 모여 이룬 믿음과 예배의 공동체입니다.

교회는 예수님이 주님이시며 구세주이시며 살아계신 하나님의 아들이라는 절대적인 신앙을 공통으로 고백하는 사람들의 모임입니다.

> "이르시되 너희는 나를 누구라 하느냐 시몬 베드로가 대답하여 이르되 주는 그리스도시요 살아 계신 하나님의 아들 이시니이다 예수께서 대답하여 이르시되 바요나 시몬아 네가 복이 있도다 이를 네게 알게 한 이는 혈육이 아니요 하늘에 계신 내 아버지시니라 또 내가 네게 이르노니 너는 베드로라 내가 이 반석 위에 내 교회를 세우리니 음부의 권세가 이기지 못하리라 내가 천국 열쇠를 네게 주리니 네가 땅에서 무엇이든지 매면 하늘에서도 매일 것이요 네가 땅에서 무엇이든지 풀면 하늘에서도 풀리리라"(마16:15-19)

예수님만 우리들의 주님이십니다. 예수님만 유일하신 구세주입니다. 예수님만 이 땅에 오신 유일하신 하나님의 아들입니다. 예수님이 유일하신 하나님의 아들이라는 말씀은 천지를 창조하시고 모든 만물을 주관하시는 하나님께 예수님의 모든 삶의 존재와 가르침의 근거가 있는 유일하신 분이라는 뜻입니다.

이 확실한 반석과 같은 굳건한 믿음의 고백 위에 교회는 세워졌고 이 교회를 통해 천국 문이 열리게 되며 모든 만민이 예수님의 이름으로 하나님께 예배하며 찬송하며 헌신하며 하나님이 약속하신 말씀을 붙잡고 기도합니다. 그때 교회를 통해 하늘의 문이 열리게 됩니다.

교회는 하나님이 세우신 하나님의 교회가 있고 사탄이 세운 사탄의 교회가 있습니다. 하나님의 백성들이 모이는 하나님의 성전인 교회가 있고(계11:1) 사탄의 무리가 모이는 사탄의 회당이 있습니다.(계3:9) 그 분별의 근거는 하나님의 아들이신 예수 그리스도를 주님으로 고백하느냐, 아니면 다른 존재를 하나님으로 고백하고 섬기느냐입니다.

## 3. 교회의 주인이신 삼위일체 하나님

하나님 아버지는 이제도 계시고 전에도 계셨고 장차 오실 분입니다. 천지 모든 만물을 창조하신 분이며 유한한 시간 밖에 있는 무한하고 영원한 시간의 주관자이시며 또한 유한한 시간 속에서 실체적으로 역사하시는 분입니다. 하나님의 신비는 우리의 지혜로 다 알 수 없습니다.

하나님의 현존은 과거와 미래를 연결하는 동시에 과거와 미래를 초월합니다. 하나님은 항상 오늘이라는 시간 속에서 과거와 미래를 초월하여 살아 역사하십니다. 하나님께서 가장 먼저 이제도 계신다는 것을 강조하시는 이유는 우리의 삶이 과거나 현재가 아닌 현재이기 때문입니다. 하나님은 오늘 지금 여기에서 우리와 함께 하십니다. 삶은 현실입니다.

성령 하나님은 성부 하나님의 보좌 앞에서 하나님의 모든 역사를 주관하십니다. 하늘에는 하나님의 보좌가 있고 땅에는 사탄의 보좌가 있습니다.(계2:13) 일곱 영으로 표현되는 성령님은 일곱이라는 숫자가 상징하는 것처럼 모든 면에서 완벽하신 분입니다.

창조의 영이시며 우리들의 삶을 보호하시고 인도하시고 위로해 주십니다. 앞날에 대해 가르쳐주시고 늘 함께하시며 소망을 주시고 견고하게 하십니다. 하나님 아버지 안에서 살게 하시는 분이 성령님이십니다. 창조 이전부터 지금까지 그리고 앞으로도 영원히 모든 면에서 완벽하시고 모든 면에서 완전하신 하나님이 성령 하나님이십니다.

성자 예수님은 충성된 증인이십니다. 아버지 하나님의 뜻을 이루기 위해 십자가에서 그 육체가 죽임을 당하고 그 영혼이 고통을 당했습니다. 그 참을 수 없는 고통을 겪으시고 죽음을 통해 흘리신 보혈로 사탄의 권세와 죄로부터 인류를 구원하시고자 한 하나님 아버지의 뜻을 온전히 이루셨습니다.

예수님은 죽은 자들 가운데에서 가장 먼저 다시 살아나신 분입니다. 부활의 첫 열매가 되신 분입니다. 예수님의 부활은 단순한 육체의 부활이 아니라 십자가를 지시기 이전 그 육체가 가지고 있던 물질적인 한계와 유한한 시간과 공간의 한계를 넘어서는 영원한 생명을 가진 영적인 몸의 부활입니다.(고전15장)

부활의 첫 열매이신 예수님의 부활을 이어 우리의 부활이 예정되어 있습니다. 삶은 여러 모양을 가지고 있습니다. 첫째는 탄생입니다. 육체를 가지고 태어나는 것입니다. 둘째는 중생입니다. 예수님 안에서 하나님의 자녀로 다시 태어나는 것입니다. 이것을 거듭남이라고 합니다. 죄를 회개하고 돌이켜 새로운 삶을 사는 것입니다. 셋째는 재생입니다. 병든 자가 고침을 받고 죽은 나사로가 다시 살아나는 것처럼 잃어버린 몸의 기능을 회복하는 것입니다. 나인성 과부의 아들이나 나사로의 부활은 재생입니다.

불교에서는 환생을 말합니다. 한번 죽었던 사람이 다시 새로운 몸을 가진 존재로 태어나는 것을 환생이라고 말합니다. 우리가 흔히 듣는 다음 생애에 다시 태어난다면 하는 말은 불교에서 하는 말입니다.

불교에서 생로병사가 괴로움이라고 말하는 이유가 여기에 있습니다. 윤회를 전제하고 다시 환생을 전제하면 죽은 사람이 다시 태어나 늙고 병드는 괴로움을 또 겪게 됩니다. 때문에 불교에서는 생이 괴로움이라고 합니다. 그러나 기독교는 환생을 인정하지 않습니다. 사람이 한번 죽는 것은 정한 것이고 그 이후에는 심판이 있습니다.(히9:27) 그리고 영혼의 때가 있습니다. 그러므로 우리 기독교인들은 지금 인간의 몸을 가지고 하나님의 자녀로 사는 이생이 하나님의 축복이고 은혜입니다.

그리고 또 하나의 삶이 부활입니다. 영생입니다. 성경으로 보면 부활 이후의 삶은 두 가지로 나누어집니다. 영생과 영벌입니다.

"또 내가 크고 흰 보좌와 그 위에 앉으신 이를 보니 땅과 하늘이 그 앞에서 피하여 간 데 없더라 또 내가 보니 죽은 자들이 큰 자나 작은 자나 그 보좌 앞에 서 있는데 책들이 펴 있고 또 다른 책이 펴졌으니 곧 생명책이라 죽은 자들이 자기 행위를 따라 책들에 기록된 대로 심판을 받으니 바다가 그 가운데에서 죽은 자들을 내주고 또 사망과 음부도 그 가운데에서 죽은 자들을 내주매 각 사람이 자기의 행위대로 심판을 받고 사망과 음부도 불못에 던져지니 이것은 둘째 사망 곧 불못이라 누구든지 생명책에 기록되지 못한 자는 불못에 던져지더라"(계20:11-15)

죽음 이후에는 천국과 지옥입니다. 예수 그리스도를 구세주로 믿고 끝까지 그분의 가르침을 따라 산 사람들에게는 영생과 평안이 있고 예수 그리스도를 거부하고 하나님을 부인한 사람들은 영원한 지옥 형벌의 고통에서 벗어나지 못합니다. 기독교인들의 가장 큰 소망은 부활입니다. 영생입니다. 천국입니다.

하나님이 계시면 하나님이 계신 천국이 있는 것이고 하나님이 없으면 천국도 없는 것입니다. 그러므로 하나님의 존재를 믿는 기독교 신앙은 그 구원의 원리와 신앙의 결론이 단순하고 명쾌합니다. 끝이 천국입니다.

성자 예수님은 땅의 임금들의 머리가 되십니다. 모든 권력은 하나님의 통치권 아래 있고 하늘과 땅의 모든 권세는 예수님에게 주어진 것입니다.(마28:18) 역사적으로 세상에서 신의 대리자 행세를 한 사람들이 많이 있습니다. 로마의 황제나 애굽의 바로나 중국의 황제나 모두가 다 자신들을 신의 자리에 올려놓고 자신들이 신의 아들이라고 했습니다.

많은 종교의 지도자들도 자신들이 스스로의 수련이나 깨달음을 통해 인간의 한계를 넘어서는 붓다나 신이 되었다고 주장했습니다. 그러나 조금만 더 생각해보면 아무리 많은 것을 깨달아도 밥 먹지 않으면 배고프고 잠자지 않고는 살 수 없습니다. 또 나이가 들면 누구나 늙고 병드는 것이 자연의 이치입니다. 마음이 편하다고 육체까지 편해지는 것은 아닙니다. 그저 수련을 통해 육체의 고통이나 환경적인 어려움을 조금 더 다스릴 수 있을 뿐입니다. 육체를 가진 인간이 전능한 신이 될 수 없습니다.

그러므로 그들 이단 종파에 속한 사람들이 14만 4천이 되면 하늘에 있는 순교자들의 영을 그들의 몸으로 받아서 육체가 영생하고 죽지 않는 몸으로 이 땅에서 왕 노릇한다는 신천지의 육체영생불사와 같은 이단 교리는 혹세무민하는 거짓된 것입니다. 많은 이단들이 이 영생불사교리로 많은 사람들을 미혹했습니다. 예수님의 재림 이전에 육체를 가지고 사는 인간은 반드시 죽게 되어 있습니다.

이 땅에 오신 하나님의 아들은 오직 예수님 한 분이십니다. 그 가장 큰 증거가 부활입니다. 영생입니다. 지금도 시간과 공간과 물질을 초월해서 살아계신 분이 예수님입니다. 하늘과 땅의 모든 권세를 잡으신 분도 오직 예수님 한 분이십니다. 그래서 우리는 그분을 만왕의 왕 만주의 주라고 부릅니다.(계19:16)

우리는 성삼위 하나님을 믿습니다. 천지를 창조하신 하나님 아버지를 믿습니다. 그의 외아들 예수 그리스도를 믿습니다. 성령님을 믿으며 교회 안에서 성도들이 서로 교제하는 것과 몸이 다시 사는 것과 영원히 사는 것을 믿습니다. 예수 그리스도를 주님으로 믿는 기독교 신앙은 단순하고 명쾌합니다. 성삼위 하나님을 믿는 신앙 속에 하나님이 주시는 은혜와 평안함이 주어집니다.

우리는 우리의 행위나 공로로 구원받지 아니하고 오직 하나님의 은혜로 구원받았습니다.(엡2:8)

그러므로 예수님을 믿는 사람들의 마음속에는 항상 하나님이 주시는 은혜 가운데 구원받은 기쁨이 샘솟듯 넘쳐야 합니다. 그리고 그 안에 하나님이 주시는 평화가 넘쳐야 합니다. 은혜 가운데 구원받은 마음의 기쁨과 생활 속에 누리는 하나님이 주시는 평화 이것이 성삼위 하나님을 믿는 사람들에게 보이는 믿음의 증거입니다.


## 4. 성령과 교회의 역사

### 1) 교회의 설립 근거

교회는 "주는 그리스도시요 살아 계신 하나님의 아들"(마16:17)이라는 믿음을 가진 성도가 모여 하나님께 예배하는 신앙 공동체입니다. 예수 그리스도의 십자가의 대속의 죽음과 부활과 승천 이후 오순절이 되었을 때 마가의 다락방에 모여 기도하던 120명쯤 되는 사람들에게 성령께서 임하셨습니다.

"오순절 날이 이미 이르매 그들이 다 같이 한 곳에 모였더니 홀연히 하늘로부터 급하고 강한 바람 같은 소리가 있어 그들이 앉은 온 집에 가득하며 마치 불의 혀처럼 갈라지는 것들이 그들에게 보여 각 사람 위에 하나씩 임하여 있더니 그들이 다 성령의 충만함을 받고 성령이 말하게 하심을 따라 다른 언어들로 말하기를 시작하니라"(행2:1-4)

하나님께서는 요엘 선지자를 통해 이렇게 말씀하셨습니다.

"그 후에 내가 내 영을 만민에게 부어 주리니 너희 자녀들이 장래 일을 말할 것이며 너희 늙은이는 꿈을 꾸며 너희 젊은이는 이상을 볼 것이며 그때 내가 또 내 영을 남종과 여종에게 부어 줄 것이며 내가 이적을 하늘과 땅에 베풀리니 곧 피와 불과 연기 기둥이라"

(요엘2:28-30)

## 2) 교회의 설립(성령 강림과 예루살렘 교회)

요엘 선지자에게 주셨던 이 약속의 말씀대로 성령께서는 마가의 집에 있는 다락방에 모여 기도하던 모든 사람에게 불꽃같이 임하셨고 바람같이 강력한 힘으로 임하셨습니다. 그때 성령의 역사로 강력한 은사를 체험한 사도들과 성도들에 의해 예루살렘에 처음 교회가 세워지게 되었습니다. 이 예루살렘 교회가 1세대 교회입니다.

"그 말을 받은 사람들은 세례를 받으매 이 날에 신도의 수가 삼천이나 더하더라 그들이 사도의 가르침을 받아 서로 교제하고 떡을 떼며

오로지 기도하기를 힘쓰니라 사람마다 두려워하는데 사도들로 말미암
아 기사와 표적이 많이 나타나니 믿는 사람이 다 함께 있어 모든 물
건을 서로 통용하고 또 재산과 소유를 팔아 각 사람의 필요를 따라
나눠 주며 날마다 마음을 같이하여 성전에 모이기를 힘쓰고 집에서 떡
을 떼며 기쁨과 순전한 마음으로 음식을 먹고 하나님을 찬미하며 또
온 백성에게 칭송을 받으니 주께서 구원 받는 사람을 날마다 더하게
하시니라"(행2:41-47)

예루살렘에 교회가 세워지면서 사도들과 성도들이 말씀을 증거
할 때 이적과 기이한 일들이 나타나며 신속하게 교회가 부흥되
어 안정되고 숫자가 폭발적으로 늘어나게 되었습니다. 그러자 성
전 중심의 정치체제로 기득권을 누리던 그때의 유대교 지도자들
과 정치권력을 가진 로마의 통치자들에 의해 교회가 핍박을 받
게 됩니다.

그 결과 사도들에 의해 믿음과 성령으로 충만한 사람으로 인
정되어 처음 교회의 일꾼으로 세워진 일곱 집사 가운데 한 사람
인 스데반 집사가 순교 하고(행 6장-7장) 예루살렘 교회에 있던
성도들은 박해를 피해 예루살렘을 벗어나 사방으로 흩어지게 됩
니다.(행8:1-2)

그 혼란의 와중에 나중에 이방인의 사도로 부르심을 받아 많
은 곳에 교회를 세운 사울은 교회를 더 심하게 핍박하게 되고

그때 피신해 가던 빌립 집사에 의해 사마리아 지역에 복음이 전파되어 교회가 세워지게 됩니다.(행8장)

　이방인의 사도로 부르심을 받기 이전의 사울은 예수님을 구약 시대에 예언된 메시아며 인류를 구원하실 그리스도를 믿는 사람들을 박해하기 위해 다메섹으로 가다가 환상 가운데 부활하신 예수님을 만나게 됩니다. 후일 바울은 이때의 경험이 자신을 사도가 되게 했다고 고백합니다. 바울을 사도가 되게 한 것은 부활하신 예수님을 만나고 주님의 음성을 듣게 된 이후입니다.

　다메섹으로 향해 길을 가다가 환상 가운데 부활하신 예수님을 만나고 그 음성을 들은 사울은 사흘 동안 눈이 보이지 않다가 아나니아 선지자에 의해 안수를 받고 다시 눈을 뜨게 되면서 유대인이 아닌 이방 사람들을 향해 하나님의 복음을 전할 사도로 부름을 받고 쓰임 받게 됩니다.(행9장)

　예루살렘 교회에 일어난 박해를 피해 욥바에 가 있던 베드로에게 하나님은 환상을 보여 주시고 이방인 고넬료의 집에 모인 사람들에게 복음을 전하게 하시는데 바로 그곳에서 성령께서 역사하시는 제2의 오순절 사건이 일어납니다. 이 제2 오순절 사건은 성령님에 의해 본격적인 이방 선교가 시작되는 과정을 보여 줍니다.

"그에 대하여 모든 선지자도 증언하되 그를 믿는 사람들이 다 그의 이름을 힘입어 죄 사함을 받는다 하였느니라 베드로가 이 말을 할 때에 성령이 말씀 듣는 모든 사람에게 내려오시니 베드로와 함께 온 할례 받은 신자들이 이방인들에게도 성령 부어 주심으로 말미암아 놀라니 이는 방언을 말하며 하나님 높임을 들음이러라"(행10:43-46)

## 3) 안디옥 교회와 사도 바울의 선교

예루살렘 교회에 일어난 핍박 속에서 흩어져 간 성도들에 의해 예루살렘 교회를 이어 초대교회 선교의 중심 역할을 한 안디옥 교회가 자생적으로 세워지고 그 교회에서 바나바 사도와 함께 바울은 이방인의 사도로 세워지게 됩니다.

이 교회가 예루살렘 교회 다음으로 세워진 제2세대 교회인 안디옥 교회입니다. 그리고 이 안디옥 교회에서부터 성도들은 비로소 그리스도인이라는 이름으로 불리게 됩니다. 이때가 46년입니다.

"바나바가 사울을 찾으러 다소에 가서 만나매 안디옥에 데리고 와서 둘이 교회에 일 년간 모여 있어 큰 무리를 가르쳤고 제자들이 안디옥에서 비로소 그리스도인이라 일컬음을 받게 되었더라"(행11:25-26)

예루살렘에 교회가 세워진 때가 29년이고 사울이 예수님을 만난 해가 32년이니 예루살렘에 교회가 세워진 후 17년의 세월이

지났습니다.

45년쯤에 사울은 바나바와 함께 안디옥 교회를 섬기는 목회자가 되어 함께 1년쯤 말씀 사역자로 안디옥 교회를 섬겼으며 47년 안디옥 교회의 파송을 받아 바나바와 마가와 함께 본격적인 선교사로 떠나게 됩니다. 이때가 바울의 1차 선교 여행의 시작인데 58년까지 주로 소아시아 지역을 다니면서 많은 교회를 세우게 됩니다.

그때 예루살렘 교회에는 예수님의 탄생 때 왕으로 있던 헤롯의 뒤를 이은 그의 아들 헤롯왕에 의해 다시 큰 박해가 일어나게 됩니다. 사도 요한의 형인 야고보 사도가 순교하게 되고 베드로는 옥에 갇히게 되었는데 천사의 도움으로 옥에서 풀려나게 됩니다. 이후로 예루살렘 교회는 이스라엘 지역에 계속되는 흉년과 교회에 대한 지속적인 박해 속에서 쇠락의 길을 걸어가게 됩니다.

그리고 사도 바울의 선교사역과 함께 안디옥 교회를 중심으로 복음 전파의 새 역사가 나타나게 됩니다.(행12장) 안디옥 교회를 중심으로 선교 사역이 계속되는 와중에 예루살렘 교회의 교세는 많이 약해졌지만 여전히 사도적 권위를 계승한 모교회로서의 역할을 감당하였습니다.

예루살렘 교회는 예수님을 믿는 성도들이 모인 교회 전체를 위한 중요한 결정을 할 때마다 그 중심적인 역할을 하게 됩니다.(행15장)

사도 바울과 바나바에 의한 1차 선교 여행은 47년부터 49년 사이에 이루어지는데 그때 그들은 바나바의 조카인 마가와 함께 선교를 다니면서 복음을 전하고 교회를 세우게 됩니다. 1차 선교 여행 이후에 사도 바울은 율법과 복음의 관계 속에서 구원을 받는 조건에 반드시 할례가 필요한가에 대한 교회 전체의 기준이 필요하다고 생각하게 되고 이 이유로 예루살렘에서 제1차 사도 회의가 열리게 됩니다. 이것을 우리는 흔히 예루살렘 사도 회의라고 합니다.

예루살렘 교회에서 모인 제1차 사도회의를 통해 내린 이방인 선교를 위해 내린 결정은 다음과 같습니다.

> "성령과 우리는 이 요긴한 것들 외에는 아무 짐도 너희에게 지우지 아니하는 것이 옳은 줄 알았노니 우상의 제물과 피와 목매어 죽인 것과 음행을 멀리 할지니라 이에 스스로 삼가면 잘되리라 평안함을 원하노라 하였더라"(행15:28-29)

사도 회의를 통하여 내린 결정으로 구원에 대한 조건으로 할 례를 주장하는 거짓 사도들의 주장을 꺾을 수 있게 되고 이방 선교의 장애물을 제거하게 된 사도바울은 2차 선교 여행(50년~52년)과 3차 선교 여행(53년~58년)을 통해 많은 교회들을 세우게 되는데 이 교회들이 예루살렘 교회와 안디옥 교회를 이은 제3세대 교회들입니다.

## 4) 에베소 교회와 여타의 교회들의 개척과 설립

3차 선교 여행 기간에 세워진 교회 가운데 하나가 에베소 교회(행19장)입니다. 바울은 이 에베소 교회에서 목회하면서 세운 두란노 서원을 통해 2년 동안 많은 제자를 배출하게 됩니다.

> "바울이 회당에 들어가 석 달 동안 담대히 하나님 나라에 관하여 강론하며 권면하되 어떤 사람들은 마음이 굳어 순종하지 않고 무리 앞에서 이 도를 비방하거늘 바울이 그들을 떠나 제자들을 따로 세우고 두란노 서원에서 날마다 강론하니라 두 해 동안 이같이 하니 아시아에 사는 자는 유대인이나 헬라인이나 다 주의 말씀을 듣더라 하나님이 바울의 손으로 놀라운 능력을 행하게 하시니 심지어 사람들이 바울의 몸에서 손수건이나 앞치마를 가져다가 병든 사람에게 얹으면 그 병이 떠나고 악귀도 나가더라"(행19:8-12)

골로새 교회나 라오디게아 교회와 같은 교회들이 그 제자들에 의해 세워지게 되는데 이 교회들이 제4세대 교회들입니다. 계시록에 나오는 교회들은 예루살렘 교회나 안디옥 교회 와 같은 1,

2세대 교회가 아닙니다. 주로 3세대 교회인 에베소 교회를 비롯하여 서머나 버가모 등과 같은 3~4세대 교회입니다.

1세대 교회인 예루살렘 교회는 예수님이 부활 승천하신 29년 무렵에 세워졌고 사도 바울이 부활하신 예수님을 만난 32년경까지가 전성기였습니다. 그리고 예루살렘 교회에 박해가 일어났던 때부터 초대 예루살렘 교회의 성도들은 사방으로 흩어지기 시작했고, 사마리아나 갈릴리 지역 그리고 시리아와 안디옥과 로마에까지 흩어져 가면서 그들이 정착한 지역에 교회가 세워지기 시작했습니다. 이때가 대략 46년경까지입니다.

본격적으로 유대 지역을 넘어 이방 지역으로 복음이 전파되면서 세워진 교회의 중심에는 제2세대 교회인 안디옥 교회가 있었고 그 교회가 성령님의 인도하심 가운데 사도 바울과 바나바를 선교사로 파송하면서부터 복음 전파와 이방 선교에 앞장서게 되었습니다.

> "안디옥 교회에 선지자들과 교사들이 있으니 곧 바나바와 니게르라 하는 시므온과 구레네 사람 루기오와 분봉 왕 헤롯의 젖동생 마나엔과 및 사울이라 주를 섬겨 금식할 때에 성령이 이르시되 내가 불러 시키는 일을 위하여 바나바와 사울을 따로 세우라 하시니 이에 금식하며 기도하고 두 사람에게 안수하여 보내니라"(행13:1-3)

47년부터 시작된 바울의 선교와 함께 체계적이고 본격적인 이방선교가 시작되면서 이방인들에게 구원의 문이 활짝 열렸고, 56년경에 세워진 에베소 교회는 제3세대 교회로서 자리를 잡으면서 안디옥 교회를 이어 주변 교회들의 중심 역할을 하게 됩니다. 사도 바울을 이어 디모데와 요한 사도가 목회를 했습니다.

에베소 교회에는 사도 바울이 하나님의 말씀을 조직적으로 가르치는 두란노 서원이 세워졌으며 이곳에서 배출된 제자들에 의해 제4세대 교회들이 곳곳에 개척되면서 많은 교회들이 세워지게 된 것입니다.

사도 바울은 에베소에서의 사역과 3차 선교 여행을 마친 58년에 예루살렘을 방문하였다가 신성 모독죄로 체포되어 죄수의 신분으로 로마로 압송되는데 그 내용은 사도행전 21장부터 28장에 상세하게 기록되어 있습니다. 로마에서 60년에서 62년까지 가택 연금과 같은 옥살이를 하게 되고 그 이후에 잠깐 다시 풀려나왔습니다. 그리고 네로의 박해가 심해지던 64년경에 다시 투옥되어 67년에 위대한 사도요, 선교사요, 복음 전도자로서의 삶을 마감하고 순교하게 됩니다. 그 다음해인 68년에는 베드로사도가 순교하게 됩니다.

### 5) 교회와 사도 바울의 편지들

사도 바울은 직접 복음을 전하는 동시에 많은 편지를 써서 성도들의 실제적인 신앙생활을 지도하고 도움을 주었습니다. 그 가운데 13편의 편지가 지금 우리들의 신약성경 안에 보존되어 있습니다.

사도 바울이 가장 먼저 쓴 편지가 데살로니가전후서입니다. 이 편지들은 2차 선교 여행 중인 51년과 52년경에 쓴 것으로 알려져 있습니다. 그 내용은 주로 예수님의 재림에 대한 질문과 대답입니다. 예수님의 부활 승천 이후에 간절하게 예수님의 재림을 기다리던 성도들의 의문을 풀어주기 위해 쓴 서신들입니다.

그 이후에 쓴 편지가 3차 선교 여행 중에 쓴 갈라디아서와 고린도전후서, 로마서입니다. 갈라디아서를 통해 믿음으로 의롭게 된다. 즉 예수님을 믿는 믿음으로 구원받는 것이지 할례와 같은 율법이 정한 행위로 구원받는 것이 아니라는 내용을 사도 바울은 아주 강력하게 증언합니다.

그리고 이어서 쓴 고린도전·후서에서 교회 생활의 실제 문제들에 대한 해답을 줍니다. 고린도는 항구 도시이고 경제적으로 윤택한 도시여서 성적으로 문란한 도시였습니다. 그래서 고린도전·후서에는 결혼생활이나 이혼 문제 등과 같은 많은 문제를 다루고 있습니다. 그 교회 안에는 은사에 대한 문제로 다툼이 있었고 부활을 부인하는 사람들도 많이 있었습니다. 이 모든 문제에 대한 해답을 주는 것이 고린도전·후서입니다.

로마서를 통해 사도 바울은 갈라디아서에서 논증했던 믿음으로 의롭게 되고 믿음으로 구원받는다는 내용을 대신 속죄원리와 함께 구원 받은 사람들이 성령님 안에서 누리는 자유와 기쁨 그리고 이스라엘 민족들의 구원과 구원받은 사람들의 일상적인 삶의 실천에 대해 말씀합니다. 이 로마 교회는 사도 바울이 개척한 교회는 아니고 예루살렘 교회에 핍박이 일어났을 때 흩어진 성도들에 의해 자생적으로 세워진 교회로 보입니다.

그리고 3차 선교 여행 후에 로마에서 가택 연금을 당하고 있을 때 쓴 서신들이 옥중서신 4권입니다. 그 서신들은 빌레몬에게 개인적으로 쓴 것으로 알려진 빌레몬서와 골로새 교회에 보낸 골로새서와 골로새서의 내용을 확장하여 교회론을 정리하고 성도들의 생활에 대한 구체적인 지침을 준 에베소서 그리고 자신의 옥중 생활을 뒷바라지해 준 빌립보 교회에 보낸 감사의 편지 빌립보서입니다.

가택 연금의 1차 로마의 옥살이에서 풀려나 4차 선교 여행 후에 네로 황제의 극심한 박해가 다시 시작된 64년 이후에 바울은 다시 체포되어 로마의 지하 감옥에 갇히게 됩니다. 이 2차 투옥 기간에 쓴 편지를 우리는 옥중서신과 구별하여 목회서신이라고 합니다.

사도 바울은 2차 투옥 기간에 믿음의 아들인 디모데와 디도에게 편지를 쓰는데 디모데전서와 디도서에서는 목회자로서 갖추어야 할 것들 그리고 목회에 대한 여러 가지 조언을 하고 순교 직전인 67년 초에 쓴 것으로 보이는 디모데후서에서는 사도로서 살아온 지나온 세월에 대한 소감과 순교를 앞 둔 시점에서의 천국에 대한 확실한 믿음과 마지막 소망을 담고 있습니다.

사도 바울이 쓴 이 열세 권의 편지들이 지금 우리 신앙의 지침서인 성경 안에 포함되어 있으며 우리는 그 내용을 통해 신앙생활의 교훈을 얻고 실생활에서성령님의 지도를 받습니다.

## 6) 교회와 일반 서신과 복음서

신약성경에는 사도 바울이 쓴 13권의 서신들과 함께 초림 예수의 탄생과 생애 그리고 십자가의 죽음과 부활과 승천에 초점을 맞춘 네 권의 복음서와 예수님의 승천과 재림에 대한 약속 그리고 초대 예루살렘 교회에서부터 시작해서 사도 바울이 개척한 교회들의 이야기를 담은 사도행전이 있습니다.

그리고 히브리서와 사도 야고보나 베드로사도와 요한사도가 쓴 요한의 서신들과 예수님의 형제인 유다가 쓴 편지들을 포함하고 있습니다. 사도 바울이 쓴 13권의 서신들과 합하여 이 27권을 우리는 신약성경이라고 합니다.

27권 가운데 요한복음과 요한 1, 2, 3.서와 요한 계시록을 제외한 대부분의 성경들은 50년대 초반부터 80년대까지 쓰인 것으로 알려졌습니다.

요한복음을 비롯한 요한 1, 2, 3.서는 90년대 초반에 쓰여 졌으며 요한계시록은 96년경에 쓰였습니다. 사도 바울의 선교와 성경의 기록 연대가 중요한 이유는 그 내용이 차례대로 세워진 교회들의 상황을 반영하고 있고 왜 그 내용이 그 성경에 기록되었는지를 알려주기 때문입니다.

특히 요한계시록에 나오는 교회들을 이해하려면 구약성경과 신약성경 전반에 관한 올바른 이해가 있어야 합니다. 그 이유는 이 교회들은 1세대 교회인 초대 예루살렘 교회나 2세대 교회인 안디옥 교회 시대 이후에 세워진 3세대 교회인 에베소 교회와 서머나 교회와 버가모 교회 그리고 그 이후에 세워진 4세대 교회들이기 때문입니다.

## 7) 초대교회시대 이후 교회들

교회의 역사로 보면 이 4세대 교회 이후의 가톨릭교회와 동방정교회 시대를 5세대 교회라 할 수 있고, 1517년 종교개혁 이후에 세워진 다양한 개혁 교회들을 6세대 교회라 할 수 있습니다.

그리고 20세기 후반부터 시작된 교단과 교파의 경계를 넘어 세워져 가는 자유 독립 교회들은 제7세대 교회라고 할 수 있습니다. 이 교회들은 상대적으로 교단이나 교파에 속하지 않았기 때문에 제도나 교리에서 상당히 자유롭습니다. 그러나 때로 신앙이나 신학적인 기준이 바로 세워져 있지 않아 신앙적인 혼란을 일으키기도 합니다.

요한계시록에 나오는 교회는 에베소 교회와 같이 이미 사도 바울에 의해 그 교회를 향해 단독으로 보내진 편지를 받은 교회도 있고 또 회람용으로 여러 교회에 보내진 편지를 받은 교회도 있습니다. 그래서 요한계시록에서 성령님께서 교회들에게 하시는 말씀을 들어야 한다는 내용도 이와 같은 배경을 알면 쉽게 이해할 수 있습니다.

에베소 교회는 이미 56년경에 세워져 있었으며 초대 목회자인 사도 바울 그리고 2대 목회자인 바울의 믿음의 아들 디모데를 거쳐 3대 목회자로 요한사도가 95년과 96년의 밧모섬 귀양살이를 포함하여 65년부터 100년까지 35년을 목회한 교회입니다.

계시록에 나오는 일곱 교회는 제3세대 교회와 제4세대 교회를 포함하여 그 이후에 세워지고 오늘도 세워지고 있는 7세대 교회까지 모든 교회입니다. 그래서 계시록의 말씀은 그 모든 교회를 대상으로 주어진 말씀이며 성령께서 교회들에게 주시는 말씀입니다.

"나 예수는 교회들을 위하여 내 사자를 보내어 이것들을 너희에게 증언하게 하였노라 나는 다윗의 뿌리요 자손이니 곧 광명한 새벽 별이라 하시더라"(계22:16)

그 시대의 교회와 성도는 권력의 모진 핍박과 적그리스도와 거짓 선지자들의 미혹 속에서 배교하든지 아니면 적당히 타협하든지 아니면 순교해야 하는 상황이었습니다. 아니 그 이후에도 시대와 상황에 따라 이 세 가지 문제는 지금까지 계속되고 있고 지금도 각 나라와 지역에서 교회들은 세워지기도 하고 시간의 흐름과 조건에 따라 사라지기도 합니다.

그러나 성경을 통해 성령께서 교회들에 주신 말씀은 영원합니다. 왜냐하면 그 모든 교회의 주인은 하나님이시고 성령께서 역사하시기 때문입니다. 그러므로 우리 주의 종들은 각자가 처해 있는 상황 속에서 성령님이 주시는 말씀에 귀 기울이며 그 말씀을 마음에 새기고 사도 요한처럼 더하거나 빼지 말고 전해야 합니다. 증언은 생명을 걸고 하는 일입니다.

"예수 그리스도의 계시라 이는 하나님이 그에게 주사 반드시 속히 일어날 일들을 그 종들에게 보이시려고 그의 천사를 그 종 요한에게 보내어 알게 하신 것이라 요한은 하나님의 말씀과 예수 그리스도의 증거 곧 자기가 본 것을 다 증언하였느니라"(계1:1-2)

교회는 하나님께서 천국 문을 열어주시려고 예수님을 유일한 구세주요 이 땅에 오신 하나님의 아들이며 주님으로 믿는 사람들을 위해 세우신 거룩한 모임입니다. 그러므로 우리는 이 교회를 잘 섬기면서 하나님께서 우리에게 맡겨주신 영혼 구원의 사명을 잘 감당해야 합니다.

# [5장 묵상 주제]

1. 교회란 무엇입니까?

2. 예루살렘 교회에 대해 말해 봅시다.

3. 안디옥 교회에 대해 말해 봅시다.

4. 에베소 교회와 그 주변 교회들에 대해 말해 봅시다.

5. 사도 바울과 그 서신들에 대해 말해 봅시다.

6. 복음서와 일반 서신들에 대해 말해 봅시다.

7. 교회의 주인에 대해 말해 봅시다.

# ✝ 제6장 속죄(제한속죄와 영원속죄)

현대인의 성경에서는 4절과 5절을 함께 묶어 번역하였습니다. 여기에서는 개역 개정의 번역을 따라 5절 부분을 다시 인용합니다.

## 성경 본문(계1:5-6)

✝ 5. 우리를 사랑하시고 자기 피로 우리를 죄에서 해방하셨으며

✝ 6. 우리를 제사장의 나라가 되게 하셔서 아버지 하나님을 섬기게 하신 예수 그리스도에게 영광과 능력이 길이길이 함께하기를 바랍니다. 아멘!

## 1. 죄의 본질

하나님은 우리를 사랑하십니다. 그 사랑의 가장 큰 증거가 예수님의 십자가입니다. 예수님이 십자가에서 흘리신 보혈의 능력은 우리 예수님을 주님으로 믿는 사람들에게 있는 모든 죄를 씻어내고 그 모든 죄의 굴레에서 벗어나게 했습니다. 우리를 우리들의 모든 죄에서 해방시켜 주었습니다.

사람들이 겪는 모든 고통의 원인은 죄입니다. 그러면 그 죄는 어떻게 시작되었을까요? 성경에 의하면 죄는 인간들에 대한 사탄의 유혹에서 시작되었습니다. 하나님께서는 사람들의 행복을 위해 온 세상을 아름답게 창조하시고 그 안에 행복의 동산을 만들어 그곳에서 사람들이 살게 하셨습니다.(창1장-2장)

그리고 행복이라는 이름을 가진 그 에덴동산의 중앙에 생명나무와 선악을 알게 하는 열매를 맺는 나무를 만들어 놓으시고 사람들에게 그 선악과를 따먹지 못하게 명령하셨습니다. 이 선악과는 낭떠러지에 있는 위험 표지판과 같은 것입니다. 위험 표지판이 안내하는 내용대로 그 밖으로 넘어가지 않고 안에 있으면 안전합니다.

그러나 그 경고를 무시하고 표지판 밖으로 넘어가면 생명을 잃게 됩니다. 선악을 알게하는 열매를 맺는 나무는 그 내용을 담은 분명한 표시입니다. 그런데 사탄이 사람들을 속여 에덴동산 안보다 그 밖에 더 좋은 것이 있는 것처럼 사람들을 속여 하나님이 정하신 법을 사람들이 어기게 했습니다. 이것이 죄의 시작입니다.

"그런데 뱀은 여호와 하나님이 지으신 들짐승 중에 가장 간교하니라 뱀이 여자에게 물어 이르되 하나님이 참으로 너희에게 동산 모든 나무의 열매를 먹지 말라 하시더냐 여자가 뱀에게 말하되 동산 나무의 열매를 우리가 먹을 수 있으나 동산 중앙에 있는 나무의 열매는 하나님의 말씀에 너희는 먹지도 말고 만지지도 말라 너희가 죽을까 하노라 하셨느니라 뱀이 여자에게 이르되 너희가 결코 죽지 아니하리라 너희가 그것을 먹는 날에는 너희 눈이 밝아져 하나님과 같이 되어 선악을 알 줄 하나님이 아심이니라 여자가 그 나무를 본즉 먹음직도 하고 보암직도 하고 지혜롭게 할 만큼 탐스럽기도 한 나무인지라 여자가 그 열매를 따먹고 자기와 함께 있는 남편에게도 주매 그도 먹은지라"

(창3:1-6)

죄를 지은 인간들은 자신들이 죄를 지었다는 사실을 깨닫고 두려움에 사로잡혀 하나님의 음성을 듣고 숨었습니다. 그 숨은 사람들을 찾아오신 하나님은 뱀의 모양으로 나타나 사람들을 속인 사탄과 하나님의 법을 어긴 사람들을 책벌하셨습니다.

피조물인 인간이 선악과만 먹으면 창조주와 같이 될 수 있다는 사탄의 유혹에 넘어가 사람들은 하나님의 계명을 어기는 불순종의 죄를 지었습니다. 이처럼 사람들의 열등감을 자극하고 그것을 극복할 수 있는 쉬운 길이 있다고 하면 사람들은 대개 그 마음속에 탐욕이 일어나고 그 달콤한 유혹에 넘어갑니다.

그래서 성경은 탐심은 우상 숭배라고 경고하는 것입니다.

"그러므로 땅에 있는 지체를 죽이라 곧 음란과 부정과 사욕과 악한

정욕과 탐심이니 탐심은 우상 숭배니라"(골3:5)

탐심에 빠지면 죄를 짓게 되고 그 죄의 결과는 죽음입니다.

"시험을 참는 자는 복이 있나니 이는 시련을 견디어 낸 자가 주께
서 자기를 사랑하는 자들에게 약속하신 생명의 면류관을 얻을 것이기
때문이라 사람이 시험을 받을 때에 내가 하나님께 시험을 받는다 하지
말지니 하나님은 악에게 시험을 받지도 아니하시고 친히 아무도 시험
하지 아니하시느니라 오직 각 사람이 시험을 받는 것은 자기 욕심에
끌려 미혹됨이니 욕심이 잉태한즉 죄를 낳고 죄가 장성한즉 사망을 낳
느니라"(약1:12-15)

죄를 지은 이후에는 후회해도 소용이 없는 가련한 신세가 됩
니다. 그래서 우리는 유혹을 이기고 탐욕을 이겨야 합니다.

죄를 지은 그때부터 사람들은 하나님의 징벌을 받아 행복을
잃어버리고 고통에 시달리게 되며 죽을 수밖에 없는 존재가 되
었습니다.

"또 여자에게 이르시되 내가 네게 임신하는 고통을 크게 더하리니
네가 수고하고 자식을 낳을 것이며 너는 남편을 원하고 남편은 너를
다스릴 것이니라 하시고 아담에게 이르시되 네가 네 아내의 말을 듣고
내가 네게 먹지 말라 한 나무의 열매를 먹었은즉 땅은 너로 말미암아

저주를 받고 너는 네 평생에 수고하여야 그 소산을 먹으리라 땅이 네
게 가시덤불과 엉겅퀴를 낼 것이라 네가 먹을 것은 밭의 채소인즉 네
가 흙으로 돌아갈 때까지 얼굴에 땀을 흘려야 먹을 것을 먹으리니 네
가 그것에서 취함을 입었음이라 너는 흙이니 흙으로 돌아갈 것이니라
하시니라"(창3:16-19)

그들은 에덴동산 밖으로 쫓겨났으며 오늘까지 모든 인류는 에
덴동산 밖에서 수고로움과 질병과 죽음의 고통을 벗어나지 못하
고 살고 있습니다. 그러므로 지금 온 세상에 살고 있는 인간들이
겪고 있는 모든 고통의 원인은 사탄의 유혹에 넘어가 하나님의
말씀을 어긴 죄에서 시작된 것임을 분명히 알아야 합니다. 이 죄
의 본질을 바로 알아야 그 죄의 문제에 대한 해답을 찾을 수 있
습니다.


## 2. 죄의 기원과 사탄의 존재

죄는 사탄의 유혹에서부터 시작되었고 지금도 사탄은 끊임없이
우리를 유혹합니다. 그리고 죄를 짓게 합니다. 그러므로 예수 그
리스도 안에서 하나님의 말씀과 보혈의 능력으로 사탄의 유혹을
이겨야 합니다. 죄에서 벗어나야 합니다. 그래서 우리에게는 성
령님이 주시는 사탄을 이길 능력이 필요하고 예수 그리스도의
보혈로 죄 사함을 받는 일이 반드시 있어야 합니다. 이것이 은혜

입니다.

사탄은 하나님을 찬양하는 천사 가운데 하나였습니다. 그가 하나님을 찬양하는 대신 자신이 찬양받으려고 하나님의 지위를 탐내다가 타락하여 저주를 받고 사탄이 되었습니다.

"인자야 두로 왕을 위하여 슬픈 노래를 지어 그에게 이르기를 주 여호와의 말씀에 너는 완전한 도장이었고 지혜가 충족하며 온전히 아름다웠도다 네가 옛적에 하나님의 동산 에덴에 있어서 각종 보석 곧 홍보석과 황보석과 금강석과 황옥과 홍마노와 창옥과 청보석과 남보석과 홍옥과 황금으로 단장하였음이여 네가 지음을 받던 날에 너를 위하여 소고와 비파가 준비되었도다 너는 기름 부음을 받고 지키는 그룹임이여 내가 너를 세우매 네가 하나님의 성산에 있어서 불타는 돌들 사이에 왕래하였도다 네가 지음을 받던 날로부터 네 모든 길에 완전하더니 마침내 네게서 불의가 드러났도다 네 무역이 많으므로 네 가운데에 강포가 가득하여 네가 범죄하였도다 너 지키는 그룹아 그러므로 내가 너를 더럽게 여겨 하나님의 산에서 쫓아냈고 불타는 돌들 사이에서 멸하였도다 네가 아름다우므로 마음이 교만하였으며 네가 영화로우므로 네 지혜를 더럽혔음이여 내가 너를 땅에 던져 왕들 앞에 두어 그들의 구경거리가 되게 하였도다"(겔28:12-17)

사탄은 하나님께서 타락한 천사인 사탄을 대신하여 하나님께 찬양하는 존재로 창조된 사람들을 타락시켜 죄를 짓게 하고 하나님께 찬양하지 못하도록 만들고 죄의 종으로 삼은 것입니다. 그 죄의 결과가 사망입니다.

"이 백성은 내가 나를 위하여 지었나니 나를 찬송하게 하려 함이니라"(사43:21)

그래서 예수님께서는 이 사탄을 멸하심으로 우리를 구원하여 죄와 사망의 사슬에서 풀어주신 것입니다. 주님을 찬양합시다.

"자녀들은 혈과 육에 속하였으매 그도 또한 같은 모양으로 혈과 육을 함께 지니심은 죽음을 통하여 죽음의 세력을 잡은 자 곧 마귀를 멸하시며 또 죽기를 무서워하므로 한평생 매여 종노릇 하는 모든 자들을 놓아 주려 하심이니 이는 확실히 천사들을 붙들어 주려 하심이 아니요 오직 아브라함의 자손을 붙들어 주려 하심이라"(히2:14-16)

## 3. 죄의 종류

죄는 그 죄의 성격에 따라 나누면 원죄와 본죄와 자범죄가 있고 관계적인 면에서 나누면 윤리적인 죄와 사회적인 죄가 있습니다.

1) 원죄는 사람들이 사탄에게 속아 하나님의 말씀을 어기고

선악과를 따먹음으로 하나님과의 관계가 깨지게 만든 불순종의 죄입니다. 원죄라는 말은 죄의 근본이라는 뜻입니다. 죄의 원천 이라는 뜻입니다. 그 원죄가 우리 인간에게 주어지는 모든 고통 의 근본적인 원인이고 그 원죄의 결과가 죽음입니다.

"죄의 삯은 사망이요 하나님의 은사는 그리스도 예수 우리 주 안에 있는 영생이니라"(롬6:23)

2) 본죄는 하나님과의 관계가 깨진 이후에 죄악에 물든 그 마음의 성품으로 짓는 죄입니다. 원죄로 인해 깨어진 인간의 본성은 마음속에 악을 품게 하고 못된 생각을 하게하고 마음으로 많은 죄를 짓게 합니다.

3) 자범죄는 원죄와 본죄의 영향을 받아 마음속에 짓는 죄가 행동으로 나타나 짓는 죄입니다. 하나님이 정해주신 율법을 어기게 하고 잘못된 행동으로 하나님의 뜻을 어기게 합니다.

4) 윤리적인 죄는 인간관계에서 짓는 죄입니다. 사람과 사람 사이에서 해서는 안 되는 짓을 하면 그것이 도덕적인 죄입니다.

5) 사회적인 죄는 사회질서를 파괴하는 죄입니다. 세상을 어지럽히는 죄입니다. 인류가 존재한 이후부터 가인이 저지른 살인죄부터 음행과 사기 도둑질 등 수없이 많은 죄들이 이 세상에서

저질러지고 있습니다.

그 모든 죄는 당대에 끝나는 것이 아닙니다. 성품과 육체적인 기질을 통해 유전되기 때문에 아담과 하와의 범죄 이후에 이 세상에 사는 모든 사람은 그 죄의 굴레에서 그 누구도 벗어날 수 없습니다.

"모든 사람이 죄를 범하였으매 하나님의 영광에 이르지 못하더니"

(롬3:23)

## 4. 구약시대의 속죄와 그 한계(제한속죄)

### 1) 율법

죄의 문제가 해결되지 않으면 사람은 그 누구도 영생을 얻을 수 없고 참된 행복과 평안을 누릴 수 없습니다. 이 죄의 문제를 일시적으로 해결하기 위해 하나님께서 구약시대 이스라엘에게 주신 법이 율법입니다.

613개의 조항으로 되어 있는 그 율법의 핵심은 십계명인데 하나님과의 관계와 인간관계에서 지켜야 할 가장 중요한 내용을 열 개의 조문으로 정리되어 있습니다.

십계명에는 하나님과의 관계와 보편적인 인산관계를 규정하는 내용은 있지만 국가나 왕을 섬기는 규정은 없습니다. 그 이유는 이스라엘 백성들이 이 십계명을 받을 때 그들은 이제 막 애굽의 종살이에서 벗어난 때였기 때문입니다. 그래서 이집트의 왕에게 종살이 하던 그들이 꿈꾸는 나라는 인간이 왕이 되어 압제하며 다스리는 나라가 아니라 하나님의 직접 통치기 이루어지는 신정 국가였습니다. 이것이 십계명에 왕을 섬기는 내용이 없는 이유입니다.

하나님께서 직접 통치하시는 신정국가의 이상은 예수님이 하나님 나라를 선포하시면서 이루어지기 시작했고 그 완성은 예수님의 재림과 함께 천년왕국을 통하여 성취되며 새 하늘과 새 땅에서 완성됩니다.

"하나님이 이 모든 말씀으로 말씀하여 이르시되 나는 너를 애굽 땅, 종 되었던 집에서 인도하여 낸 네 하나님 여호와니라"

**1계명)** 너는 나 외에는 다른 신들을 네게 두지 말라
**2계명)** 너를 위하여 새긴 우상을 만들지 말고 또 위로 하늘에 있는 것이나 아래로 땅에 있는 것이나 땅 아래 물속에 있는 것의 어떤 형상도 만들지 말며 그것들에게 절하지 말며 그것들을 섬기지 말라 나 네 하나님 여호와는 질투하는 하나님인즉 나를 미워하는 자의 죄를 갚되

아버지로부터 아들에게로 삼사 대까지 이르게 하거니
와 나를 사랑하고 내 계명을 지키는 자에게는 천 대까
지 은혜를 베푸느니라

**3계명)** 너는 네 하나님 여호와의 이름을 망령되게 부르지 말
라 여호와는 그의 이름을 망령되게 부르는 자를 죄 없
다 하지 아니하리라

**4계명)** 안식일을 기억하여 거룩하게 지키라 엿새 동안은 힘써
네 모든 일을 행할 것이나 일곱째 날은 네 하나님 여
호와의 안식일인즉 너나 네 아들이나 네 딸이나 네 남
종이나 네 여종이나 네 가축이나 네 문안에 머무는 객
이라도 아무 일도 하지 말라 이는 엿새 동안에 나 여
호와가 하늘과 땅과 바다와 그 가운데 모든 것을 만들
고 일곱째 날에 쉬었음이라 그러므로 나 여호와가 안
식일을 복되게 하여 그 날을 거룩하게 하였느니라

**5계명)** 네 부모를 공경하라 그리하면 네 하나님 여호와가 네
게 준 땅에서 네 생명이 길리라

**6계명)** 살인하지 말라

**7계명)** 간음하지 말라

**8계명)** 도둑질하지 말라

**9계명)** 네 이웃에 대하여 거짓 증거 하지 말라

**10계명)** 네 이웃의 집을 탐내지 말라 네 이웃의 아내나 그의
남종이나 그의 여종이나 그의 소나 그의 나귀나 무릇
네 이웃의 소유를 탐내지 말라

이 십계명은 우리 인간들이 죄를 짓지 않고 살도록 주어진 계명 중의 계명입니다. 그리고 영원히 지켜야 할 하나님의 말씀입니다. 이 십계명을 근간으로 무엇을 하라는 계명이 248개조 무엇을 하지 말라는 계명이 365개조 합하여 율법은 613개 조항입니다.

그리고 이 모든 계명을 요약하여 예수님은 이렇게 말씀하셨습니다.

"예수께서 이르시되 율법에 무엇이라 기록되었으며 네가 어떻게 읽느냐 대답하여 이르되 네 마음을 다하며 목숨을 다하며 힘을 다하며 뜻을 다하여 주 너의 하나님을 사랑하고 또한 네 이웃을 네 자신 같이 사랑하라 하였나이다 예수께서 이르시되 네 대답이 옳도다 이를 행하라 그러면 살리라 하시니"(눅10:26-28)

## 2) 속죄의 제사

하나님이 주신 율법의 규정 가운데 모세를 통하여 율법이 주어지기 이전부터 하나님께서 주신 법이 있습니다. 그것이 제사법인데 모세 시대에 와서 좀 더 정교해졌습니다. 하나님께서는 그 제사법 가운데 특별히 속죄의 제사를 통해 죄를 용서받는 은총을 누리도록 허락하셨습니다..

이 속죄의 제사는 하나님 앞에서 짐승을 잡아 그 짐승의 피를 흘리게 하고 그 짐승의 피를 제단에 드리는 제사로 죄의 문제를 일시적으로 해결하는 효력이 있습니다.(레1장-7장, 16장)

> "너희는 영원히 이 규례를 지킬지니라 일곱째 달 곧 그 달 십일에 너희는 스스로 괴롭게 하고 아무 일도 하지 말되 본토인이든지 너희 중에 거류하는 거류민이든지 그리하라 이 날에 너희를 위하여 속죄하여 너희를 정결하게 하리니 너희의 모든 죄에서 너희가 여호와 앞에 정결하리라"(레16:29-30)

## 3) 피 제사의 원리

그러면 왜 짐승을 잡아 피를 흘리게 하고 그 짐승의 피가 죄의 문제를 일시적으로나마 해결할까요? 그것은 죄를 해결하기 위해 하나님이 정하신 법이 "피 흘림이 없으면 죄 사함이 없다"(레17:11)는 것이기 때문입니다.

피 속에는 생명이 있습니다. 우리들도 경험하는 것처럼 우리의 코를 통하여 숨이 우리 안에 들어오고 그 숨이 폐를 거쳐 심장에 들어가면 심장이 뛰기 시작합니다. 심장에 있는 피가 모든 신체 기관으로 공급됩니다.

뇌 속에도 피를 통하여 산소가 공급되면 그때부터 뇌도 기능이 작동을 시작하고 의식이 살아납니다. 이처럼 피가 신체 기관에 제대로 공급이 되고 뇌가 제 기능을 해서 의식이 살아나야 사람이 사람으로 살게 됩니다.

피 속에 생명이 있다는 말씀은 아주 간단명료하지만, 이것은 모든 과학적인 원리로도 증명이 되는 일입니다. 그런데 아담 이후의 모든 인간은 죄를 지은 아담의 속성이 성품과 육체에 유전되어 있습니다. 그러므로 아담의 후손 가운데는 그 누구나 죄를 가진 사람이기 때문에 그가 흘린 피로는 다른 사람의 죄의 문제를 해결할 수 없습니다. 그래서 구약시대에는 하나님께서 일 년에 한 번씩 피 제사를 통한 속죄 의식을 거행하게 하셨습니다.(레16장)

피를 통해 구원받는 모습의 원형을 우리는 이스라엘 백성들이 종살이 하다가 구원받은 출애굽의 사건 속에서 볼 수 있습니다.

> "내가 애굽 땅을 칠 때에 그 피가 너희가 사는 집에 있어서 너희를 위하여 표적이 될지라 내가 피를 볼 때에 너희를 넘어가리니 재앙이 너희에게 내려 멸하지 아니하리라 너희는 이 날을 기념하여 여호와의 절기를 삼아 영원한 규례로 대대로 지킬지니라"(출12:13-14)

## 4) 제한 속죄(닫힌 속죄)

하나님께서는 약속의 말씀대로 종살이 하는 이스라엘을 구원하식 위해 애굽 땅을 심판하시면서 어린양의 피가 있는 이스라엘 백성들은 살려 주셨습니다. 이 날을 죽음의 사자가 넘어갔다는 의미에서 유월절이라고 합니다.

"너희는 그것을 이렇게 먹을지니 허리에 띠를 띠고 발에 신을 신고 손에 지팡이를 잡고 급히 먹으라 이것이 여호와의 유월절이니라 내가 그 밤에 애굽 땅에 두루 다니며 사람이나 짐승을 막론하고 애굽 땅에 있는 모든 처음 난 것을 다 치고 애굽의 모든 신을 내가 심판하리라 나는 여호와라 내가 애굽 땅을 칠 때에 그 피가 너희가 사는 집에 있어서 너희를 위하여 표적이 될지라 내가 피를 볼 때에 너희를 넘어가리니 재앙이 너희에게 내려 멸하지 아니하리라 너희는 이 날을 기념하여 여호와의 절기를 삼아 영원한 규례로 대대로 지킬지니라"(출12:11-14)

모세는 출애굽을 한 이후에 율법을 제정하면서 이 날을 유월절로 해마다 지키도록 했습니다. 그것이 규례화 된 것이 대 속죄일이며 예수님을 하나님의 어린양(요1:36)이라 하는 것도 바로 이와 같은 이유입니다.

그러나 구약시대에 드리는 피 제사는 그 효력이 1년이었습니다. 그래서 해마다 그 속죄의식을 반복할 수밖에 없었습니다. 그래서 구약시대 짐승의 피로 드리는 속죄의 제사는 그 속죄의 효력이 존속하는 기간이 1년으로 제한되어 있기 때문에 제한속죄라고 합니다. 또한 이 속죄는 그 제사의식에 참여한 사람들에게

만 그 효력을 발생하기 때문에 닫힌 속죄입니다. 율법이 정한 제사의 행위를 한 특정한 사람이 아니면 죄를 용서받을 수 없습니다. 이 속죄 의식을 통하여 구원의 문이 모든 사람에게 열린 것이 아니기 때문에 재한속죄이고 닫힌 속죄입니다.

> "기름 부음을 받고 위임되어 자기의 아버지를 대신하여 제사장의 직분을 행하는 제사장은 속죄하되 세마포 옷 곧 거룩한 옷을 입고 지성소를 속죄하며 회막과 제단을 속죄하고 또 제사장들과 백성의 회중을 위하여 속죄할지니 이는 너희가 영원히 지킬 규례라 이스라엘 자손의 모든 죄를 위하여 일 년에 한번 속죄할 것이니라. 아론이 여호와께서 모세에게 명령하신 대로 행하니라"(레16:32-34)

또한 이스라엘 백성들은 이 대속죄일 제사를 통한 속죄의식을 해마다 계속할 수 없었습니다. BC. 722년에 북 이스라엘과 남 유다로 나라가 나누어 진 이후에 북 이스라엘에는 성전이 없었습니다. 하나님의 계명을 어기고 단과 벧엘에 금송아지 우상을 세우고 그 앞에서 경배했습니다.

> "만일 이 백성이 예루살렘에 있는 여호와의 성전에 제사를 드리고자 하여 올라가면 이 백성의 마음이 유다 왕 된 그들의 주 르호보암에게로 돌아가서 나를 죽이고 유다의 왕 르호보암에게로 돌아가리로다 하고 이에 계획하고 두 금송아지를 만들고 무리에게 말하기를 너희가 다시는 예루살렘에 올라갈 것이 없도다 이스라엘아 이는 너희를 애굽

땅에서 인도하여 올린 너희의 신들이라 하고 하나는 벧엘에 두고 하나는 단에 둔지라 이 일이 죄가 되었으니 이는 백성들이 단까지 가서 그 하나에게 경배함이더라 그가 또 산당들을 짓고 레위 자손 아닌 보통 백성으로 제사장을 삼고 여덟째 달 곧 그 달 열다섯째 날로 절기를 정하여 유다의 절기와 비슷하게 하고 제단에 올라가되 벧엘에서 그와 같이 행하여 그가 만든 송아지에게 제사를 드렸으며 그가 지은 산당의 제사장을 벧엘에서 세웠더라 그가 자기 마음대로 정한 달 곧 여덟째 달 열다섯째 날로 이스라엘 자손을 위하여 절기로 정하고 벧엘에 쌓은 제단에 올라가서 분향하였더라"(왕상12:27-33)

이렇게 북 이스라엘은 나라가 분열된 이후에 속죄의 제사가 끊어졌으며 남 유다도 BC. 586년에 바벨론에 의해 나라가 망한 때에 성전이 무너졌습니다. 그리고 그들도 포로생활에서 다시 돌아와 성전이 완공되던 BC. 515까지는 제단을 쌓을 성전이 사라졌습니다. 이 시기에는 1년마다 반복하여 드리게 되어 있는 속죄의 제사 의식이 이스라엘에서 완전히 사라졌습니다.

그러므로 구약시대의 속죄는 대 속죄일에 드리는 속죄의 제사 자체가 그 효력 기간이 1년으로 제한되어 있을 뿐만 아니라 그 제사가 끊어진 기간이 있어 율법이 제정될 당시와는 또 다른 의미에서도 제한속죄 일 수 밖에 없는 한계를 가지고 있습니다.

## 5. 신약시대의 속죄와 보혈의 능력(영원속죄, 열린 속죄)

### 1) 속죄의 완성인 예수님의 십자가

구약시대에 드리는 피 제사가 죄의 문제를 완전하고도 영원히 해결했다면 예수님의 십자가 속죄 사역은 필요 없었을 것입니다. 그러나 구약시대의 피 제사가 사람들의 죄의 문제를 그 제사를 드릴 때는 잠시 해결하지만 영원히 해결하지 못하고 완전히 해결하지 못했기 때문에 예수님의 십자가 속죄사역이 필요하게 된 것입니다.

> "율법은 장차 올 좋은 일의 그림자일 뿐이요 참 형상이 아니므로 해마다 늘 드리는 같은 제사로는 나아오는 자들을 언제나 온전하게 할 수 없느니라. 그렇지 아니하면 섬기는 자들이 단번에 정결하게 되어 다시 죄를 깨닫는 일이 없으리니 어찌 제사 드리는 일을 그치지 아니하였으리요. 그러나 이 제사들에는 해마다 죄를 기억하게 하는 것이 있나니 이는 황소와 염소의 피가 능히 죄를 없이 하지 못함이라"(히10:1-4)

구약시대에 드리는 피 제사는 사람들의 마음속에 죄를 생각나게 하고 그 죄가 용서받았다는 것을 알게 합니다. 그러나 그 효력이 1년으로 제한되었기 때문에 우리는 이것을 제한속죄라고 합니다. 제한속죄란 속죄의 효력이 1년으로 제한되어 있다는 뜻입니다. 이것은 마치 은행에서 빚을 낸 사람이 그 이자를 갚을 기간 동안에는 그 원금 상환에서도 자유롭지만 이자를 갚지 않으면 원금 상환에 대한 압박을 받는 것과 같습니다.

## 2) 영원속죄(완전 속죄, 열린 속죄)

하나님께서는 정하신 때에 아담의 죄와는 상관이 없는 예수님을 동정녀 마리아의 몸에서 성령의 능력으로 잉태되게 하셨습니다. 그리고 예수님을 아담의 후손이 아닌 여자의 후손(창3:15)으로 태어나게 하셨습니다.

여자의 후손이라는 말씀은 아담이 지은 죄의 유전성을 이어받지 않은 분이요 속죄사역을 통해 구원하시는 예수님을 상징하는 용어입니다. 예수님은 아담의 후손이 아니기 때문에 원죄나 본죄나 자범죄가 없으신 예수님이 흠 없는 제물이 되어 그분의 피로 모든 인류의 죄의 문제를 단번에 영원히 해결된 것입니다. 제물은 흠이 없어야 합니다.

> "그리스도께서는 장래 좋은 일의 대제사장으로 오사 손으로 짓지 아니한 것 곧 이 창조에 속하지 아니한 더 크고 온전한 장막으로 말미암아 염소와 송아지의 피로 하지 아니하고 오직 자기의 피로 영원한 속죄를 이루시고 단번에 성소에 들어가셨느니라"(히9:11-12)

구약시대에 해마다 대 속죄일에 짐승의 피를 통해 이루어진 속죄는 그 피의 속죄 효력기간이 1년으로 정해져 있는 제한성 때문에 제한속죄라고 합니다. 그러나 예수님이 십자가에서 흘리신 피의 효력은 영원하기 때문에 구약시대의 속죄와 구별하여 영원속죄요, 완전속죄라고 합니다. 기간이 정해있으면 그 속죄가 완전할 수 없습니다. 그러나 영원하기 때문에 완전합니다. 영원하다는 말은 해마다 다시 반복할 필요가 없다는 말씀입니다.

### 3) 흠 없는 제물이 되신 예수 그리스도

인간이 지은 죄의 근본은 마귀에게 속아 하나님의 말씀에 순종하지 아니한 불순종의 죄입니다. 그런데 성령 안에서 흠이 없으셨던 예수님은 그 근본적인 죄를 완전히 해결하기 위해 온전한 순종을 통하여 하나님이 받으실만한 흠이 없는 제물이 되어야 했습니다. 그래서 예수님은 하나님의 뜻에 철저히 순종하겠다는 땀과 눈물의 기도를 드리셨고 그 기도의 응답으로 온전히 몸과 마음과 영혼에 흠이 없는 제물로 준비되셨습니다.

"그는 육체에 계실 때에 자기를 죽음에서 능히 구원하실 이에게 심한 통곡과 눈물로 간구와 소원을 올렸고 그의 경건하심으로 말미암아 들으심을 얻었느니라 그가 아들이시면서도 받으신 고난으로 순종함을 배워서 온전하게 되셨은즉 자기에게 순종하는 모든 자에게 영원한 구원의 근원이 되시고 하나님께 멜기세덱의 반차를 따른 대제사장이라 칭하심을 받으셨느니라"(히5:7-10)

"예수께서 나가사 습관을 따라 감람 산에 가시매 제자들도 따라갔
더니 그 곳에 이르러 그들에게 이르시되 유혹에 빠지지 않게 기도하라
하시고 그들을 떠나 돌 던질 만큼 가서 무릎을 꿇고 기도하여 이르시
되 아버지여 만일 아버지의 뜻이거든 이 잔을 내게서 옮기시옵소서 그
러나 내 원대로 마시옵고 아버지의 원대로 되기를 원하나이다 하시니
천사가 하늘로부터 예수께 나타나 힘을 더하더라 예수께서 힘쓰고 애
써 더욱 간절히 기도하시니 땀이 땅에 떨어지는 핏방울 같이 되더라"

(눅22:39-44)

예수님은 성령의 능력으로 잉태되시고 항상 성령님과 동행하시
면서 그 모든 사역을 하셨고 불순종의 죄를 지은 첫 사람 아담
과 달리 마지막 아담이신 예수님은 철저한 순종으로 제물이 되
어 죄의 문제를 단번에 완전하게 해결하셨습니다.

예수님의 속죄는 구약시대와 같이 유대인들과 같은 특정한 민
족이나 사람들만을 위한 속죄가 아닙니다. 예수 그리스도를 주님
으로 믿는 모든 사람들을 위한 무제한 속죄입니다. 열린 속죄입
니다. 특수속죄가 아닌 보편속죄입니다. 기독교의 복음은 혈통이
나 계급을 초월합니다. 가난한 사람도 무식한 사람도 차별없이
구원합니다. 예수님의 십자가는 하나님이 우리를 차별 없이 사랑
하신다는 가장 강력한 표현입니다. 하나님은 차별 없는 속죄를
통해 우리 모두를 구원하시는 사랑의 하나님이십니다.

"그는 저 대제사장들이 먼저 자기 죄를 위하고 다음에 백성의 죄를 위하여 날마다 제사 드리는 것과 같이 할 필요가 없으니 이는 그가 단번에 자기를 드려 이루셨음이라"(히7:27)

"그리스도께서는 장래 좋은 일의 대제사장으로 오사 손으로 짓지 아니한 것 곧 이 창조에 속하지 아니한 더 크고 온전한 장막으로 말미암아 염소와 송아지의 피로 하지 아니하고 오직 자기의 피로 영원한 속죄를 이루사 단번에 성소에 들어가셨느니라"(히9:11-12)

구약의 율법에는 사회생활의 상호관계를 규정하는 법이나 개인들의 생활윤리 규정과 같은 여러 규정이 있지만 그 핵심은 속죄에 관한 규정입니다. 그래서 예수님은 율법의 여러 조항에 대해 시대에 맞게 재해석을 해주셨습니다.(마5장~7장) 그러나 결국 예수님의 율법에 대한 가르침의 핵심은 십자가의 죽음을 통해 이루신 속죄 사역입니다.

### 4) 율법의 완성자이신 예수

예수님은 율법을 폐하러 오신 것이 아니라 십자가에서 이루신 속죄사역을 통해 율법을 완성하셨습니다.

"내가 율법이나 선지자를 폐하러 온 줄로 생각하지 말라 폐하러 온 것이 아니요 완전하게 하려 함이라"(마5:17)

"예수께서 신 포도주를 받으신 후에 이르시되 다 이루었다 하시고
머리를 숙이니 영혼이 떠나가시니라"(요19:30)

율법은 인생을 살아가는 동안 축복과 저주의 원리를 가르쳐주
는 지침입니다. 그러나 율법에 나오는 그 어떤 규정이 정한 행위
로는 죄의 문제를 완전히 해결할 수 없습니다. 이것이 율법의 절
대적인 한계입니다.

이 말씀은 다른 말로 하자면 예수님의 십자가 외에 그 어떤
인간의 행위로도 인간들이 안고 있는 죄와 죽음의 문제를 영원
히 그리고 완전하게 해결할 수 없다는 뜻입니다. 그러므로 인간
의 행위나 깨달음을 통해 스스로 신의 자리에 올라 구원을 이루
려고 하는 모든 종교의 가르침은 사탄의 헛된 속임수입니다. 예
수님의 십자가 속죄를 인정하지 않는 인간의 모든 종교는 영혼
을 구원할 수 없는 헛되고 헛된 것들입니다.

예수님의 피는 죄가 없는 피이기 때문에 십자가에서 그 속죄
사역을 온전히 이루셨으므로 그 영혼이 육체를 떠나시기 전에
"다 이루었다"(요19:30)고 하셨습니다. 율법으로는 이룰 수 없고
율법으로는 절대로 못 하는 일을 예수님은 완성하셨습니다. 십자
가에서 율법을 완성하셨습니다. 그래서 예수 그리스도를 주님으
로 영접하여 하나님의 자녀가 된 우리는 더 이상 다시 죄를 위
하여 제사를 지낼 필요가 없습니다.

"또한 성령이 우리에게 증언하시되 주께서 이르시되 그날 후로는 그들과 맺을 언약이 이것이라 하시고 내 법을 그들의 마음에 두고 그들의 생각에 기록하리라 하신 후에 또 그들의 죄와 그들의 불법을 내가 다시 기억하지 아니하리라 하셨으니 이것들을 사하셨은즉 다시 죄를 위하여 제사 지낼 것이 없느니라."(히10:15-18)

예수님의 속죄는 매년 다시 할 필요가 없는 단번에 이루신 일이고 영원히 그 효력을 발생하는 일입니다. 그래서 다시는 죄를 위하여 제사를 지낼 필요가 없기 때문에 예수님의 피가 우리를 우리들의 모든 죄에서 해방시켜 주신 것입니다. 우리는 예수님이 십자가에서 흘리신 보혈의 능력과 그 사랑의 은혜로 말미암아 구원을 받아 하나님의 자녀가 되었습니다.

그래서 늘 우리의 마음속에는 이 구원의 은총을 노래하는 찬송과 감격이 있어야 합니다. 예수님의 피는 우리를 우리들의 모든 죄에서 해방하여 줄 뿐만 아니라 하나님의 말씀과 더불어 마귀를 이기는 가장 강력한 무기입니다.

"또 우리 형제들이 어린 양의 피와 자기들이 증언하는 말씀으로써 그를 이겼으니 그들은 죽기까지 자기들의 생명을 아끼지 아니하였도다"(계12:11)

예수님은 우리를 우리들의 모든 죄에서 해방시켜 주셨습니다.

(엡1:7) 예수님은 그분의 아버지이신 하나님의 영광을 드러내고 하나님의 뜻이 하늘에서 이루어진 것처럼 땅에서도 이루어지도록 하기 위하여 우리를 하나님 나라의 백성이 되게 하셨습니다.

그리고 하늘과 땅을 연결하는 중재자로서 하나님 앞에 예배드리는 예배자인 제사장으로 삼으셨습니다. 제사장은 하나님 앞에 서 있을 때는 백성들을 대신하고 하나님 편에 서 있을 때는 하나님의 뜻을 대언 합니다.

## 6. 계시록에 나타난 예수 보혈의 5대 능력

십자가에서 흘리신 예수님의 보혈은 그 보혈의 능력을 믿는 사람들에게 헤아릴 수 없는 많은 은혜를 주십니다. 그 은혜 가운데 특별히 계시록에서는 보혈의 다섯 가지 능력을 말씀합니다.

1) 우리들을 우리들의 죄에서 해방하여 주셨습니다.

"또 충성된 증인으로 죽은 자들 가운데에서 먼저 나시고 땅의 임금들의 머리가 되신 예수 그리스도로 말미암아 은혜와 평강이 너희에게 있기를 원하노라 우리를 사랑하사 그의 피로 우리 죄에서 우리를 해방하시고"(계1:5)

죄에 매여 죽을 수밖에 없는 우리들을 죄에서 해방시켜 주셔서 우리로 죄의 종노릇 하지 않고 하나님의 자녀로 살게 하십니다.

2) 우리를 하나님 나라의 백성이 되게 하시고 하나님 나라의 제사장이 되게 하셔서 우리가 새 하늘과 새 땅에서 왕의 권세를 누리게 하십니다.

"그들이 새 노래를 불러 이르되 두루마리를 가지시고 그 인봉을 떼기에 합당하시도다 일찍이 죽임을 당하사 각 족속과 방언과 백성과 나라 가운데에서 사람들을 피로 사서 하나님께 드리시고 그들로 우리 하나님 앞에서 나라와 제사장들을 삼으셨으니 그들이 땅에서 왕 노릇 하리로다 하더라"(계5:9-10)

3) 우리를 큰 환난에서 보호하시고 우리를 정결하게 하셔서 하나님의 영원한 위로와 보호하심 가운데 천국에서 살게 하십니다.

"내가 말하기를 내 주여 당신이 아시나이다 하니 그가 나에게 이르되 이는 큰 환난에서 나오는 자들인데 어린 양의 피에 그 옷을 씻어 희게 하였느니라 그러므로 그들이 하나님의 보좌 앞에 있고 또 그의 성전에서 밤낮 하나님을 섬기매 보좌에 앉으신 이가 그들 위에 장막을 치시리니 그들이 다시는 주리지도 아니하며 목마르지도 아니하고 해나 아무 뜨거운 기운에 상하지도 아니하리니 이는 보좌 가운데에 계신 어린 양이 그들의 목자가 되사 생명수 샘으로 인도하시고 하나님께서 그

들의 눈에서 모든 눈물을 씻어 주실 것임이라"(계7:14-17)

**4)** 사탄을 이기게 하십니다.

"또 우리 형제들이 어린 양의 피와 자기들이 증언하는 말씀으로써 그를 이겼으니 그들은 죽기까지 자기들의 생명을 아끼지 아니하였도 다"(계12:11)

**5)** 계시록에서 말씀하는 일곱 가지 복 가운데 마지막 일곱 번째 복인 천국과 영생을 누릴 권세의 주인공이 되게 하십니다.

"자기 두루마기를 빠는 자들은 복이 있으니 이는 그들이 생명나무에 나아가며 문들을 통하여 성에 들어갈 권세를 받으려 함이로다"

(계22:14)

예수님의 보혈과 그 보혈로 인해 속죄함을 받아야 인간은 죄에서부터 시작된 모든 저주와 고난과 죽음에서 벗어날 수 있고 영원한 행복의 주인공이 될 수 있습니다.

"또 내가 새 하늘과 새 땅을 보니 처음 하늘과 처음 땅이 없어졌고 바다도 다시 있지 않더라 또 내가 보매 거룩한 성 새 예루살렘이 하나님께로부터 하늘에서 내려오니 그 준비한 것이 신부가 남편을 위하여 단장한 것 같더라 내가 들으니 보좌에서 큰 음성이 나서 이르되 보라 하나님의 장막이 사람들과 함께 있으매 하나님이 그들과 함께 계시리니 그들은 하나님의 백성이 되고 하나님은 친히 그들과 함께 계셔서 모든 눈물을 그 눈에서 닦아 주시니 다시는 사망이 없고 애통하는 것이나 곡하는 것이나 아픈 것이 다시 있지 아니하리니 처음 것들이 다 지나갔음이러라 보좌에 앉으신 이가 이르시되 보라 내가 만물을 새롭게 하노라 하시고 또 이르시되 이 말은 신실하고 참되니 기록하라 하시고  또 내게 말씀하시되 이루었도다 나는 알파와 오메가요 처음과 마지막이라 내가 생명수 샘물을 목마른 자에게 값없이 주리니 이기는 자는 이것들을 상속으로 받으리라 나는 그의 하나님이 되고 그는 내 아들이 되리라"(계21:1-7)

## 7. 속죄 받은 이후에도 지속적인 회개가 필요함.

우리 예수님을 믿는 사람들은 우리가 예수님을 믿는 순간 원죄를 용서받아 하나님의 자녀가 되었습니다. 그러므로 다시 원죄를 용서받기 위해 구약시대의 대 속죄일에 드리는 제사와 같은 일을 다시 반복할 필요가 없습니다.

그러나 구원받은 이후에도 우리에게는 여전히 육신의 정욕과 안목의 정욕과 이생의 자랑에 대한 욕구 때문에 생활 속에서 죄를 짓습니다. 그래서 우리에게는 하나님의 자녀가 되는 거듭남(중생)을 위한 회개가 아닌 하나님의 자녀답게 거룩하게 되기 위한(성화) 일상적인 회개가 필요합니다.

"만일 우리가 하나님과 사귐이 있다 하고 어둠에 행하면 거짓말을
하고 진리를 행하지 아니함이거니와 그가 빛 가운데 계신 것 같이 우
리도 빛 가운데 행하면 우리가 서로 사귐이 있고 그 아들 예수의 피
가 우리를 모든 죄에서 깨끗하게 하실 것이요 만일 우리가 죄가 없다
고 말하면 스스로 속이고 또 진리가 우리 속에 있지 아니할 것이요
만일 우리가 우리 죄를 자백하면 그는 미쁘시고 의로 우사 우리 죄를
사하시며 우리를 모든 불의에서 깨끗하게 하실 것이요 만일 우리가 범
죄 하지 아니하였다 하면 하나님을 거짓말하는 이로 만드는 것이니 또
한 그의 말씀이 우리 속에 있지 아니하니라"(요한1서1:6-10)

구약 시대에는 해마다 한 번씩 대 속죄일에 드리는 속죄의 제
사를 통하여 제사장들과 백성들의 죄를 용서받는 의식을 거행했
습니다. 그러나 그들은 동시에 화목제나 속죄제나 속건제를 통하
여 대 속죄일이 지난 다음에도 일상적인 생활 속에 짓는 죄의
문제를 해결하였습니다. (레3-5장)

"여호와께서 모세에게 말씀하여 이르시되 이스라엘 자손에게 말하여
이르라 누구든지 여호와의 계명 중 하나라도 그릇 범하였으되 만일 기
름 부음을 받은 제사장이 범죄 하여 백성의 허물이 되었으면 그가 범
한 죄로 말미암아 흠 없는 수송아지로 속죄제물을 삼아 여호와께 드릴
지니"(레4:1-3)

구약시대에 율법을 따라 행한 대 속죄일의 제사는 그 효력이 1년입니다. 그래서 기간이 제한되어 있기 때문에 제한속죄입니다. 이 제한 속죄로 분명히 유월절 어린양이신 예수님의 십자가의 보혈로 이루어진 제사를 통해 그 제한이 풀려 영원속죄로 완성되었습니다.

제한속죄가 영원속죄로 완성되면서 예수님이 흘리신 피의 효력은 영원합니다. 그러므로 예수님이 십자가를 지시고 부활하신 이후에는, 지나간 시대에도 예수님을 믿는 사람들은 하나님의 자녀가 되어 구원을 받았고 우리들도 구원받았으며 앞으로 주님 오실 때까지 오고 오는 세대의 사람들도 예수님의 보혈의 능력을 믿고 회개하여 예수님을 믿으면 하나님의 자녀가 되고 구원받습니다.

그러나 하나님의 자녀가 된 이후에도 여전히 죄의 유혹이 있고 죄를 질 때가 있습니다. 그러므로 거룩하게 되기 위한 회개는 마치 구약시대의 성도들이 속죄제나 속건제와 같은 제사를 드리던 것처럼 우리들에게도 지속적으로 필요한 것입니다.

어떤 이단들은 한번 죄를 용서 받았으면 다시 회개할 필요가 없다고 가르치면서 성도들을 미혹합니다. 그러나 그것은 성경적인 가르침이 아닙니다. 그래서 속죄에 대한 성경의 가르침에 대한 바른 이해가 반드시 필요합니다.

# [6장 묵상 주제]

1. 죄는 무엇이며 어떻게 시작되었습니까?
   그 결과는 무엇입니까?

2. 십계명에 대해 말해 보십시오.

3. 구약시대에는 어떻게 속죄했습니까?

4. 신약 시대에는 어떻게 속죄합니까?

5. 제한속죄와 영원속죄의 차이는 무엇입니까?

6. 피 제사의 원리에 대해 말해 보십시오.

7. 계시록에 나오는 예수 보혈의 5대 능력은 무엇입니까?

# ⬆ 제7장 언약(옛 언약과 새 언약)

## 성경 본문(계1:5-6)

⬆ 5. 우리를 사랑하시고 자기 피로 우리를 죄에서 해방하셨으며

⬆ 6. 우리를 제사장의 나라가 되게 하셔서 아버지 하나님을 섬기게 하신 예수 그리스도에게 영광과 능력이 길이길이 함께하기를 바랍니다. 아멘!

## 1. 옛 언약

우리를 하나님의 나라 백성이자 제사장으로 삼으신 것은 구약 시대의 첫 언약을 넘어 우리와 새로운 언약을 맺으신 것입니다. 이스라엘 백성들이 애굽에서 벗어나 시내산에 이르렀을 때 하나님은 그들과 언약을 맺으셨습니다. 이것을 시내산 언약 혹은 옛 언약이라고 합니다.

"세계가 다 내게 속하였나니 너희가 내 말을 잘 듣고 내 언약을 지키면 너희는 모든 민족 중에서 내 소유가 되겠고 너희가 내게 대하여 제사장 나라가 되며 거룩한 백성이 되리라 너는 이 말을 이스라엘 자

손에게 전할지니라"(출19:5-6)

이 언약은 짐승의 피를 통해 맺은 언약입니다.

> "이러므로 첫 언약도 피 없이 세운 것이 아니니 모세가 율법대로
> 모든 계명을 온 백성에게 말한 후에 송아지와 염소의 피 및 물과 붉
> 은 양털과 우슬초를 취하여 그 두루마리와 온 백성에게 뿌리며 이르되
> 이는 하나님이 너희에게 명하신 언약의 피라 하고 또한 이와 같이 피
> 를 장막과 섬기는 일에 쓰는 모든 그릇에 뿌렸느니라 율법을 따라 거
> 의 모든 물건이 피로써 정결하게 되나니 피 흘림이 없은즉 사함이 없
> 느니라"(히9:18-22)

## 2. 옛 언역의 성취

이 옛 언약은 십계명과 율법과 제사법과 성결법 등입니다.(출
20-24장) 그리고 하나님께서는 그들에게 성막을 짓게 하시고 그
들 가운데 함께 하시며 그들을 광야를 지나 가나안에 이르도록
인도하셨습니다. 출애굽기의 끝은 성막의 완성이고 레위기의 시
작은 제사의 원리입니다.(출40장-레1장) 가나안 땅에 들어가 그
땅을 차지하게 되었을 때 그들은 이렇게 고백했습니다.

> "여호와께서 이스라엘 족속에게 말씀하신 선한 말씀이 하나도 남음

이 없이 다 응하였더라"(수21:45)

## 3. 옛 언약이 깨짐

그런데 이스라엘 백성이 하나님과 맺은 언약을 지키지 않았기
때문에 그들은 하나님이 주신 가나안 땅에 세운 나라를 잃어버
리고 포로 생활을 겪어야 했고 그래서 하나님께서는 제사를 지
낼 성전을 잃어버린 그들에게 짐승의 피로 맺은 옛 언약이 아닌
새로운 언약을 맺게 될 것을 예언하셨습니다.

> "여호와의 말씀이니라. 보라 날이 이르리니 내가 이스라엘 집과 유
> 다 집에 새 언약을 맺으리라 이 언약은 내가 그들의 조상들의 손을
> 잡고 애굽 땅에서 인도하여 내던 날에 맺은 것과 같지 아니할 것은
> 내가 그들의 남편이 되었어도 그들이 내 언약을 깨뜨렸음이라 여호와
> 의 말씀이니라. 그러나 그날 후에 내가 이스라엘 집과 맺을 언약은
> 이러하니 곧 내가 나의 법을 그들의 속에 두며 그들의 마음에 기록하
> 여 나는 그들의 하나님이 되고 그들은 내 백성이 될 것이라 여호와의
> 말씀이니라"(렘31:31-33)

예레미야는 포로로 끌려가던 시절의 예언자입니다. 그들에게는
이제 짐승의 피로 제사를 지낼 성전이 없어졌습니다. 그러므로
옛 언약 안에서 속죄를 받을 수가 없게 되었습니다. 그래서 속죄

를 위한 새 언약이 필요하게 된 것입니다.


## 4. 새 언약

옛 언약은 짐승의 피로 맺은 율법 언약입니다. 피에 생명이 있다는 하나님의 말씀은 변할 수 없는 하나님의 말씀입니다. 그래서 새 언약도 예수님의 피로 언약을 맺은 것입니다. 옛 언약은 짐승의 피로 맺은 언약이고 새 언약은 예수님의 피로 맺은 언약입니다.

"저녁 먹은 후에 잔도 그와 같이하며 이르시되 이 잔은 내 피로 세우는 새 언약이니 곧 너희를 위하여 붓는 것이라"(눅22:20)


## 5. 새 언약의 당사자인 제사장

예수님의 피를 통해 맺은 새 언약을 통해 예수님을 주님으로 영접한 우리는 하나님의 백성이요 제사장이 되었습니다.

"그러나 너희는 택하신 족속이요 왕 같은 제사장들이요 거룩한 나라요 그의 소유가 된 백성이니 이는 너희를 어두운 데서 불러내어 그의 기이한 빛에 들어가게 하신 이의 아름다운 덕을 선포하게 하려 하

심이라"(벧전2:9)

또 새 언약의 당사자인 우리에게 이렇게 말씀하셨습니다.

"또한 성령이 우리에게 증언하시되 주께서 이르시되 그날 후로는 그들과 맺을 언약이 이것이라 하시고 내 법을 그들의 마음에 두고 그들의 생각에 기록하리라 하신 후에 또 그들의 죄와 그들의 불법을 내가 다시 기억하지 아니하리라 하셨으니 이것들을 사하셨은즉 다시 죄를 위하여 제사 드릴 것이 없느니라"(히10:15-18)

하나님은 예수님의 피를 통해 우리와 새 언약을 맺으셨습니다. 구약 시대에는 돌 판에 십계명을 새겨 언약의 증거로 삼으셨습니다. 그러나 예수님의 피로 새 언약을 맺은 우리들에게는 그 증거로 성령님의 은사를 주셨습니다. 그래서 우리는 새 언약을 통해 하나님의 백성이며 자녀이며 제사장이 되었습니다. 이 크고 놀라운 은혜를 무엇으로 보답하겠습니까?

예수님 자신이 드러내신 아버지의 독생자 영광은 하나님이 얼마나 영광 가운데 계신분인지를 알게 합니다. 그리고 그 영광은 하나님 아버지의 것입니다. 우리는 마땅히 하나님의 백성으로서 그분의 영광을 드러내야 합니다. 또한 우리는 제사장으로서 하늘과 땅을 연결하는 존재들입니다.

하나님의 뜻이 하늘에서처럼 땅에서도 이루어지도록 우리는 하나님 앞에 예배를 드리는 사람들이 되어야 합니다. 늘 몸과 마음으로 찬양하고 기도하며 말씀대로 살아야 합니다. 그리고 사는 날 동안 하나님 앞에 충성하면서 교회를 섬기며 하나님의 축복 통로가 되는 삶을 살아야 합니다.

우리는 하나님을 섬기는 제사장입니다. 제사장의 삶은 성결해야 하고 그 삶은 정직해야 합니다. 하나님의 뜻을 전하는 대언자입니다. 그 삶은 늘 하나님과 교제하는 영적으로 깊이 있는 삶이어야 합니다. 우리는 하나님 나라의 백성이며 하나님을 섬기는 제사장입니다.

하나님 나라의 백성인 우리는 하나님 나라의 법을 따라 살아야 합니다. 그래서 우리는 늘 하나님의 말씀을 주의 깊게 듣고 지키며 살아야 합니다. 하나님의 말씀과 성령의 인도하심을 우리 인생의 표준삼아 살아야 합니다.

우리는 하나님을 섬기는 제사장입니다. 제사장은 제사장의 삶의 법도가 있습니다. 제사장의 가장 중요한 직무는 하나님께 제사를 지내는 일이요 예배를 드리는 일입니다.

단순히 우리를 하나님 나라의 백성이라고 말하지 않고 하나님을 섬기는 제사장이라고 말씀하는 이유를 우리는 알아야 합니다.

마음속에 깊이 새기고 실천해야 합니다. 제사장은 예배를 위해 성별된 사람입니다.

구약시대에는 레위지파 사람들을 제사장으로 세워 성막과 성전을 돌보게 했습니다. 그러나 예수님은 레위지파가 아닌데 우리의 대제사장이 되셨습니다. 이 전통을 따른 우리는 레위지파 제사장의 반열을 따른 제사장이 아니라 하나님께서 성별하신 나실인 전통을 따른 제사장이 되었습니다.

우리들도 예수님처럼 나실인 전통을 따라 제사장들이 되었습니다. 우리가 제사장이 된 것은 기독교인들의 교회가 이스라엘 민족의 혈통과 족보를 넘어선 새로운 신앙 공동체인 것을 증명합니다. 예수님은 우리의 대제사장이십니다.

> "지금 우리가 하는 말의 요점은 이러한 대제사장이 우리에게 있다는 것이라 그는 하늘에서 지극히 크신 이의 보좌 우편에 앉으셨으니 성소와 참 장막에서 섬기는 이시라 이 장막은 주께서 세우신 것이요 사람이 세운 것이 아니니라"(히8:1-2)

구약시대의 제사가 성전에서 하나님을 만나는 의식이듯이 오늘 우리가 하나님께 드리는 예배도 하나님을 만나는 의식입니다. 그러므로 예배는 거룩하고 정결하고 아름답게 드려져야 합니다. 제사장들은 속된 것이나 거짓된 것을 섞어서 예배를 드리면 안 됩니다. 술에 취해 하나님이 허락하지 않은 불로 제사를 지내던 아론의 두 아들이 죽임을 당한 사실을 우리는 기억해야 합니다.

> "아론의 아들 나답과 아비후가 각기 향로를 가져다가 여호와께서 명령하시지 아니하신 다른 불을 담아 여호와 앞에 분향하였더니 불이 여호와 앞에서 나와 그들을 삼키매 그들이 여호와 앞에서 죽은지라"
>
> (레10:1-2)

우상을 섬기거나 하나님께 잘못된 예배를 드리면 그 후손 3대나 4대쯤 가면 망하게 된다는 사실을 우리는 늘 명심해야 합니다.(출20:5)

예수님의 뒤를 이은 나실인 제사장들이 드리는 예배는 거룩하게 구별된 예배이어야 합니다. 어느 한 장소 어느 특정한 시간이 아니라 시간과 장소를 초월하여 진리 안에서 하나님의 영의 이끌림을 받는 예배이어야 합니다.

> "아버지께 참되게 예배하는 자들은 영과 진리로 예배할 때가 오나니 곧 이때라 아버지께서는 자기에게 이렇게 예배하는 자들을 찾으시느니라. 하나님은 영이시니 예배하는 자가 영과 진리로 예배할지니라"(요4:23-24)

신약시대 복음 안에서 하나님을 섬기는 새 언약의 주인공인 제사장은 항상 하나님을 만나는 기쁨이 있어야 합니다. 구원의 감격이 있기 때문에 항상 기뻐할 수 있어야 합니다. 사도 바울이 감옥에서도 기뻐할 수 있었던 것은 그는 하나님 나라의 제사장이었기 때문입니다.

제사장은 하나님과의 관계가 언제나 일정한 사람입니다. 그래서 그는 쉬지 않고 기도합니다. 제사장은 사람만을 바라보지 않습니다. 오히려 사람들을 대표해서 하나님을 바라봅니다. 제사장은 환경만을 바라보지 않습니다. 영적인 초월은 사람을 넘어서고 환경을 넘어서서 하나님을 바라볼 때 이루어집니다.

세상은 항상 무엇인가 부족합니다. 사람들을 통해 온전한 만족을 누릴 수 없습니다. 그러나 제사장은 항상 믿음의 주요 온전하게 하시는 예수님을 바라보고 아버지이신 하나님을 바라보기 때문에 기도가 끊어지지 않습니다. 기도가 끊어지지 않기 때문에 성령 안에서 기도로 생명을 호흡합니다.

제사장이 범사에 감사할 수 있는 이유는 삶의 시작이나 과정만 바라보지 않고 신앙인으로 사는 삶의 결과를 바라보기 때문입니다. 하나님은 하나님을 사랑하는 사람들에게 모든 것이 합력하여 선을 이루게 하십니다.(롬8:28) 인생도 세상일도 모두 지나가는 과정에서는 그 일이 어찌 될지 아무도 모릅니다.

그러나 하나님 나라의 제사장으로 살기 때문에 인생의 결론이 천국인 것을 아는 사람은 그 삶의 완성을 바라보기 때문에 어려운 삶의 과정에서도 인내하고 감사합니다. 범사에 감사합니다. 이것이 믿음이고 제사장의 신앙입니다.

하나님 나라의 제사장은 제한된 시간과 공간 안에서 살지만 제한된 시간과 공간을 넘어 그 너머의 세계를 보고 삽니다. 자신의 인생에 한계 지어진 인생과 환경과 시간은 인정하지만 그 속에서 살지 않고 그 한계 밖에 있는 영원한 시간을 사는 지혜를 가진 사람이 제사장입니다.

## 6. 믿음으로 얻는 구원

우리는 신앙생활을 하면서 행위가 아니라 믿음으로 구원받는다는 말을 많이 듣습니다. 그 내용을 처음 전하는 성경 말씀은 하박국 선지자의 말씀입니다.

"이 묵시는 정한 때가 있나니 그 종말이 속히 이르겠고 결코 거짓되지 아니하리라 비록 더딜지라도 기다리라 지체되지 않고 반드시 응하리라 보라 그의 마음은 교만하며 그 속에서 정직하지 못하나 의인은 그의 믿음으로 말미암아 살리라"(합2:3-4)

이 말씀의 배경은 이렇습니다. 하박국 선지자는 스바냐 선지자와 함께 남쪽 우다 왕 요시아때 활동하던 인물입니다. 나라에 포악과 악독이 가득하고 패역함이 가득한 것을 보면서 하박국은 언제까지 이일들을 보고 살아야 합니까? 하고 하나님께 부르짖었습니다. 그러자 하나님께서는 그 악한 자들을 더 악한 나라인 바벨론을 일으켜 망하게 하겠다고 말씀하셨습니다. 그러지 하박국은 악한 자들을 심판하시겠다는 것은 알겠는데 그렇다고 더 악한 자들을 통해 심판하시면서 의로운 자들까지 고난을 당하는 것은 이해가 되지 않는다고 재차 하나님께 질문을 합니다. 하나님께서 그 질문에 답을 하시면서 주신 말씀이 "의인은 믿음으로 말미암아 살리라"는 것입니다.

그리고 악한 자들을 치기 위해 하나님이 도구로 쓴 바벨론도 그 악으로 망할 것이며 악한 현실 속에서도 끝가지 하나님의 정의가 이루어질 것을 믿고 사는 의인들은 마침내 그 믿음으로 승리한다고 하신 것이 의인은 믿음으로 산다는 말씀의 본래적인 뜻입니다.

그래서 하박국은 악한 현실에 대한 질문에 대답해 주시는 하나님께 그의 믿음을 이렇게 고백합니다.

"비록 무화과나무가 무성하지 못하며 포도나무에 열매가 없으며 감람나무에 소출이 없으며 밭에 먹을 것이 없으며 우리에 양이 없으며

외양간에 소가 없을지라도 나는 여호와로 말미암아 즐거워하며 나의
구원의 하나님으로 말미암아 기뻐하리로다 주 여호와는 나의 힘이시라
나의 발을 사슴과 같게 하사 나를 나의 높은 곳으로 다니게 하시리로
다"(합3:17-19)

이 세상에 존재하는 악에 대한 하나님의 심판은 두 가지 형
태로 이루어집니다. 하나는 역사적 심판이요 하나는 예수님
의 재림 때 이루어질 종말의 심판입니다. 그러므로 우리에게
는 하박국 선지자와 같은 믿음이 필요합니다. 하박국 선지자
는 현실의 악을 하나님의 방법으로 심판하는 모습을 보면서
종말적인 심판과 함께 이루어지는 하나님의 정의를 보았습니
다. 그러므로 그는 현실에 좌절하지 않고 오히려 믿음으로
희망을 가졌습니다.

"yet I will rejoice in the LORD, I will be
joyful in God my Savior. The Sovereign LORD
is my strength; he makes my feet like the feet
of a deer, he enables me to go on the heights"

(합3:18-19)

아무리 세상이 내 마음대로 안 되고 세상이 재 아무리 악할
지라도 하나님 안에서 살아야 합니다. 그리고 신앙의 기쁨을
놓치지 않아야 합니다. 그러면 하나님께서 우리로 기쁨을 충

만하게 하시고 우리 발을 힘 있게 하사 높은 곳에 다니게 하십니다. 요한 계시록에서 말씀하는 하나님의 자녀로서 이기는 자로 사는 것은 믿음으로 사는 것입니다.

> "복음에는 하나님의 의가 나타나서 믿음으로 믿음에 이르게 하나니 기록된 바 오직 의인은 믿음으로 말미암아 살리라 함과 같으니라"
>
> (롬1:17, 갈3:11, 히10:38)


## 7. 새 언약을 보증하시는 성령

그리스도의 제사장된 우리를 성경은 새 언약의 일꾼이라고 합니다. 그리고 이일을 보증하신 분은 성령이십니다.

> "그가 또한 우리를 새 언약의 일꾼 되기에 만족하게 하셨으니 율법 조문으로 하지 아니하고 오직 영으로 함이니 율법 조문은 죽이는 것이요 영은 살리는 것이니라"(고후3:6)

새 언약의 보증자는 성령이십니다. 옛 언약의 핵심은 율법인데 율법은 우리에게 죄에 대해 알게 하지만 그 죄에서부터 구원할 힘이 없습니다. 그래서 늘 마음속에서 죄의 속성과 우리의 속사람이 갈등을 합니다. 그런데 그 모든 갈등을 이기고 하나님의 자녀로써 승리할 수 있도록  우리에게 힘을 주시는 분이 있습니다. 바로 그 분이 성령이십니다.

"무릇 하나님의 영으로 인도함을 받는 사람은 곧 하나님의 아들이
라 너희는 다시 무서워하는 종의 영을 받지 아니하고 양자의 영을 받
았으므로 우리가 아빠 아버지라고 부르짖느니라 성령이 친히 우리의
영과 더불어 우리가 하나님의 자녀인 것을 증언하시나니 자녀이면 또
한 상속자 곧 하나님의 상속자요 그리스도와 함께 한 상속자니 우리가
그와 함께 영광을 받기 위하여 고난도 함께 받아야 할 것이니라"

(롬8:14-17)

## 8. 새 언약 이후 바꾸어진 일

예수님이 십자가에서 죽으시면서 흘리신 보혈을 통해 속죄가
완성된 이후 예수 그리스도를 주님으로 영접한 우리들의 삶에는
많은 변화가 일어났습니다. 그리고 그 변화는 앞으로도 계속 일
어날 것입니다.

그 가운데 우리가 꼭 새겨야 할 몇 가지가 있습니다.

1) 예수 그리스도를 주님으로 영접함으로 하나님의 자녀가 된
것입니다.

"영접하는 자 곧 그 이름을 믿는 자들에게는 하나님의 자녀가 되는 권세를 주셨으니 이는 혈통으로나 육정으로나 사람의 뜻으로 나지 아니하고 오직 하나님께로부터 난 자들이니라"(요1:12-13)

예수 그리스도 밖에 있을 때 우리는 죄와 허물 가운데 우리의 영이 죽어 있었습니다. 마귀를 따라 행하는 본질상 진노의 자녀였습니다. 그런데 주님이 속죄를 통하여 우리를 살려 주셨습니다. 그래서 지금 우리는 하나님의 자녀가 되었습니다. 은혜 위에 은혜입니다.

"그는 허물과 죄로 죽었던 너희를 살리셨도다 그 때에 너희는 그 가운데서 행하여 이 세상 풍조를 따르고 공중의 권세 잡은 자를 따랐으니 곧 지금 불순종의 아들들 가운데서 역사하는 영이라 전에는 우리도 다 그 가운데서 우리 육체의 욕심을 따라 지내며 육체와 마음의 원하는 것을 하여 다른 이들과 같이 본질상 진노의 자녀이었더니 긍휼이 풍성하신 하나님이 우리를 사랑하신 그 큰 사랑을 인하여 허물로 죽은 우리를 그리스도와 함께 살리셨고 (너희는 은혜로 구원을 받은 것이라) 또 함께 일으키사 그리스도 예수 안에서 함께 하늘에 앉히시니 이는 그리스도 예수 안에서 우리에게 자비하심으로써 그 은혜의 지극히 풍성함을 오는 여러 세대에 나타내려 하심이라 너희는 그 은혜에 의하여 믿음으로 말미암아 구원을 받았으니 이것은 너희에게서 난 것이 아니요 하나님의 선물이라"(엡2:1-8)

**2)** 우리를 죄와 사망의 법에서 해방시켜 주셨습니다.

"그러므로 이제 그리스도 예수 안에 있는 자에게는 결코 정죄함이 없나니 이는 그리스도 예수 안에 있는 생명의 성령의 법이 죄와 사망의 법에서 너를 해방하였음이라"(롬8:1-2)

**3)** 우리는 하나님 나라의 백성이요, 왕의 권세를 가진 제사장이 되었습니다.

"그들이 새 노래를 불러 이르되 두루마리를 가지시고 그 인봉을 떼기에 합당 하시도다 일찍이 죽임을 당하사 각 족속과 방언과 백성과 나라 가운데에서 사람들을 피로 사서 하나님께 드리시고 그들로 우리 하나님 앞에서 나라와 제사장들을 삼으셨으니 그들이 땅에서 왕 노릇 하리로다 하더라"(계5:9-10)

**4)** 새 하늘과 새 땅에서 왕 노릇 하는 것입니다.

"다시 저주가 없으며 하나님과 그 어린 양의 보좌가 그 가운데에 있으리니 그의 종들이 그를 섬기며 그의 얼굴을 볼 터이요 그의 이름도 그들의 이마에 있으리라 다시 밤이 없겠고 등불과 햇빛이 쓸 데 없으니 이는 주 하나님이 그들에게 비치심이라 그들이 세세토록 왕 노릇 하리로다"(계22:3-5)

예수님을 주님으로 영접하는 것은 한 사람의 기독교인이 된 것으로 끝나는 것이 아닙니다. 하나님과 새로운 언약을 맺은 것이며 그 효력은 영원합니다. 하나님의 자녀가 되고 죄와 사망의 법에서 벗어났습니다. 하나님 나라의 제사장이 되었으며 이제 영원한 천국에서 왕 노릇 하게 될 것입니다. 예수님의 십자가와 부활 이후 무엇이 바뀌었는지를 바로 알고 믿어야 합니다.

기독교 신앙 안에 있는 이 비밀과 신비를 알아야 고통과 아픔이 있는 현실의 삶의 한계 속에서도 늘 기뻐하면서 항상 기도하면서 범사에 감사하면서 살 수 있습니다. 하나님 나라의 제사장으로 사는 것이 하나님의 은총입니다.

우리는 옛날 시내산에서 하나님께서 이스라엘 백성들과 맺은 옛 언약의 계승자들이며 예수님을 통해 새로운 언약을 맺은 새 이스라엘입니다.

예수님은 새 언약의 중보자이시며 우리는 새 언약의 일꾼들입니다.

"염소와 황소의 피와 및 암송아지의 재를 부정한 자에게 뿌려 그 육체를 정결하게 하여 거룩하게 하거든 하물며 영원하신 성령으로 말미암아 흠 없는 자기를 하나님께 드린 그리스도의 피가 어찌 너희 양심을 죽은 행실에서 깨끗하게 하고 살아 계신 하나님을 섬기게 하지 못하겠느냐 이로 말미암아 그는 새 언약의 중보자시니 이는 첫 언약 때에 범한 죄에서 속량하려고 죽으사 부르심을 입은 자로 하여금 영원한 기업의 약속을 얻게 하려 하심이라"(히9:13-15)

"우리가 무슨 일이든지 우리에게서 난 것 같이 스스로 만족할 것이 아니니 우리의 만족은 오직 하나님으로부터 나느니라. 그가 또한 우리를 새 언약의 일꾼 되기에 만족하게 하셨으니 율법 조문으로 하지 아니하고 오직 영으로 함이니 율법 조문은 죽이는 것이요 영은 살리는 것이니라"(고후3:5-6)

이 모든 일을 이루신 예수님께 하늘의 영광이 세세 무궁토록 있기를 원합니다. 또한 하늘과 땅의 모든 권세를 받으신 주님께 이 능력이 세세 무궁하도록 있기를 원합니다. 예수님은 우리의 주님이십니다. 아멘.

# [7장 묵상 주제]

1. 언약이란 무엇입니까?

2. 옛 언약에 대해 말해 봅시다.

3. 새 언약이 필요했던 이유는 무엇입니까?

4. 옛 언약과 새 언약의 차이는 무엇입니까?

5. 새 언약을 보증하시는 분은 누구입니까?

6. 새 언약의 당사자인 제사장은 어떤 사람들입니까?

7. 새 언약 체결 이후에 바꾸어진 것은 무엇입니까?

# ▮ 제8장 부활과 승천과 휴거와 재림

## 성경본문(계1:7)

▮ 7. 보십시오. 그분은 구름을 타고 오실 것입니다. 모든 사람이 그분을 볼 것이며 그분을 찌른 사람들도 그분을 볼 것입니다. 그리고 세상의 모든 민족은 그분으로 인해서 슬피 울 것입니다. 반드시 그렇게 될 것입니다. 아멘."

## 1. 재림의 징조

재림이란 육의 몸으로 죽으셨다가 영의 몸으로 부활하시고 승천하신 예수님이 다시 오시는 것을 의미합니다. 육의 몸은 시간과 공간의 한계 안에 있는 몸입니다. 그러나 영의 몸은 시간과 공간을 초월하여 다시 죽지 않는 몸입니다.

십자가에서 육의 몸이 죽으신 예수님은 그 보혈로 우리를 죄에서 해방시켜 주셨습니다. 그리고 이제 다시 영의 몸으로 오셔서 초림하셨을 때 복음으로 말씀하신 모든 구원을 완성시켜 주실 것입니다. 율법은 복음 안에서 완성되었고 복음의 약속은 예수님의 재림으로 완성됩니다. 그래서 초림의 복음은 구원의 복음이요.(엡1:13) 은혜의 복음이며(행20:24) 재림의 복음은 영원한 복음입니다.(계14:6)

재림의 징조에 대해 성경과 예수님의 말씀에 의하면 재림 이전에 많은 재림의 징조들이 있습니다.

**1) 많은 적그리스도와 거짓 선지자들이 나타납니다.**

> "예수께서 성전에서 나와서 가실 때에 제자들이 성전 건물들을 가리켜 보이려고 나아오니 대답하여 이르시되 너희가 이 모든 것을 보지 못하느냐 내가 진실로 너희에게 이르노니 돌 하나도 돌 위에 남지 않고 다 무너뜨려지리라 예수께서 감람 산 위에 앉으셨을 때에 제자들이 조용히 와서 이르되 우리에게 이르소서 어느 때에 이런 일이 있겠사오며 또 주의 임하심과 세상 끝에는 무슨 징조가 있사오리이까 예수께서 대답하여 이르시되 너희가 사람의 미혹을 받지 않도록 주의하라 많은 사람이 내 이름으로 와서 이르되 나는 그리스도라 하여 많은 사람을 미혹하리라"(니34:1-5)

적그리스도는 스스로를 하나님의 자리에까지 높이고 하나님을 대적합니다.

"누가 어떻게 하여도 너희가 미혹되지 말라 먼저 배교하는 일이 있고 저 불법의 사람 곧 멸망의 아들이 나타나기 전에는 그 날이 이르지 아니하리니 그는 대적하는 자라 신이라고 불리는 모든 것과 숭배함을 받는 것에 대항하여 그 위에 자기를 높이고 하나님의 성전에 앉아 자기를 하나님이라고 내세우느니라"(살후2:3-4)

2) 전쟁과 기근과 고치지 못할 악성 전염병이 보편화됩니다. 이 시기를 예수님은 재난의 시기라고 말씀하셨습니다.

"난리와 난리 소문을 듣겠으나 너희는 삼가 두려워하지 말라 이런 일이 있어야 하되 아직 끝은 아니니라 민족이 민족을, 나라가 나라를 대적하여 일어나겠고 곳곳에 기근과 지진이 있으리니 이 모든 것은 재난의 시작이니라"(마24:6-8)

3) 신앙에 대한 많은 핍박이 있으며 많은 순교자들이 나오고 거짓 선지자들이 많아지며 복음이 땅 끝까지 증거됩니다.

"그 때에 사람들이 너희를 환난에 넘겨주겠으며 너희를 죽이리니 너희가 내 이름 때문에 모든 민족에게 미움을 받으리라 그 때에 많은 사람이 실족하게 되어 서로 잡아 주고 서로 미워하겠으며 거짓 선지자가 많이 일어나 많은 사람을 미혹하겠으며 불법이 성하므로 많은 사람의 사랑이 식어지리라 그러나 끝까지 견디는 자는 구원을 얻으리라 이 천국 복음이 모든 민족에게 증언되기 위하여 온 세상에 전파되리니 그

제야 끝이 오리라"(마24:9-13)

성경으로 보면 마지막 종말의 때는 재난의 시기가 있고 큰 환난의 때가 있으며 마지막 재앙의 시기가 있습니다.

**4)** 마지막 시대에 대한 세 가지 구분

(1) **재난의 시기** : "민족이 민족을, 나라가 나라를 대적하여 일어나겠고 곳곳에 기근과 지진이 있으리니 이 모든 것은 재난의 시작이니라"(마24:7-8)

(2) **큰 환난의 때** : "이는 그 때에 큰 환난이 있겠음이라 창세로부터 지금까지 이런 환난이 없었고 후에도 없으리라 그 날들을 감하지 아니하면 모든 육체가 구원을 얻지 못할 것이나 그러나 택하신 자들을 위하여 그 날들을 감하시리라"(마24:20-21)

(3) **마지막 재앙의 시기** : "또 하늘에 크고 이상한 다른 이적을 보매 일곱 천사가 일곱 재앙을 가졌으니 곧 마지막 재앙이라 하나님의 진노가 이것으로 마치리로다"(계15:1)

재난과 큰 환난의 시기에는 그리스도인도 고난을 당합니다. 그러나 마지막 재앙의 시기에는 성도는 휴거하고 하나님을 대적한 세상의 정치와 경제와 문화와 거짓 종교가 심판을 받고 망하게

됩니다. 그러므로 말세에는 이기는 자가 되어야 합니다. 믿음에
굳건히 서서 마귀를 이기고 세상을 이겨야 합니다.

## 2. 예수님의 재림

성경은 역사의 종말과 완성과 구원의 완성을 위해 주님이 재
림하심을 말씀합니다. 예수님의 재림에 대한 징조는 마태복음 24
장에 잘 나와있는데 거짓 선지자들과 적그리스도의 등장 그리고
전쟁과 기근과 악성 전염병의 창궐과 천재지변 같은 것들입니
다.(마24장)

그리고 예수님의 재림이전에 매도하는 일이 있고 하나님의 자
리에까지 자신을 높이는 세상을 멸망시킬 적그리스도의 등장 이
후에 구원이 이루어지는 것을 말씀합니다.(살후2장) 이런 모든
징조들을 보면 예수님의 재림이 바로 눈앞에 있는 것처럼 가까
이 왔다는 것은 틀림없는 사실입니다.

재림하시는 예수님은 구름을 타고 오십니다. 보십시오라는 말
씀은 누구나 볼 수 있는 모습으로 오신다는 것입니다. 주님의 재
림은 눈에 보이지 않는 영적인 것이 아닙니다. 눈에 보이는 모습
으로 주님은 재림하십니다.

어떤 이단들은 자기들의 필요에 따라 성경을 문맥과 상관없이 마음대로 인용하면서 예수님의 재림 때를 연구해서 알 수 있다고 주장합니다. 그들이 잘 쓰는 성경 분문입니다.

"주 여호와께서는 자기의 비밀을 그 종 선지자들에게 보이지 아니하시고는 결코 행하심이 없으시리라"(암3:7)

"이 구원에 대하여는 너희에게 임할 은혜를 예언하던 선지자들이 연구하고 부지런히 살펴서 자기 속에 계신 그리스도의 영이 그 받으실 고난과 후에 받으실 영광을 미리 증언하여 누구를 또는 어떠한 때를 지시하시는지 상고하니라"(벧전1:10-11)

그래서 이단들은 그들과 같이 특별한 은혜를 입은 선지자들에게 주님의 재림의 때를 미리 알려 주셨다고 거짓된 주장을 합니다. 그러나 그것은 명백한 거짓입니다. 예수님은 예수님이 재림하시는 그날과 그때는 아무도 모르고 주님도 모르고 천사들도 모르고 오직 하나님 아버지만 아신다고 하셨습니다.

"그러나 그 날과 그 때는 아무도 모르나니 하늘의 천사들도, 아들도 모르고 오직 아버지만 아시느니라"(마24:36)

그러므로 어떤 특정한 시간과 장소를 정하고 예수님의 재림을 말하는 시한부 종말론이나 14만 4천이라는 특정한 숫자를 채우면 예수님이 재림하신다는 식의 조건부 종말론은 성경에서 말하는 가르침이 아닙니다.

성경에는 주님이 재림하시는 모습과 순서를 잘 보여주는 말씀이 많이 있습니다.

"형제들아 자는 자들에 관하여는 너희가 알지 못함을 우리가 원하지 아니하노니 이는 소망 없는 다른 이처럼 슬퍼하지 않게 하려 함이라 우리가 예수께서 죽으셨다가 다시 살아나심을 믿을진대 이처럼 예수 안에서 자는 자들도 하나님이 그와 함께 데리고 오시리라 우리가 주의 말씀으로 너희에게 이것을 말하노니 주께서 강림하실 때까지 우리 살아남아 있는 자도 자는 자보다 결코 앞서지 못 하리라 주께서 호령과 천사장의 소리와 하나님의 나팔 소리로 친히 하늘로부터 강림하시리니 그리스도 안에서 죽은 자들이 먼저 일어나고 그 후에 우리 살아남은 자들도 그들과 함께 구름 속으로 끌어 올려 공중에서 주를 영접하게 하시리니 그리하여 우리가 항상 주와 함께 있으리라"

(살전4:13-17)

주님의 재림은 확실합니다.

## 3. 재림을 준비하는 성도가 반드시 알아야 할 일

예수님의 재림은 확실합니다. 그러나 그때와 시간은 아무도 모르고 오직 하나님 아버지만 아십니다.

"그러나 그 날과 그 때는 아무도 모르나니 하늘의 천사들도, 아들도 모르고 오직 아버지만 아시느니라. 노아의 때와 같이 인자의 임함도 그러하리라"(마24:36-37)

예수님의 재림 이전의 상황은 노아가 홍수를 겪던 때와 같습니다. 경고의 시간이 있고 홍수를 대비해서 노아가 방주를 준비하던 것처럼 준비해야 할 것이 있습니다. 또한 예수님의 재림을 준비하면서 이루어지는 일에 대해 우리가 확실히 알아야 할 것이 있습니다. 그것은 예수님이 부활하시고 승천하셨다는 것입니다. 그래서 부활과 승천에 대해 확실한 지식과 믿음이 있을 때 우리는 예수님의 재림을 믿고 준비할 수 있습니다.

### 1) 부활

성경에서 말씀하는 부활에는 세 가지 부활이 있습니다. 이것은 재생이나 환생이 아닙니다. 부활은 육신이 죽은 후에 영적인 몸으로 다시 사는 것입니다. 그 첫째는 예수님의 부활이요 둘째는 성도의 부활이며 셋째는 악인의 부활입니다.

## (1) 부활이란 무엇인가?

기독교가 다른 종교와 구별되는 핵심적인 사건은 예수님의 십자가와 부활입니다. 십자가의 속죄가 없고 예수 그리스도의 부활이 없으면 예수님의 승천이나 예수님의 재림도 없습니다. 그리고 예수님의 부활이 없으면 우리의 믿음은 헛된 것입니다.(고전 15:14) 사도신경을 통하여 우리가 예수 그리스도 안에서 죄를 용서하여 주시는 것과 우리의 몸이 다시 사는 것과 영원히 사는 것을 믿는다고 고백하는 믿음의 내용도 헛된 것이 됩니다.

부활은 무엇입니까? 죽은 자가 다시 살아나는 것입니다. 나사로가 다시 살아난 것은 재생입니다. 그래서 다시 죽습니다. 그러나 예수님의 부활과 성도의 부활은 다시 죽는 부활이 아닙니다. 성경은 부활에 대해 이렇게 설명합니다.

> "죽은 자의 부활도 그와 같으니 썩을 것으로 심고 썩지 아니할 것으로 다시 살아나며 욕된 것으로 심고 영광스러운 것으로 다시 살아나며 약한 것으로 심고 강한 것으로 다시 살아나며 육의 몸으로 심고 신령한 몸으로 다시 살아나나니 육의 몸이 있은즉 또 영의 몸도 있느니라"(고전15:42-44)

우리가 지금은 육체를 가지고 삽니다. 이 몸을 육의 몸이라고 합니다. 이 육의 몸은 온 우주 만물 안에 있는 물질로 이루어진 다른 형체들처럼 생로병사의 과정을 거쳐 소멸합니다. 그러나 우리가 부활할 때 입는 몸은 이와는 다릅니다. 그래서 영의 몸이라고 합니다. 생로병사를 다시 거치지 않고 우주적인 시간과 공간을 초월하는 새로운 몸입니다. 이 영적인 몸으로 우리는 영생합니다. 그래서 우리는 부활을 소망하는 것입니다.

### (2) 예수님의 부활

예수님은 부활의 첫 열매입니다. 한사람으로 말미암아 죽음이 들어왔습니다. 그러나 예수 그리스도께서 부활하심으로 모든 사람들이 예수님을 따라 부활하게 됩니다.

> "그러나 이제 그리스도께서 죽은 자 가운데서 다시 살아나사 잠자는 자들의 첫 열매가 되셨도다. 사망이 한 사람으로 말미암았으니 죽은 자의 부활도 한 사람으로 말미암는 도다 아담 안에서 모든 사람이 죽은 것 같이 그리스도 안에서 모든 사람이 삶을 얻으리라"
>
> (고전15:20-22)

예수님은 부활하심으로 그분이 그리스도이심을 확증하셨습니다.

> "그의 아들에 관하여 말하면 육신으로는 다윗의 혈통에서 나셨고 성결의 영으로는 죽은 자들 가운데서 부활하사 능력으로 하나님의 아들로 선포되셨으니 곧 우리 주 예수 그리스도시니라"(롬1:3-4)

부활은 예수님이 그리스도라는 사실을 확증해 주는 것입니다. 예수님은 시간과 공간을 초월하는 영의 몸으로 부활하셔서 다양한 시간과 공간에서 제자들과 성도들을 만나주셨으며 그들에게 복음 전파의 사명을 주시고 승천하셨습니다.(마28장, 막16장, 눅24장, 요20장-21장, 행1장, 고전 16장) 예수님의 부활은 확실하게 이 역사 속에서 일어난 사건입니다.

### (3) 성도의 부활

예수님의 부활을 따라 예수님이 재림하실 때 성도들도 부활합니다. 그 부활의 순서에 대해 성경은 이렇게 말씀합니다.

> "아담 안에서 모든 사람이 죽은 것 같이 그리스도 안에서 모든 사람이 삶을 얻으리라 그러나 각각 자기 차례대로 되리니 먼저는 첫 열매인 그리스도요 다음에는 그가 강림하실 때에 그리스도에게 속한 자요 그 후에는 마지막이니 그가 모든 통치와 모든 권세와 능력을 멸하시고 나라를 아버지 하나님께 바칠 때라"(고전15:22-24)

예수님께서 재림하시면서 강림하실 때에 예수 그리스도에게 속하여 부활하는 자가 성도입니다. 부활에 대해 이렇게 설명합니다.

> "형제들아 내가 이것을 말하노니 혈과 육은 하나님 나라를 이어 받을 수 없고 또한 썩는 것은 썩지 아니하는 것을 유업으로 받지 못하

느니라 보라 내가 너희에게 비밀을 말하노니 우리가 다 잠 잘 것이 아니요 마지막 나팔에 순식간에 홀연히 다 변화되리니 나팔 소리가 나매 죽은 자들이 썩지 아니할 것으로 다시 살아나고 우리도 변화되리라 이 썩을 것이 반드시 썩지 아니할 것을 입겠고 이 죽을 것이 죽지 아니함을 입으리로다"(고전16:50-53)

이와 같이 성도들의 부활은 예수님이 재림하실 때 확실하고도 분명하게 이루어지는 사건입니다. 육체가 죽은 후에 낙원에 가 있는 성도들의 영혼과 이 땅에서 믿음을 가지고 산성도들이 다 부활합니다. 모두 영적인 몸을 가진 존재로 변화합니다. 그리고 이어서 휴거의 사건이 일어납니다. 성도의 부활은 확실합니다. 부활 이후에 어린 양의 혼인잔치를 거쳐 천년왕국에 참여하게 되는 성도들에게 주어지는 이 부활을 우리는 상급의 부활이라고 합니다.

## (4) 악한 자의 부활

성도들만 부활하는 것이 아니라 악한 자들도 부활합니다. 이것을 심판의 부활이라고 합니다. 그들에게는 지옥의 형벌이 기다리고 있습니다.

"또 내가 크고 흰 보좌와 그 위에 앉으신 이를 보니 땅과 하늘이 그 앞에서 피하여 간 데 없더라 또 내가 보니 죽은 자들이 큰 자나 작은 자나 그 보좌 앞에 서 있는데 책들이 펴 있고 또 다른 책이 펴 졌으니 곧 생명책이라 죽은 자들이 자기 행위를 따라 책들에 기록된 대로 심판을 받으니 바다가 그 가운데에서 죽은 자들을 내주고 또 사 망과 음부도 그 가운데에서 죽은 자들을 내주매 각 사람이 자기의 행 위대로 심판을 받고 사망과 음부도 불못에 던져지니 이것은 둘째 사망 곧 불못이라 누구든지 생명책에 기록되지 못한 자는 불못에 던져지더 라"(계20:11-15)

## (5) 생명의 부활과 심판의 부활

사람들의 부활에는 두 가지 부활이 있습니다. 하나는 생명의 부활이고 하나는 심판의 부활입니다. 예수 그리스도를 믿는 사람 들의 부활은 생명의 부활이며 예수 그리스도를 영접하지 않은 자들의 부활은 심판의 부활입니다. 예수님께서는 이 두 가지 부 활에 대해 이렇게 말씀하셨습니다.

"진실로 진실로 너희에게 이르노니 죽은 자들이 하나님의 아들의 음성을 들을 때가 오나니 곧 이 때라 듣는 자는 살아나리라 아버지께 서 자기 속에 생명이 있음 같이 아들에게도 생명을 주어 그 속에 있 게 하셨고 또 인자됨으로 말미암아 심판하는 권한을 주셨느니라 이를 놀랍게 여기지 말라 무덤 속에 있는 자가 다 그의 음성을 들을 때가 오나니 선한 일을 행한 자는 생명의 부활로, 악한 일을 행한 자는 심 판의 부활로 나오리라"(요5:25-29)

성경에서는 생명의 부활을 첫째 부활이라 하고 심판의 부활을 죽은 자들에 대한 심판의 부활이라 합니다.

### (5-1) 생명의 부활(첫째 부활)

"또 내가 보좌들을 보니 거기에 앉은 자들이 있어 심판하는 권세를 받았더라 또 내가 보니 예수를 증언함과 하나님의 말씀 때문에 목 베임을 당한 자들의 영혼들과 또 짐승과 그의 우상에게 경배하지 아니하고 그들의 이마와 손에 그의 표를 받지 아니한 자들이 살아서 그리스도와 더불어 천 년 동안 왕 노릇 하니(그 나머지 죽은 자들은 그 천 년이 차기까지 살지 못하더라) 이는 첫째 부활이라"(계20:4-5)

### (5-2) 심판의 부활

"또 내가 크고 흰 보좌와 그 위에 앉으신 이를 보니 땅과 하늘이 그 앞에서 피하여 간 데 없더라 또 내가 보니 죽은 자들이 큰 자나 작은 자나 그 보좌 앞에 서 있는데 책들이 펴 있고 또 다른 책이 펴졌으니 곧 생명책이라 죽은 자들이 자기 행위를 따라 책들에 기록된 대로 심판을 받으니"(계20:11-12)

여기서 죽은 자들은 누구일까요? 육체가 태어나면서 그 안에 창조된 영혼은 있으나 그 영혼이 하나님의 자녀로 거듭나지 못해서 영원하신 하나님과의 생명의 관계가 끊어진 사람들입니다.

예수님을 주님으로 영접할 때 하나님이 주시는 새로운 생명이 그 영혼에 없는 자들입니다. 그래서 하나님께서는 이들이 죽은 자이기에 행위대로 심판하십니다.

하나님은 그 영혼이 예수님 안에서 하나님이 주신 생명을 받아 거듭난 살아 있는 영혼을 가진 하나님의 종들과 자녀들에게는 생명의 부활로 상을 주시고 영혼이 있기는 하지만 하나님의 자녀로 거듭나지 못해 그 영혼이 예수님이 주시는 생명이 없어 죽은 자들은 심판하십니다.

> "이방들이 분노하매 주의 진노가 내려 죽은 자를 심판하시며 종 선지자들과 성도들과 또 작은 자든지 큰 자든지 주의 이름을 경외하는 자들에게 상 주시며 또 땅을 망하게 하는 자들을 멸망시키실 때로소이다 하더라"(계11:18)

사람들의 부활에는 이렇게 두 가지가 있습니다. 의인의 부활과 악인의 부활입니다. 예수님 안에서 영혼이 살아 있는 부활은 산 자의 부활이요, 생명의 부활이며, 예수님 밖에 있어 영혼은 있으나 거듭나지 못해 그 영혼이 죽어있는 자의 부활은 죽은 자의 부활이요, 심판의 부활입니다. 이 사실을 분명히 알고 예수님 안에서 그 영혼이 살아있는 성도가 되어 예수님의 재림을 준비해야 합니다.

이 세상을 살았던 사람들과 지금 사는 사람들 그리고 예수님이 재림하시기 전까지 사는 모든 사람은 모두 부활합니다. 다른 육체를 가지고 환생하는 것이 아니라 그 영혼이 영의 몸을 입고 부활합니다. 그 부활은 천국의 상을 받는 부활도 있고 지옥의 형벌을 받는 부활도 있습니다. 이것이 성경의 가르침입니다. 만일 하나님이 계시지 않는다면 성경의 기록이 헛된 것입니다. 하나님이 계시지 않으면 예수님의 부활도 없었을 것입니다. 우리의 믿음도 헛것입니다. 그러나 하나님은 살아 계시고 예수님은 부활하셨으며 성경은 진리입니다. 그러므로 우리 예수 믿는 사람들이 이 진리를 믿는 것이고 그러므로 행복합니다. 우리는 예수 그리스도의 부활과 우리의 부활을 믿습니다.

## 2) 승천과 휴거

승천이란 하나님이 계신 하늘나라로 올라가는 것을 말합니다. 구약시대에 에녹은 죽음을 보지 않고 올라갔으며(창5:24, 히11:5) 엘리야는 하나님께서 불 말과 불 병거를 통해 역사하는 가운데 회오리바람을 타고 승천하였습니다.(왕상2:11) 계시록은 다양한 모습으로 하나님이 계신 하늘나라에 관한 것을 보여 줍니다.

> "내가 곧 성령에 감동되었더니 보라 하늘에 보좌를 베풀었고 그 보좌 위에 앉으신 이가 있는데 앉으신 이의 모양이 벽옥과 홍보석 같고 또 무지개가 있어 보좌에 둘렸는데 그 모양이 녹보석 같더라 또 보좌

에 둘려 이십사 보좌들이 있고 그 보좌들 위에 이십사 장로들이 흰 옷을 입고 머리에 금관을 쓰고 앉았더라 보좌로부터 번개와 음성과 우렛소리가 나고 보좌 앞에 켠 등불 일곱이 있으니 이는 하나님의 일곱 영이라 보좌 앞에 수정과 같은 유리 바다가 있고 보좌 가운데와 보좌 주위에 네 생물이 있는데 앞뒤에 눈들이 가득하더라"(계4:2-6)

## (1) 예수님의 승천

부활하신 예수님은 40일 동안 제자들과 성도들에게 다양한 장소에서 영의 몸으로 나타나 보여주시고 승천하셨습니다. 어디로 승천하셨을까요? 하나님 아버지가 계신 하늘나라로 승천하셨습니다. 예수님께서는 제자들에게 예수님이 십자가를 지신 후에 승천하실 것을 미리 말씀하셨습니다.

"너희는 마음에 근심하지 말라 하나님을 믿으니 또 나를 믿으라. 내 아버지 집에 거할 곳이 많도다. 그렇지 않으면 너희에게 일렀으리라 내가 너희를 위하여 거처를 예비하러 가노니 가서 너희를 위하여 거처를 예비하면 내가 다시 와서 너희를 내게로 영접하여 나 있는 곳에 너희도 있게 하리라"(요14:1-3)

그리고 이 말씀대로 예수님은 제자들이 보는 앞에서 하늘로 승천하셨습니다.

"예수께서 그들을 데리고 베다니 앞까지 나가사 손을 들어 그들에게 축복하시더니 축복하실 때에 그들을 떠나 [하늘로 올려 지시니] 그들이 [그에게 경배하고] 큰 기쁨으로 예루살렘에 돌아가 늘 성전에서 하나님을 찬송 하니라"(눅24:50-53)

예수님은 창세전부터 우주 공간 밖에 있던 천국으로 가셨습니다. 그리고 성도들이 있어야 할 곳이 준비되는 대로 다시 오신다고 하셨습니다. 그곳이 계시록 21장에서 말씀하는 하나님께로부터 새 하늘에서 새롭게 창조되어 새 땅에 내려오는 새 예루살렘입니다. 우리의 본향입니다.

"또 내가 새 하늘과 새 땅을 보니 처음 하늘과 처음 땅이 없어졌고 바다도 다시 있지 않더라. 또 내가 보매 거룩한 성 새 예루살렘이 하나님께로부터 하늘에서 내려오니 그 준비한 것이 신부가 남편을 위하여 단장한 것 같더라"(계21:1-2)

창조주 하나님께서는 우주 밖에서 우주를 만드셨습니다. 그것은 책상이나 탁자를 만드는 사람이 그 책상이나 탁자 밖에서 물건을 만드는 것과 같은 이치입니다. 우리가 사는 지구 밖에는 창세 때 창조된 우주가 있고 그 우주 밖에 창조주 하나님이 계신 천국이 있습니다.

육체를 가지고 사는 동안 우리는 이 지구에 살고 이 육체의 삶을 마감하는 날에 우리의 영혼은 첫 번째 천국이라고 할 수 있는 낙원 천국에서 삽니다. 그리고 예수님이 재림하셔서 새 하늘과 새 땅이 이루어지면 그때 우리는 시간과 공간을 초월하는 영의 몸으로 변화하여 완성된 천국인 영생천국에서 영원히 행복하게 삽니다. 지금 우리는 어디에 있는지 그리고 앞으로 어디로 갈 것인지를 성경을 통해 분명히 알아야 합니다.

## (2) 성도의 휴거

예수님의 재림과 함께 우리에게 이루어지는 일을 우리는 휴거(들려 올림 받음)라고 합니다. 이 휴거에 대한 내용도 성경에 잘 설명되어 있습니다.

> "우리가 예수께서 죽으셨다가 다시 살아나심을 믿을진대 이와 같이 예수 안에서 자는 자들도 하나님이 그와 함께 데리고 오시리라 우리가 주의 말씀으로 너희에게 이것을 말하노니 주께서 강림하실 때까지 우리 살아남아 있는 자도 자는 자보다 결코 앞서지 못하리라 주께서 호령과 천사장의 소리와 하나님의 나팔 소리로 친히 하늘로부터 강림하시리니 그리스도 안에서 죽은 자들이 먼저 일어나고 그 후에 우리 살아남은 자들도 그들과 함께 구름 속으로 끌어 올려 공중에서 주를 영접하게 하시리니 그리하여 우리가 항상 주와 함께 있으리라"
>
> (살전4:14-16)

주님이 재림하시는 날 주님 안에서 낙원에 있던 성도들과 함께 주님이 오십니다. 그리고 주님 안에서 죽은 자들이 부활하여 다시 일어나며 그리고 우리들도 영적인 몸으로 변화하여 공중으로 끌어올림을 받아 재림하시는 주님을 영접하게 됩니다. 이 휴거의 내용을 계시록에서는 이렇게 설명합니다.

> "삼일 반 후에 하나님께로부터 생기가 그들 속에 들어가매 그들이 발로 일어서니 구경하는 자들이 크게 두려워하더라 하늘로부터 큰 음성이 있어 이리로 올라오라 함을 그들이 듣고 구름을 타고 하늘로 올라가니 그들의 원수들도 구경하더라"(계11:11-12)

이 휴거의 사건이 성경에서 말씀하는 성도의 가장 큰 소망 가운데 하나이며 성경의 말씀은 반드시 이루어질 일입니다. 그리고 마지막 나팔소리와 함께 이루어지는 하나님께서 복음 가운데 감추어 두셨던 하나님의 비밀입니다.

> "일곱째 천사가 소리 내는 날 그의 나팔을 불려고 할 때에 하나님이 그의 종 선지자들에게 전하신 복음과 같이 하나님의 그 비밀이 이루어지리라 하더라"(계10:7)

> "일곱째 천사가 나팔을 불매 하늘에 큰 음성들이 나서 이르되 세상 나라가 우리 주와 그의 그리스도의 나라가 되어 그가 세세토록 왕 노릇 하시리로다 하니"(계11:15)

## 4. 예수님의 재림 이후 이루어지는 일들

하나님이 계획하시고 이루어 가시는 일의 시종을 우리는 다 알 수 없습니다. 그러나 분명한 것은 부활이 있고 승천이 있고 휴거가 있고 어린 양의 혼인잔치가 있으며 천년왕국이 있고 새 하늘과 새 땅에서 이루어지는 영원한 천국이 있다는 것입니다. 우리의 소망은 헛된 것이 아닙니다. 이 세상에만 있는 것이 아닙니다. 예수님 안에서 구원받은 하나님의 자녀로 영원한 하늘나라에서 영원한 행복과 평안을 누리며 영생하는 것이 우리의 소망이며 우리의 신앙입니다.

### 1) 어린 양의 혼인잔치

예수님이 재림은 두 단계로 이루어집니다. 첫 번째 재림이 공중재림이고 두 번째 재림이 지상 재림입니다. 예수님이 공중 재림 하실 때 이 세상에는 계시록 16장에서 말씀하고 17장과 18장에서 구체적으로 묘사된 대접재앙이 이루어집니다. 이 재앙을 마지막 재앙이라고 합니다.

> "또 하늘에 크고 이상한 다른 이적을 보매 일곱 천사가 일곱 재앙을 가졌으니 곧 마지막 재앙이라 하나님의 진노가 이것으로 마치리로다"(계14:1)

지상에서 이 마지막 대접재앙이 이루어지는 동안 찬양가운데 공중에 재림하신 예수님과 그의 신부가 된 휴거한 성도들이 공중에서 하나가 되는 혼인잔치가 이루어집니다. 이것을 어린양의 혼인잔치라고 합니다.

> "우리가 즐거워하고 크게 기뻐하며 그에게 영광을 돌리세 어린 양의 혼인 기약이 이르렀고 그의 아내가 자신을 준비하였으므로 그에게 빛나고 깨끗한 세마포 옷을 입도록 허락하셨으니 이 세마포 옷은 성도들의 옳은 행실이로다 하더라 천사가 내게 말하기를 기록하라 어린 양의 혼인 잔치에 청함을 받은 자들은 복이 있도다 하고 또 내게 말하되 이것은 하나님의 참되신 말씀이라 하기로"(계19:7-9)

## 2) 천년왕국

어린양의 혼인잔치가 끝나고 그의 신부들과 함께 지상으로 재림하신 예수님은 적그리스도와 거짓 선지자의 무리를 불못에 던지시고 적그리스도를 따르던 무리들은 죽임을 당합니다.(계19:19-21) 그리고 마귀는 하늘에서 내려온 천사에게 붙잡혀 무저갱에 갇히게 됩니다.(계20:1-3) 그리고 마귀가 없는 세상 가운데 만들어지는 것이 신랑 예수님과 신부된 성도들이 함께 이루는 신혼집과 같은 천년왕국입니다.

> "또 내가 보좌들을 보니 거기에 앉은 자들이 있어 심판하는 권세를

받았더라 또 내가 보니 예수를 증언함과 하나님의 말씀 때문에 목 베임을 당한 자들의 영혼들과 또 짐승과 그의 우상에게 경배하지 아니하고 그들의 이마와 손에 그의 표를 받지 아니한 자들이 살아서 그리스도와 더불어 천 년 동안 왕 노릇 하니(그 나머지 죽은 자들은 그 천 년이 차기까지 살지 못하더라) 이는 첫째 부활이라 이 첫째 부활에 참여하는 자들은 복이 있고 거룩하도다 둘째 사망이 그들을 다스리는 권세가 없고 도리어 그들이 하나님과 그리스도의 제사장이 되어 천 년 동안 그리스도와 더불어 왕 노릇 하리라"(계20:4-6)

이 천년왕국은 말 그대로 천년동안 이루어지는 왕국입니다. 성경은 천년을 말할 때 시간을 제한하여 그 천년이라고 표현합니다.(계20:7) 이 천년왕국은 주님을 위해 죽기까지 충성한 주의 종들과 성도들에게 상을 주시는 첫째 부활입니다. 생명의 부활이며 상으로 주시는 천년왕국입니다. 성경 말씀대로 이 부활이 첫째 부활입니다.

## 3) 새 하늘과 새 땅에서 이루어지는 천국

천년왕국 시대가 지나면 마귀가 옥에서 풀려나와 마지막으로 발악하는 곡과 마곡의 전쟁이 있고 마귀는 붙잡혀 불못에 던져지며 모든 죽은 자가 흰 보좌 앞에서 그 행위대로 심판을 받습니다. 생명책에 그 이름이 기록되지 못한 자는 불못에 던져집니다. 육체의 죽음이 첫째 죽음이며 불못에 던져지는 죽음이 둘째

사망입니다.(계20:7-15)

죽음까지 불못에 던져져 사라지기 때문에 다시 육체가 죽는 죽음은 없습니다. 환생이라는 말이 사탄이 만든 거짓말이요 허구적인 인간의 생각인 것을 성경은 분명히 말씀합니다. 죽음은 육체가 죽는 첫째 사망과 영원히 불못에 던져지는 둘째 사망이 있을 뿐입니다.

모든 심판이 끝나면 처음 하늘과 처음 당이 사라진 후에 영원한 천국과 지옥이 존재하는 새 하늘과 새 땅의 시대가 열립니다. 천국의 중심은 새 예루살렘입니다.

"또 내가 새 하늘과 새 땅을 보니 처음 하늘과 처음 땅이 없어졌고 바다도 다시 있지 않더라 또 내가 보매 거룩한 성 새 예루살렘이 하나님께로부터 하늘에서 내려오니 그 준비한 것이 신부가 남편을 위하여 단장한 것 같더라"(계21:1-2)

그 예루살렘 성 밖을 불못이라 합니다. 그 성에 들어가지 못한 자들은 불못에 던져집니다.

"그러나 두려워하는 자들과 믿지 아니하는 자들과 흉악한 자들과 살인자들과 음행하는 자들과 점술가들과 우상 숭배자들과 거짓말하는 모든 자들은 불과 유황으로 타는 못에 던져지리니 이것이 둘째 사망이

라"(계21:8)

이 지옥에 관한 말씀을 가장 많이 하신 분이 초림하신 예수님이십니다.

> "만일 네 오른 눈이 너로 실족하게 하거든 빼어 내버리라 네 백체
> 중 하나가 없어지고 온 몸이 지옥에 던져지지 않는 것이 유익하며 또
> 한 만일 네 오른손이 너로 실족하게 하거든 찍어 내버리라 네 백체
> 중 하나가 없어지고 온 몸이 지옥에 던져지지 않는 것이 유익하니라"
> (마5:29-30)

그러므로 우리는 하나님의 예정 가운데 진행되어 가는 역사의 흐름을 바로 알고 성도의 바른 행실로 신부단장하고 슬기로운 다섯 처녀처럼 재림하실 예수님을 맞이할 준비를 해야 합니다.(마25;1-13)

## 5. 구름은 무엇인가?

주님은 재림하실 때 구름을 타고 오십니다. 이 구름을 타고 하나님이 이 땅에 오시는 모습은 구약 성경에는 이런 말씀이 있습니다.

> "여호와께서 구름 기둥 가운데로부터 강림하사 장막 문에 서시고

아론과 미리암을 부르시는지라 그 두 사람이 나아가매"(민12:5)

구름은 공중 하늘에 떠 있는 구름이기도 하고 예수님이 이 땅에 오실 때 하나님의 영광 가운데 오시는 그 영광의 모습을 상징하는 하늘구름이기도 하며 모세와 아론과 미리암에게 나타났던 구름기둥이기도 합니다.

유다서에는 거짓 선지자들을 바람에 불려가는 물 없는 구름이라고 표현합니다.(유1:12) 이와 같은 구름의 다양한 상징성 때문에 어떤 이단들은 이 구름을 특정한 한 인간의 모습으로 나타난 재림 예수라고 했습니다.

또 어떤 이단들은 구름은 어떤 한 인간의 육체 속에 임한 성령이라고 했습니다. 그러나 이 모든 이단들의 해석은 신령한 몸으로 부활하신 예수님의 부활을 부인하는 것입니다. 육체로 오신 초림 예수가 십자가에서 죽으셨다가 사흘 만에 영의 몸으로 부활하셔서 재림 예수로 다시 오십니다.

이 구름을 다니엘서에서는 하늘 구름이라고 표현합니다.(단7:13) 그러나 복음서에서는 공통으로 그냥 구름으로 표현하고 있습니다.(마24:30, 마13:26, 눅21:7) 이 말씀들은 예수님이 승천하시던 모습 그대로 다시 오신다는 사도행전의 말씀과 그 내용이 일치합니다.(행1:9-11)

공중에 떠 있는 구름은 어떤 때는 보이지 않는 수증기 형태로 존재하기도 하고 어떤 때가 비가 되어 내리고도 하고 눈이 되어 내리기도 합니다. 어떤 때는 우박이 되어 쏟아지기도 합니다. 그런데 예수님은 하늘 구름을 타고 오십니다. 하늘은 영적인 세계입니다. 영적인 세계에서 하나님의 영광 가운데 계신 주님이 하늘의 구름을 타고 다시 오십니다.

영적인 세계는 자연을 초월하면서 또한 자연 속에도 존재합니다. 마치 우리의 마음과 영혼이 우리의 육체 안에 있지만 육체와는 다른 것처럼 영적인 세계는 육적인 세계 밖에서 육적인 세계를 감싸고 있으면서 동시에 육적인 세계 안에서도 내재하며 그 무한함으로 이 유한한 세계를 초월하며 공존합니다.

예수님이 구름을 타고 재림하시는 모습도 이와 같을 것입니다. 그때에 지금까지 이 땅에 살았던 모든 사람들이 그 삶과 죽음의 경계를 넘어 예수님의 재림을 보게 될 것입니다. 영혼의 상태로 존재하는 자들은 그 영혼이 또 육체로 살아 있는 자들은 그 육체의 눈으로 보게 될 것입니다.

예수님이 초림 예수로 오셨을 때 예수님을 핍박하고 찌르고 죽인 자들과 역사 속에서 교회를 핍박하고 성도들과 사도들을 죽인 자들도 시공을 초월하여 보게 될 것입니다. 복음이 전해질 때 하나님을 믿지 않고 예수님을 거부한 자들은 그들의 잘못된 선택과 저질렀던 악행으로 인하여 받게 될 심판에 대한 두려움으로 애통하며 크게 눈물을 흘리게 될 것입니다.

주님은 하나님 아버지께서 정하신 때와 시간에 우리 모두의 눈에 보이는 모습으로 반드시 재림하십니다. 이 땅의 모든 악을 심판하러 오십니다. 예수님을 믿고 바른 믿음으로 살았던 사람들을 영원한 생명의 나라로 인도하려고 오십니다. 그 날과 그때는 오직 하나님 아버지께서 정하신 날입니다.

그러나 이미 주님의 마지막 재림을 위한 준비가 하늘에서 시작되었고 이 땅에 선포되었으며 그 일들은 진행되고 있습니다. 그러므로 우리는 깨어 기도해야 하고 주님의 재림을 맞이할 준비를 해야 합니다.

예수님의 재림을 아담 이후에 세상을 산 모든 사람들이 보게 될 것입니다. 하늘에 있는 천사들도 보게 될 것이며 사탄과 그 무리들도 보게 될 것입니다. 예수님을 박해하고 십자가에 못 박은 자들도 보게 될 것이고 성도들을 핍박하고 죽인 자들도 보게 될 것입니다. 복음이 증거 되었는데도 받아들이지 않고 거부한 자들은 애통하며 주님의 재림을 보게 될 것입니다.

그러므로 우리는 깨어 준비하며 재림하실 주님을 맞이할 준비를 해야 합니다.

"그 때에 두 사람이 밭에 있으매 한 사람은 데려가고 한 사람은 버려둠을 당할 것이요 두 여자가 맷돌질을 하고 있으매 한 사람은 데려가고 한 사람은 버려둠을 당할 것이니라 그러므로 깨어 있으라 어느 날에 너희 주가 임할는지 너희가 알지 못함이니라"(마24:40-42)

"이것들을 증언하신 이가 이르시되 내가 진실로 속히 오리라 하시거늘 아멘 주 예수여 오시옵소서 주 예수의 은혜가 모든 자들에게 있을지어다 아멘"(계22:20-21)

# [8장 묵상 주제]

1. 왜 예수님은 재림하십니까?

2. 재림의 징조에 대해 말해 봅시다.

3. 부활과 승천에 대해 말해 봅시다.

4. 생명의 부활과 심판의 부활에 대해 말해 봅시다.

5. 휴거와 어린양의 혼인잔치에 대해 말해 봅시다.

6. 천년왕국과 마지막 심판에 대해 말해 봅시다.

7. 천국과 지옥에 대해 말해 봅시다.

# ✞ 제9장 하나님의 신성과 사도의 믿음

## 성경 본문(계1:8-9)

✞ 8. 주 하나님이 말씀하십니다. '나는 처음과 마지막이다. 지금도 있고 전에도 있었고 앞으로 올 전능한 자이다.'

✞ 9. 같은 형제이며 하늘나라 백성으로서 여러분과 함께 고난을 견뎌 온 나 요한은 하나님의 말씀과 예수님에 대한 증거 때문에 밧모섬에 추방되었습니다.

## 1. 하나님의 신성(창조성, 영원성, 전능성)

### 1) 창조성

하나님 아버지는 알파와 오메가이십니다. 알파는 시작이요, 오메가는 마지막입니다. 알파는 하나님께서 이 우주 만물을 시작하신 창조의 시점을 말합니다. 물론 하나님께서는 태초라고 부르는 그 시간 이전에도 계셨습니다.

하나님께서 우주 만물과 지구를 창조하신 때를 알파요, 태초라고 합니다. 태초는 우주 만물의 창조가 시작된 시간이며, 우리가 경험하는 시간이 시작된 어느 특별한 한 시점입니다. 그리고 동시에 태초라고 부르는 연속된 시간입니다.

하나님께서는 태초라고 불리는 시간 속에서 하나의 창조 원점이라 말할 수 있고, 과학자들이 말하는 바로 그 특이점(特異點)에서 새로운 시작을 알리는 빛을 창조하셨습니다. 그 빛은 알갱이인 입자와 물결처럼 퍼져가는 파동으로 온 우주에 빠른 속도로 퍼져나갔습니다.

태초라고 부르는 시간의 원점에서부터 공간 속으로 흘러가는 시간의 흐름에 따라 그 빛들이 우주 공간 속에서 서로 합해지고 나누어지면서 우주 만물들이 만들어졌습니다.

태양과 같이 스스로 빛을 내는 별인 항성들과 지구와 같이 항성 주위를 도는 행성들과 또 달과 같이 행성 주위를 맴도는 위성과 같은 별들이 만들어졌습니다. 과학자들은 이 시점이 138억 년 전이라고 합니다. 우주라는 말은 공간이라는 의미의 SPACE, 삼라만상이라는 의미의 UNIVERSE, 질서라는 의미의 COSMOS의 세 가지 뜻을 가지고 있습니다. 이렇게 우주라는 말은 무한한 공간이며 그 안에 세상 모든 만물이 존재하고 있고 그 나름대로 질서를 가지고 있다는 의미입니다. 이 우주는 하나님께서 창조하신 것입니다.

그러므로 이 우주 만물은 다시 시간을 거슬러 태초의 시간으로 되돌려 합하여 놓으면 하나의 원점이 되고(合而創造原點) 다시 그때로부터 시간의 흐름대로 흩어놓으면 지금과 같은 우주 만물(散而宇宙萬物)이 됩니다.

하나님 아버지는 이 우주 만물을 창조하셨기 때문에 알파요, 마지막 때에 그 모든 만물을 정리하시고 새 하늘과 새 땅으로 다시 시작하시기 때문에 오메가 이십니다. 하나님은 시작하신 알파요, 마무리 하시는 오메가 이십니다. 시작도 끝도 하나님이 하십니다. 그리고 이렇게 시작된 우주의 모든 끝에서 하나님은 새 하늘과 새 땅의 역사를 다시 시작하십니다. 하나님은 알파요, 오메가입니다.

## 2) 영원성

하나님은 이제도 계시고 전에도 계셨고 장차 오실 분입니다. 하나님은 항상 현존해 계시지만 이전의 역사 속에서도 존재하셨으며 미래의 시간 속에서도 영원히 존재하실 창조주이시며, 영원하신 하나님이십니다.

태초로부터 지금까지 우리 인간들이 지구에서 경험하는 시간의 흐름은 일정합니다. 우리는 지구가 태양을 한 번 돌면 일 년이라 하고 지구가 스스로 한 번을 돌면 하루라고 합니다.

그런데 어떤 사람들은 시간이 빨리 흘러간다고 한탄합니다. 시간은 항상 같은 흐름인데 어째서 이렇게 말할까요? 그것은 그가 있는 공간과 그가 가진 힘과 세월의 흐름에 따라 사람들의 생체리듬이 변하기 때문입니다. 어리고 젊은 사람들의 생체리듬은 역동적이고 활력이 있습니다. 그러나 나이 든 사람들의 생체리듬은 느리고 활력이 줄어듭니다.

같은 100미터를 달려도 젊은이는 10초면 가는데 나이 든 사람은 40초가 지나도 도달하기 힘이 듭니다. 그러니 시간의 흐름이 젊으면 젊을수록 늦는 것 같고 나이가 들면 나이가 들수록 빠르게 느껴집니다.

건강한 사람의 시간은 늦게 가고 병든 사람의 시간은 빨리 갑니다. 그러나 영원한 시간과 공간의 주관자이신 하나님은 우리 모두에게 같은 시간을 주셨습니다. 그리고 늘 이제도 계신 하나님이시기 때문에 오늘 하나님을 섬기며 사는 우리는 유한한 시간 속에서 영원한 시간을 하나님과 함께 살 수 있습니다. 영생은 영원한 시간 속에서 하나님과 함께 사는 것입니다.

전에도 계신 하나님이시기에 지금까지 지내온 것이 다 하나님의 은혜이고 장차 오실 하나님이시기에 우리는 언제나 영생에 대한 소망을 가지고 오늘을  이기는 자가 되어 살아갈 수 있습니다.

시간은 빠르고 늦는 것이 아닙니다. 우리가 변하는 것입니다. 그러므로 정함이 없는 시간 속에 미련을 두지 말고 영원히 함께 하시는 하나님께 소망을 두고 오늘을 살아야 합니다. 그래서 시간을 초월해 계시면서 시간 속에서 함께 하시는 하나님께 대한 바른 이해와 믿음이 오늘 우리 인생에 주어진 시간을 바르게 관리하게 합니다. 내가 존재하고 있는 공간이 어디인지 또 내가 지금 있는 시간이 언제인지 그때를 알고 그 시간을 바르게 관리하는 것이 아름다운 인생 관리입니다. 시간 관리가 인생 관리입니다.

### 3) 전능성

하나님은 전능하신 하나님이십니다. 우리 인간은 유한한 능력을 가지고 있습니다. 그 유한한 능력도 하나님이 주신 것입니다. 그러나 하나님은 전능하신 하나님이십니다. 유한한 인간의 능력으로 전능하신 하나님을 다 알 수 없습니다.

창조주이신 하나님을 아는 사람, 자신의 유한함을 인정할 줄 아는 사람은 전능하신 하나님 앞에서 겸손합니다. 인간 자신의 자기 초월이나 깨달음을 통해 신이 되겠다고 하는 오만함에서 벗어날 수 있습니다. 인간은 유한하고 하나님은 전능하십니다. 그래서 우리 신앙의 첫 고백은 전능하사 천지를 만드신 하나님 아버지를 내가 믿는다고 고백하는 것입니다. 하나님은 우리 인간의 말로 다 표현할 수 없는 전능하신 분입니다.

창조성과 영원성 그리고 전능성이 성삼위 하나님의 공통된 신적인 본성입니다. 하나님은 그 인격성에서 각기 다른 모습을 보여주시지만. 신적인 본성에서는 완전히 일치하십니다. 그래서 삼위일체입니다.

## 2. 사도 요한의 믿음

사도 요한은 성도들을 향해 나는 당신들의 형제라고 소개합니다. 특권으로 주장할 수 있는 자신의 사도권을 주장하지 않고 자신을 믿음 안에서 한 형제라고 말하는 사도 요한의 모습은 오늘날 주의 종이라고 하면서 교인들 위에 군림하려 하는 일부 목회자들과는 전혀 다른 모습입니다.

사도나 목사나 교사나 장로나 권사 혹은 집사와 같은 교회의 직분은 계급이 아닙니다. 하나님이 세우신 교회를 섬기기 위해 필요에 따라 세우는 직책일 뿐입니다. 단지 신학교를 나왔고 안수를 받았다고 특별한 사람인 것처럼 행세해서는 안 됩니다. 사도 요한처럼 겸손함이 있어야 참된 주의 종입니다.

요한은 자신은 예수님의 환난에 참여하고 있다고 말합니다. 예수님이 당하신 환난은 사도 요한의 시대만 아니라 오늘날에도 계속되고 있습니다. 그 환난을 참고 이기고 견디며 복음을 전하는 주의 종들과 성도들을 우리는 늘 기억해야 합니다. 그리고 우리들도 당당하게 그 환난을 믿음으로 이겨야 합니다.

요한은 항상 예수님 중심으로 살았습니다. 사도 요한은 나는 예수님의 환난에 참여하고 있다고 했습니다. 우리는 얼마나 예수님 중심으로 살고 있을까요?

요한은 예수님의 나라에 참여하고 있습니다. 교회는 이 땅에 세워진 하나님의 나라입니다. 이 나라를 바로 세우고 지키기 위해 우리는 환난을 감당해야 하고 견딜 수 없는 고난 속에서도 참고 견디고 믿음으로 이겨내야 합니다.

사도 요한은 항상 성도들을 겸손함과 온유함으로 대했으며 아무리 어렵고 힘들어도 이겨냈습니다. 나이가 들어가면서 육신이 쇠약해져도 최선을 다해 환난을 이기면서 교회를 섬기고 어려움을 참고 견디며, 믿음으로 이기며, 성도들을 돌보며, 교회를 섬기며 살았습니다. 오늘 우리는 어떻게 살고 있습니까?

## 3. 밧모섬의 요한

요한은 하나님의 말씀을 전하고 예수님이 이 세상에 오신 구세주요, 하나님의 아들이라고 증언한 것 때문에 밧모섬에 유배를 갔습니다. 밧모섬은 지중해에 있는 작고 외로운 섬인데 요한이 섬기던 에베소에 있는 교회로부터 65킬로미터쯤 떨어진 곳에 있는 섬입니다.

죄인들을 귀양 보내는 곳이고 채석장이 있어 많은 노동과 고역에 시달려야 하는 곳이었습니다. 평생 하나님의 복음을 전하고 예수님에 대한 말씀을 전한 것이 그 당시 로마의 황제를 신으로 섬기던 정치 체제와 충돌하게 되었고 그 결과 그는 유배를 당한 것입니다.

로마 황제였던 네로는 54년부터 집정을 하면서 자신을 신의 위치에 올려놓았습니다. 그리고 64년도에는 로마 시내에 불을 지르고 그 죄를 기독교인들에게 뒤집어 씌웠습니다. 그가 통치하던 67년에 바울이 순교하고 68년에는 베드로가 순교했습니다.

네로의 악한 정치가 최악으로 치닫던 66년부터 있었던 이스라엘 독립 전쟁이 일방적인 로마의 승리로 70년에 끝나게 되었을 때 수많은 유대인과 기독교인들이 학살 되었습니다. 그 무렵에 교회가 예루살렘에 처음 세워질 때 순교한 스데반 집사나 야고보사도의 뒤를 이어 요한을 제외한 사도들도 계속 순교를 당하고 있었습니다.

로마의 황제로 도미티안이 집권하게 된 81년부터 기독교인들에 대한 박해가 더 심해지다가 84년에 자신을 만왕의 왕이요, 만주의 주라고 부르게 하면서 자신이 다스리던 온 땅에 자신의 모습을 새긴 우상을 세우고 그 우상 앞에 절하지 않거나 도미티안 자신을 신으로 경배하지 않는 자들은 모조리 견디지 못할 형벌을 가하거나 죽이는 일들이 벌어졌습니다. 그 일들은 도미티안이 죽던 96년까지 계속되었습니다.

그리고 그 당시 95년과 96년에 요한사도는 90이 넘은 고령의 나이에 밧모섬에 유배를 당한 것입니다. 앞으로 교회는 어떻게 될 것인지, 그리고 자신의 운명은 어떻게 될 것인지에 대한 생각들로 가득 차 있던 사도 요한은 끊임없이 기도했고 그 기도의 응답이 요한계시록입니다.

1세기를 살아오면서 주의 종으로 또 사도로 살아 온 요한이 당한 고난은 그가 가진 믿음을 더 순수하게 하고 더 새로운 신령한 세계를 보게 한 것입니다. 계시록은 견딜 수 없는 환난과 연단과 인내 속에서 주어진 계시의 내용입니다.

## 4. 역사 속에 나타난 두 가지 신학(십자가신학과 번영신학)

### 1) 십자가신학과 역사적 전천년설

이 세상에는 크게 두 가지 신학의 방향이 있습니다. 하나는 십자가신학이고 또 하나는 번영신학입니다. 예수님이 초림 예수로 오시고 부활하시고 승천하시고 교회가 세워지던 당시는 엄청난 핍박과 고난의 시기입니다. 그 고난은 313년 콘스탄틴 대제가 기독교를 로마의 종교로 인정하기 전까지 끊어지지 않았습니다. 이 시기에 주로 쓰인 신약 성경에서 말씀하는 신학은 십자가신학이요, 고난의 신학입니다.

고난 속에 있던 성도들에게 예수님의 십자가는 위로가 되고, 예수님의 부활이 희망이 되며, 예수님의 재림에 대한 믿음이 세상을 이기는 믿음의 원천이었습니다. 그래서 그들은 최후의 승리자가 되고 마지막까지 이기는 자가 되기 위해 죽음을 각오하고 믿음의 투쟁을 계속했습니다.

예수님이 이 세상의 모든 악을 심판하시고 신실한 하나님의 백성들에게 약속하신 천년왕국을 이루시기 위해 천년왕국 이전에 재림하신다는 역사적 전천년설은 이때의 역사적인 상황과 성경에 기초한 바른 성경 해석입니다.

## 2) 번영신학과 무천년설

그런데 313년이 지나고 기독교가 본격적으로 로마의 종교로 인정되면서부터 이후 천년 가까운 세월 동안 교회에는 핍박이 사라졌습니다. 오히려 교권이 세속 정치권력을 통제하고 다스리며 지배하는 시기가 있게 됩니다. 이때부터 교권과 세속권은 상호 견제나 대립 관계가 아닌 상호 협력을 통한 공생의 관계로 바꾸어지게 됩니다.

313년 이후 어거스틴의 등장과 함께 이때 발간된 신의 도성이라는 책과 함께 그때부터 발전한 신학이 영광의 신학이요, 번영신학입니다. 이 세속주의 번영 신학은 다른 말로 하면 교회의 영광의 신학이요, 믿음이라는 이름으로 정당화되는 만사형통 신학입니다. 로마 가톨릭 교회 안에 하나님의 영광이 나타나고 교황이 신의 대리자로 통치하고 있는데 또 다른 천년왕국이 무슨 필요가 있느냐 하는 것입니다.

번영신학의 관점에서 이미 천년왕국은 교회 안에서 완성되었고 지금도 천년 왕국시대라는 것이 이 신학의 핵심입니다. 이것을 무천년설이라고 하는데 교회가 고치고 버려야 할 가장 잘못된 신학 가운데 하나입니다. 마치 중국 사람들이 하늘에는 천제인 옥황상제가 있고 땅에는 옥황상제의 대리자인 하제로서 황제가 있다고 주장하고 모든 것을 황제의 권력 아래 복속시킨 것처럼 번영주의 신학으로 무장한 교회는 하늘에는 하나님이 계시고 이 땅에는 하나님의 대리자인 교황이 있어 모든 것을 다스린다는 식의 교리를 만들었습니다.

이 시기에 세워진 예배당의 모습을 보면 전면에 두 개의 거대한 십자가 탑이 하늘 높은 줄 모르고 서 있습니다. 하나는 교권의 상징이며 하나는 세속권을 상징합니다. 이 두 가지 권력을 모두 다 교회가 가지고 있다는 표시입니다. 지금도 가톨릭교회에서는 교황이 다스리는 지금 이 기간이 천년왕국 시대라고 주장합니다.

그런데 종교개혁 당시 종교개혁자들은 천년왕국설과 같은 신학을 개혁하지 않고 행함으로 구원받는 것이 아니라 믿음으로 구원받는다는 이신칭의와 교회의 가르침이 성경의 가르침보다 우선할 수 없다는 오직 성경의 교리와 하나님의 은혜로 구원받는다는 오직 은혜의 교리를 중심으로 종교개혁을 했습니다.

그래서 이 무천년설의 잘못된 성경해석이 지금도 무분별한 개신교회들에 의해 교회 안에서 분별없이 이 사상을 계승하고 있습니다. 개신교회들 가운데 예배당 전면에 두 개의 십자가를 하늘 높은 줄 모르게 세우는 교회들은 대개 이 교리를 신봉하는 교회들입니다.

그런 교회 목회자일수록 교만하고 교회의 본질을 훼손시키는 짓들을 서슴없이 하고 있습니다. 이들은 개혁교회 안에서 무천년설에서 높이는 교황의 권위처럼 교회 안에서도 목회자들이 천년왕국과 같이 생각하는 교회 안에서 주의 종이라는 이름으로 마치 교회 안의 교황이라도 되는 것처럼 군림하는 자세를 보이고 있습니다. 고쳐야 합니다.

잘못된 성경해석에서 비롯된 신학의 가르침은 교회 안에 계급을 만들고 서열을 정하고 마치 목회자가 계시를 독점한 것처럼 성경을 자의적으로 해석하면서 자신의 주장을 정당화하는 경우들도 있습니다. 성경 말씀을 통해 교묘하게 자기 이익을 관철하려고 잘못된 해석을 하는 것은 엄격하게 금해야 합니다. 성경은 성경으로 해석해야 합니다.

사탄이 하와를 속일 때 하던 것처럼 만일 어떤 사람이 자신의 이익을 위해 성경을 왜곡하고 인간의 잘못된 철학이나 사상으로 성경을 오염시키면 저주를 받습니다. 하나님의 말씀을 전하는 일은 자기 마음대로 함부로 해서도 안 되고 아무렇게 해서도 안 됩니다. 정말 조심하고 주의하면서 해석해야 합니다.

그러면 성경에서 말하는 참된 믿음은 어떤 것일까요? 고난만 계속되는 것도 아니고 그 고난 끝에 천국만을 소망하는 이원론적인 신앙도 바람직한 것은 아닙니다. 또한 세상에서의 무조건적인 번영을 선포하면서 성도들의 신앙을 기복신앙이 되게 하고 그 심령을 어지럽게 하는 것도 바른 것이 아닙니다.

이런 분들이 흔히 하는 말이 있습니다. 잘되면 기도가 응답받은 것이고 잘못되면 믿음이 부족해서 그렇다는 것입니다. 이렇게 말하면 성도들로서는 모든 것이 자신의 탓이 되는 것이고 그러면 이 말은 행위로 구원받는다는 말이나 무엇이 다릅니까? 다를 것이 없습니다.

## 5. 진리 안에서 누리는 자유

그러므로 우리는 예수님의 말씀 안에서 신앙의 본질을 발견해야 합니다. 예수님은 이렇게 말씀하셨습니다.

> "그러므로 예수께서 자기를 믿은 유대인들에게 이르시되 너희가 내 말에 거하면 내 제자가 되고 진리를 알지니 진리가 너희를 자유롭게 하리라"(요8:31-32)

사도 바울이 깨달은 것은 바로 이것입니다. 진리 안에서 누리는 자유입니다.

> "내가 궁핍하므로 말하는 것이 아니라 어떠한 형편에든지 나는 자족하기를 배웠노니 나는 비천에 처할 줄도 알고 풍부에 처할 줄도 알아 모든 일 곧 배부름과 배고픔과 풍부와 궁핍에도 처할 줄 아는 일체의 비결을 배웠노라 내게 능력 주시는 자 안에서 내가 모든 것을 할 수 있느니라"(빌4:11-13)

이 말씀은 어떤 상황도 예수 그리스도 안에서 이겨내고 무엇이든지 할 수 있다는 말씀입니다. 그 내용을 주의 깊게 살펴보면 바울이 사도로 복음을 전하는 일에 부가 크게 도움이 되거나 가난이 장애가 되지 않는다는 것입니다. 환경에 좌우되지 않는 그리스도 안에 있는 절대 믿음과 절대 자유를 말하는 것입니다. 그저 능력만 받으면 무엇이든지 할 수 있다는 뜻이 아닙니다.

그런데 많은 분들이 이 말씀을 예수 그리스도 안에서 누리는 절대 자유가 아닌 다른 해석을 합니다. 번영신학에 근거하여 능력만 받으면 무엇이든지 할 수 있다는 식으로 말씀을 곡해하여 선포합니다.

성경은 분명 하나님의 축복과 치료를 말씀하지만 무조건적인 축복이나 번영을 말씀하지 않습니다. 번영신학을 말하는 사람들은 교회가 중세 로마 가톨릭 교회처럼 교회당 앞에 교회의 권세인 교권과 세상의 정치적인 권세를 다 가지고 있다고 생각합니다.

그러나 그 모든 권세를 가지신 분은 예수님이시지 교회가 아닙니다. 부활 승천하신 예수님은 분명 모든 임금들의 머리이시며,(계1:5) 만왕의 왕이요, 만주의 주이십니다.

"그의 입에서 예리한 검이 나오니 그것으로 만국을 치겠고 친히 그들을 철장으로 다스리며 또 친히 하나님 곧 전능하신 이의 맹렬한 진노의 포도주 틀을 밟겠고 그 옷과 그 다리에 이름을 쓴 것이 있으니 만왕의 왕이요 만주의 주라 하였더라"(계19″15-16)

그러나 교회는 그 주님을 섬기는 성도들의 모임이지 세상 권력과 교회 권력을 다 가진 집단이 아닙니다. 그런데도 십자가 두 개를 권세를 상징하는 뿔처럼 교회당 건물 위에 하늘 높이 세워 놓고 세상의 권력도 교회 앞에 복종해야 하는 것처럼 허황된 위세를 부립니다. 그리고 자기 기준이나 마음에 들지 않으면 종교 탄압이라고 억지를 부립니다. 잘못된 일입니다.

정치가 종교에 간섭하지 말라는 정교분리의 원칙은 영국 성공회가 국가 종교로 탄생하면서 교회 일들에 간섭하기 시작하면서 종교의 자유를 찾아 미국 대륙을 찾았던 이들이 종교적인 자유를 보장하기 위해 미국 헌법에 명시한 것이고 그 전통을 우리 한국 교회도 이어 받은 것입니다.

그리고 그 이전에는 로마 가톨릭 교권의 정치권력에 대한 통제가 잘못된 것임을 말하는 종교 개혁자 루터의 두 왕국설이 신학적으로 정리되어 정치와 종교의 분리를 말한 것입니다. 그러므로 정치나 종교는 그 본연의 자리에서 균형을 잡아야 합니다.

교회 안에 두 가지 권세가 다 있는 것이 아닙니다. 그 모든 권세의 주인은 예수님이시고 그 모든 일들은 예수님의 재림을 통해 완성됩니다. 그러므로 무교회에 무슨 대단한 권세가 있고 자신이 시대의 선지자인척 하면서 정치에 간섭하고 못된 짓을 하는 것은 성경적인 것이 아닙니다.

정치권력과 종교는 각자의 영역에서 균형을 잡아야 합니다. 이제 교회도 중세 로마 교회처럼 두 뿔 가진 자처럼 행세하는 역사는 그만두어야 합니다. 번영신학에 근거하여 무조건적인 축복이나 치료를 말하는 일은 이제 그만두어야 합니다. 능력 주시는 자 안에서 모든 것을 할 수 있다는 말씀은 교회가 무슨 짓이든지 할 수 있다는 뜻이 아닙니다. 그리스도 안에서 완전한 자유를 누릴 줄 아는 신앙을 가진 사람들의 절대적인 자유에 대한 신앙고백입니다.

환경이나 조건에 좌우되지 않는 예수님 안에 있는 절대 자유, 성령 안에서 누리는 절대 자유 이것이 기독교 신앙의 본질이요, 핵심입니다. 영원한 자유요, 누구도 빼앗아 갈 수 없는 자유입니다. 그 무엇에도 매이지 않고 그 어떤 사람이나 환경에 좌우되지 않고 예수님 안에서 인생이 살아갈 바른 길을 찾아 살아야 합니다. 예수님의 진리 안에서 영혼의 자유를 누리고 예수님 안에서 하나님이 주시는 생명의 풍성함으로 영생을 누리는 삶이 기독교 신앙의 본질입니다.

예수님은 내가 곧 길이요 진리로 생명이니 나로 말미암지 않고는 아버지께로 올 자가 없다(요14:6)고 하셨습니다. 예수님 안에서 인생의 바른길을 찾고 예수님이 가르쳐주신 진리 안에서 영혼과 육체에 매임이 없는 자유인이 되는 것, 모든 것을 후히 주사 누리게 하시는(딤전6:17) 하나님의 풍성한 은혜 안에서 참된 자유를 누리고, 지금 이 자리에서부터 내 영혼 안에 부어지는 하나님의 생명인 영원한 생명을 누리는 삶이 자유로움을 누리는 신앙인의 삶입니다.

인간의 행복이 오래 사는 것이나, 부자로 사는 것이나, 건강하게 사는 것이나, 명예와 권세 그리고 자손이 잘 되고 죽을 때 잘 죽는 것에만 달려 있다면 그렇지 못한 기독교인은 예수님을 믿는데도 불행한 것이 됩니다.

그러나 많이 배우지 못하고 많이 갖지 못하고 오래 살지 않아도 예수 그리스도를 믿음으로 주님이 가르쳐 주신 진리 안에서 자유를 누리면 그 사람은 행복합니다. 그래서 주님이 가르쳐 주신 복 있는 사람의 첫 번째 행복은 심령이 가난한 것입니다. 그 결과는 천국입니다.(마5:3)

예수님이 우리에게 가르쳐주신 말씀이 우리 인생을 살아가는 표준이 될 때 우리는 주님 안에서 참된 자유를 누립니다. 마치 에덴동산의 선악을 알게 하는 나무의 열매가 에덴의 행복을 누리게 하는 기준이 되었던 것처럼 말입니다. 에덴동산의 선악과는 에덴의 행복을 지켜주는 푯대와 같은 것입니다. 기준선입니다. 욕심 때문에 사탄에게 속아서 그 기준선을 넘어섰기 때문에 사람들은 불행해졌습니다.

하나님이 우리 인생들에 주신 율법도 복음도 다 우리 인생의 지침서입니다. 말씀 그대로 살면 말씀 그대로 들어가도 나가도 복을 받고 그 모든 일이 어디서나 주님 안에서 형통합니다. 여기서 형통은 장애물을 넘어간다는 뜻입니다. 인생의 행복은 내 마음대로 되는 것에 있는 것이 아니라 주님의 진리 안에서 참된 영혼의 자유를 찾고 마음의 평안을 누리며 환경이나 조건이나 사람을 넘어서서 형통한 그 자유를 누리는 것입니다.

신발을 신으면 길바닥에 있는 가시나 돌멩이나 나무뿌리에 의해 상처를 입지 않게 되는 것처럼, 옷을 입으면 추위를 벗어나고 부끄러움이 없어지는 것처럼, 예수님이 우리에게 주신 진리는 우리에게 참된 자유를 줍니다.

예수님의 진리 안에서 자유인으로 살고 성령 안에서 살았기 때문에 밧모섬에서도 행복했던 사도 요한이 부럽습니다. 순교하면서도 행복했던 사도 바울과 베드로 그 당당한 믿음과 그 행복과 자유가 부럽고 그립습니다.

주여! 말씀의 진리 안에서 자유로운 영혼으로 살게 하소서!

# [9장 토론 주제]

1. 하나님의 창조성은 무엇입니까?

2. 하나님의 영원성은 무엇입니까?

3. 하나님의 전능성은 무엇입니까?

4. 사도 요한의 믿음에 대해 말해 봅시다.

5. 십자가 신학과 번영 신학에 대해 말해 봅시다.

6. 진리 안에서 누리는 자유에 대해 말해 봅시다.

7. 당신이 요한같이 된다면 어떻게 믿음을 지키시겠습니까?

## 성경 본문(계1:9-10)

✝ 10. 나는 주님의 날에 성령님의 감동을 받아 내 뒤에서 나는 나팔 소리 같은 큰 음성을 들었는데

✝ 11. 그것은 '네가 보는 것을 책에 써서 에베소, 서머나, 버가모, 두 아디라, 사데, 필라델피아, 라오디게아 일곱 교회에 보내라'는 말씀이었습니다.

## 1. 주일(주님의 날)

주일이 되었습니다. 그날도 요한은 하나님께 예배를 드리면서 하나님의 은혜 안에서 살았습니다. 주일은 구약시대 안식일의 전통을 계승한 날입니다. 안식일은 하나님의 창조가 완성된 날이며 하나님이 누리신 안식을 사람들을 포함한 모든 피조물이 누리는 날입니다.

"하나님이 그 일곱째 날을 복되게 하사 거룩하게 하셨으니 이는 하나님이 그 창조하시며 만드시던 모든 일을 마치시고 그 날에 안식하셨

음이니라"(창2:3)

주의 날을 구약의 예언서에서는 심판의 날로 묘사한 곳이 많이 있습니다. 그러나 계시록에서 말씀하는 주의 날은 창조와 안식의 정신을 계승하면서 동시에 예수님의 부활을 기념하는 날이며 새로운 창조의 역사가 시작됨을 감사하는 날입니다. 그래서 초대 교회로부터 우리 교회들은 안식일 다음 날인 주의 날에 모여 하나님께 예배를 드렸습니다. 그리고 모여 친교하면서 헌금을 드려 고난을 당한 형제들을 위해 구제하는 일에 쓰도록 했습니다.

"성도를 위하는 연보에 관하여는 내가 갈라디아 교회들에게 명한 것 같이 너희도 그렇게 하라 매주 첫날에 너희 각 사람이 수입에 따라 모아 두어서 내가 갈 때에 연보를 하지 않게 하라"(고전16:2)

## 2. 성령의 네 가지 역사와 성령의 감동(성령 안에 있음)

성령님은 삼위일체 하나님의 한 분이십니다. 성령님을 예수님은 또 다른 보혜사라고 우리에게 소개하셨습니다.

"내가 아버지께 구하겠으니 그가 또 다른 보혜사를 너희에게 주사 영원토록 너희와 함께 있게 하리니 그는 진리의 영이라 세상은 능히 그를 받지 못하나니 이는 그를 보지도 못하고 알지도 못함이라 그러나

너희는 그를 아나니 그는 너희와 함께 거하심이요 또 너희 속에 계시
겠음이라"(요14:16-17)

보혜사라는 말씀은 우리와 함께 계시는 분이라는 뜻입니다. 성
령님은 늘 우리와 함께 하시며 우리의 문제에 대한 상담자가 되
십니다. 우리를 위로 하시며 우리를 변호하시고 우리에게 기름을
부어 진리를 가르쳐 주십니다.(요2:20) 창조 때부터 창조의 영으
로 역사하셨던 성령님은 우리가 천국에 이르기까지 언제나 우리
와 함께 동행하십니다.

## 1) 성령의 인침

성령의 인침은 우리가 우리를 구원하시는 복음을 듣고 믿을
때 성령께서 우리가 하나님의 자녀됨을 인정하시는 것입니다. 구
원의 복음을 듣고 믿는 그 순간 마음 안에 회개의 역사가 일어
납니다. 그리고 마음으로 예수님을 주님으로 영접하는 믿음이 생
겨납니다. 바로 그 순간 성령께서 바로 그 사람이 하나님의 자녀
가 되었다고 도장을 찍어 주시는 것입니다. 이것을 성령의 인침
이라고 합니다.

"이는 우리가 그리스도 안에서 전부터 바라던 그의 영광의 찬송이
되게 하려 하심이라 그 안에서 너희도 진리의 말씀 곧 너희의 구원의
복음을 듣고 그 안에서 또한 믿어 약속의 성령으로 인치심을 받았으니

이는 우리 기업의 보증이 되사 그 얻으신 것을 속량하시고 그의 영광을 찬송하게 하려 하심이라"(엡1:12-14)

성령의 인침은 나무를 접붙임 하는 것과 같은 순간입니다.

"또 한 가지 얼마가 꺾이었는데 돌감람나무인 네가 그들 중에 접붙임이 되어 참감람나무 뿌리의 진액을 함께 받는 자가 되었은즉 그 가지들을 향하여 자랑하지 말라 자랑할지라도 네가 뿌리를 보전하는 것이 아니요 뿌리가 너를 보전하는 것이니라"(롬11:17-18)

접붙임은 끊어져 있던 전기선을 이어 다시 전기가 공급되도록 하는 것과 같습니다. 이 순간이 중생이라고 말하는 거듭남의 순간입니다. 말씀을 듣고 믿는 순간 잠들어 있고 죽어 있던 영이 깨어나 영생을 향해 삶의 새로운 방향을 잡게 됩니다.

"예수께서 대답하시되 진실로 진실로 네게 이르노니 사람이 물과 성령으로 나지 아니하면 하나님의 나라에 들어갈 수 없느니라 육으로 난 것은 육이요 영으로 난 것은 영이니 내가 네게 거듭나야 하겠다 하는 말을 놀랍게 여기지 말라"(요3:5-7)

예수님은 성령의 인침을 포도나무와 가지의 비유를 통해 접붙임의 원리로 말씀하셨습니다.(요15:1-6) 성령의 인침을 통해 우리는 예수님을 주님으로 시인하게 되고 구원의 확신을 갖게 됩니다.(고전12:3) 그래서 구원은 하나님의 은혜입니다.

> "너희는 그 은혜에 의하여 믿음으로 말미암아 구원을 받았으니 이
> 것은 너희에게서 난 것이 아니요 하나님의 선물이라"(엡2:8)

## 2) 성령의 내주

성령의 내주는 성령께서 우리들의 마음 안에 들어오셔서 우리
안에서 함께 역사하시는 것입니다.(요14:16) 성령님은 진리의 영
이시기 때문에 우리 안에서 진리의 말씀으로 내적인 음성을 들
려주시고 우리가 하나님을 아버지라고 고백하게 하십니다.

> "만일 너희 속에 하나님의 영이 거하시면 너희가 육신에 있지 아니
> 하고 영에 있나니 누구든지 그리스도의 영이 없으면 그리스도의 사람
> 이 아니라 또 그리스도께서 너희 안에 계시면 몸은 죄로 말미암아 죽
> 은 것이나 영은 의로 말미암아 살아 있는 것이니라 예수를 죽은 자
> 가운데서 살리신 이의 영이 너희 안에 거하시면 그리스도 예수를 죽은
> 자 가운데서 살리신 이가 너희 안에 거하시는 그의 영으로 말미암아
> 너희 죽을 몸도 살리시리라"(롬8:9-11)

성령님은 우리들을 죄의 정죄에서 벗어나게 하며 하나님이 주
시는 생각을 통해 하나님의 생명과 평안을 주십니다.

"그러므로 이제 그리스도 예수 안에 있는 자에게는 결코 정죄함이 없
나니 이는 그리스도 예수 안에 있는 생명의 성령의 법이 죄와 사망의 법
에서 너를 해방하였음이라 율법이 육신으로 말미암아 연약하여 할 수 없
는 그것을 하나님은 하시나니 곧 죄로 말미암아 자기 아들을 죄 있는 육
신의 모양으로 보내어 육신에 죄를 정하사 육신을 따르지 않고 그 영을
따라 행하는 우리에게 율법의 요구가 이루어지게 하려 하심이라 육신
을 따르는 자는 육신의 일을, 영을 따르는 자는 영의 일을 생각하나니
육신의 생각은 사망이요 영의 생각은 생명과 평안이니라"(롬8:1-6)

성령의 내주는 우리들의 마음속에 세상이 주지 못하는 평안을
줍니다. 그리고 우리가 하나님의 자녀답게 살도록 구원이 삶에서
이루어지도록 성화의 삶으로 이끌어 가십니다.

## 3) 성령 충만

성령 충만은 성령께서 우리 안에 거하시면서 온전히 우리의
마음과 생각을 다스려 주시고 우리의 육신이 하나님의 의를 이
루는 도구로 쓰임 받게 합니다. 우리 마음 안에 성령의 열매를
맺게 하십니다.

"오직 성령의 열매는 사랑과 희락과 화평과 오래 참음과 자비와 양
선과 충성과 온유와 절제니 이같은 것을 금지할 법이 없느니라"

(갈5:23-24)

외적인 생활 속에서는 그 언행을 통해 차고 넘치는 은혜가 은사로 나타나게 하십니다.

"은사는 여러 가지나 성령은 같고 직분은 여러 가지나 주는 같으며 또 사역은 여러 가지나 모든 것을 모든 사람 가운데서 이루시는 하나님은 같으니 각 사람에게 성령을 나타내심은 유익하게 하려 하심이라 어떤 사람에게는 성령으로 말미암아 지혜의 말씀을, 어떤 사람에게는 같은 성령을 따라 지식의 말씀을, 다른 사람에게는 같은 성령으로 믿음을, 어떤 사람에게는 한 성령으로 병 고치는 은사를, 어떤 사람에게는 능력 행함을, 어떤 사람에게는 예언함을, 어떤 사람에게는 영들 분별함을, 다른 사람에게는 각종 방언 말함을, 어떤 사람에게는 방언들 통역함을 주시나니 이 모든 일은 같은 한 성령이 행하사 그의 뜻대로 각 사람에게 나누어 주시는 것이니라 몸은 하나인데 많은 지체가 있고 몸의 지체가 많으나 한 몸임과 같이 그리스도도 그러하니라"

(고전12:4-11)

성령 충만은 우리가 예수님의 자녀됨을 확실하게 증거합니다. 그래서 예수님께서는 부활 승천하신 이후에 성령께서 오실 때까지 제자들에게 예루살렘을 떠나지 말고 기다리라고 하셨습니다.(눅24장)

성령을 받으면 언제나 어디서나 예수님의 증인이 됩니다.(행 1:8) 성령 받은 베드로는 은사를 나타내면서 태어나면서부터 못 걸었던 이를 일으키고 죽은 자를 살렸습니다. 성령님의 나타나심을 은사라고 하는데 이 은사는 자기 스스로 할 수 없는 일을 하게하고 능력이 없어 스스로 설 수 없는 사람들을 세우며 그 영혼이 죽어 있는 자들을 일으키고 깨워서 살리게 합니다.

베드로는 회개하고 주 예수 그리스도의 이름으로 세례를 받으면 성령을 받는다고 말씀합니다.

"베드로가 이르되 너희가 회개하여 각각 예수 그리스도의 이름으로 세례를 받고 죄 사함을 받으라. 그리하면 성령의 선물을 받으리니"

(행2:38)

성령님은 맑고 깨끗한 영이기 때문에 회개 기도를 통해 마음이 맑아질 때 역사하십니다. 또 베드로는 이렇게 말씀합니다.

"그러므로 너희가 회개하고 돌이켜 너희 죄 없이 함을 받으라. 이 같이 하면 새롭게 되는 날이 주 앞으로부터 이를 것이요"(행3:19)

회개 기도는 성령께서 가장 강력하게 역사하시는 통로입니다.

## 4) 성령의 감동

성령의 감동은 성령 안에 사는 것입니다. 예수님 안에 사는 것처럼 성령님 안에 사는 것입니다. 에녹처럼 언제나 어디서나 성령님과 동행하며 사는 것입니다.(창5:24) 우리 몸을 그릇으로 비유한다면 성령 충만은 그릇 안에 물이 가득 찬 상태입니다. 그러나 성령의 감동은 그릇인 우리의 몸이 물에 완전히 잠겨 있는 것과 같습니다.

성령의 감동 안에 있게 되면 그때부터 사도 요한이나 바울처럼 환상이 보이고 우리의 영이 육신의 한계와 마음의 한계를 넘어 하나님이 계시는 하늘나라와 영적인 세계를 체험하게 됩니다. 이 세상을 초월한 새로운 신비 체험을 하게 됩니다.

> "무익하나마 내가 부득불 자랑하노니 주의 환상과 계시를 말하리라 내가 그리스도 안에 있는 한 사람을 아노니 그는 십사 년 전에 셋째 하늘에 이끌려 간 자라 (그가 몸 안에 있었는지 몸 밖에 있었는지 나는 모르거니와 하나님은 아시느니라)  내가 이런 사람을 아노니 (그가 몸 안에 있었는지 몸 밖에 있었는지 나는 모르거니와 하나님은 아시느니라) 그가 낙원으로 이끌려 가서 말로 표현할 수 없는 말을 들었으니 사람이 가히 이르지 못할 말이로다"(고후12:1-4)

마음이 청결한 자는 복이 있나니 저희가 하나님을 볼 것이라는 말씀이 바로 이런 뜻입니다. 마음의 청결은 인간의 노력이나 수행으로 되는 일이 아닙니다. 만물보다 부패한 것이 죄와 악에 물든 인간의 마음입니다. 그러므로 마음이 투명한 유리바다처럼 청결해지는 방법은 성령 충만과 성령의 감동에 있습니다.

모세는 하나님의 부르심을 통해 하나님을 만난 이후에 40일의 금식기도 속에 하나님의 형상을 보았으며 예수님도 40일의 금식 기도와 함께 마귀의 실체를 보았고 하나님의 말씀으로 마귀의 시험을 이겼습니다.(마4장)

베드로는 열흘간의 전적인 기도 속에서 성령의 능력을 받아 생명력 있는 하나님의 말씀을 전하고 병든 자를 일으키고 죽은 자를 살렸습니다. 성령 충만이나 성령의 감동을 받는 최고의 비결은 말씀과 기도로 사는 일입니다.

성령의 감동은 성령님 안에 있는 것입니다. 그것은 성령의 기름 부음을 통해 이루어집니다. 다윗은 "주께서 내 머리에 기름을 부으셨으니 내 잔이 넘치나이다"(시23:5)라고 고백했습니다. 머리에 기름을 붓는 것은 권세자로 성별하는 것입니다. 머리에 기름을 부으면 그 마음에 영적인 의식이 뚜렷해지고 지혜와 계시의 영이 임하게 됩니다.

> "우리 주 예수 그리스도의 하나님, 영광의 아버지께서 지혜와 계시의 영을 너희에게 주사 하나님을 알게 하시고 너희 마음의 눈을 밝히사 그의 부르심의 소망이 무엇이며 성도 안에서 그 기업의 영광의 풍성함이 무엇이며 그의 힘의 위력으로 역사하심을 따라 믿는 우리에게 베푸신 능력의 지극히 크심이 어떠한 것을 너희로 알게 하시기를 구하노라"(엡1:18-19)

지혜와 계시의 영이 임하면 의식이 뚜렷해지고 마음이 평안해져서 바른 분별력이 생기며 하나님의 능력이 무엇인지를 알게 됩니다. 그러므로 믿음과 행함을 통해 하나님의 영광을 드러나게 됩니다.

내 잔이 넘치나이다라는 말씀은 원래 내 인생의 그릇으로 담을 수 있는 양을 넘어가는 은혜가 임한다는 것입니다. 내 스스로 할 수 없는 일을 할 수 있도록 내 인생의 그릇 크기보다 훨씬 더 큰 일을 성령께서 하게 하십니다. 차고 흘러넘치는 역사는 영원한 생명의 주인이시며 무한한 능력의 원천이신 성령의 기름부음을 통해 이루어집니다.

예수님은 이 사실을 이렇게 강조하셨습니다.

"명절 끝날 곧 큰 날에 예수께서 서서 외쳐 이르시되 누구든지 목마르거든 내게로 와서 마시라 나를 믿는 자는 성경에 이름과 같이 그 배에서 생수의 강이 흘러나오리라 하시니 이는 그를 믿는 자들이 받을 성령을 가리켜 말씀하신 것이라(예수께서 아직 영광을 받지 않으셨으므로 성령이 아직 그들에게 계시지 아니하시더라)"(요7:37-39)

그러므로 우리는 성령님을 적극적으로 인정하고 환영하고 마음 속에 모시고 성령님과 동행해야 합니다. 성령님은 믿는 자의 영혼 속에서 생수와 같은 강이 되어 기쁨이 흘러나오게 하시고 우리 인생의 그릇을 차고 넘치게 하십니다.

성령님을 근심하게 하지 말아야 합니다.(엡4:30) 잘못된 생각
이나 행동으로 성령님을 근심시키면 그 생각 속에 가룟 유다처
럼 마귀가 하나님을 대적하는 생각을 집어넣고(요13:2) 결국에는
그 마음속에 들어가(요13:27) 다른 사람을 망하게 하고 자신도
망하게 합니다.

성령님의 역사를 모독하거나 비방하면 이생과 내생에서 영원히
용서받지 못합니다.

> "그러므로 내가 너희에게 이르노니 사람에 대한 모든 죄와 모독은
> 사하심을 얻되 성령을 모독하는 것은 사하심을 얻지 못하겠고 또 누구
> 든지 말로 인자를 거역하면 사하심을 얻되 누구든지 말로 성령을 거역
> 하면 이 세상과 오는 세상에서도 사하심을 얻지 못하리라"
>
> (마12:31-32)

그리고 이러한 일을 반복하게 되면 성령님의 역사가 소멸됩니
다.(살전5:19) 성령의 역사가 소멸된다는 것은 영적인 호흡이 끊
어지는 것입니다. 겉보기에는 살아 있으나 그 영이 죽은 상태가
되는 것입니다.

그러므로 성경은 술 취하지 말고 성령의 충만함을 받으라고

말씀합니다.(엡5:18) 우리는 늘 성령님과의 관계 속에서 우리의 영의 상태가 어디에 있는지를 점검해야 합니다. 시와 찬미와 신령한 노래를 부르며 살아야 합니다.

요한 계시록에는 성령의 감동이라는 말씀이 네 번 나옵니다. 첫 번째 성령의 감동 속에서 요한 사도는 재림하실 주님을 만나 첫 번째 사명을 받았습니다.(계1:10) 두 번째 성령의 감동 속에서 그 영이 하늘나라에 올라가 하나님을 뵙고 예수님이 심판주가 되시는 모습과 앞으로 전개될 일들을 환상으로 보았습니다.(계4:1) 세 번째 성령의 감동 속에서 그 영이 광야로 이끌림을 받아 사탄의 대리자요 적그리스도인 짐승을 타고 있는 거짓 그리스도인 음녀를 보았습니다.(계17:3) 네 번째 성령의 감동 속에서 그는 천사에 의해 높은 산으로 이끌림을 받아 하늘에서 내려오는 거룩한 성 새 예루살렘을 보았습니다.(계21:10)

그 네 번의 성령의 감동 속에서 요한 사도는 종말에 이루어질 모든 것을 알게 되었습니다. 그러므로 오늘 우리들도 늘 성령 충만과 성령의 감동 속에서 살면서 하나님의 영광을 위해 살아야 하겠습니다.

# [10장 묵상 주제]

1. 주의 날은 어떤 날일까요?

2. 성령의 인침과 거듭나네에 대해 말해 봅시다.

3. 성령의 내주와 성화의 관계에 대해 말해 봅시다.

4. 성령의 충만과 은사에 대해 말해 봅시다.

5. 성령의 감동이란 말씀은 어떤 뜻인가 설명해 봅시다.

6. 성령을 근심하게 하거나 모독하면 어떻게 됩니까?

7. 당신이 경험한 성령님의 역사에 대해 말해봅시다.

# ✝ 제11장  만남과 사명

## 성경 본문(계1:12-18)

✝ 12. 그래서 누가 말하는지 알아보려고 몸을 돌이켰을 때 나는 일곱 금 촛대를  보았습니다.

✝ 13. 그 촛대 사이에는 예수님 같은 분이 발에까지 끌리는 옷을 입고 가슴에 금띠를 두르고 계셨습니다.

✝ 14. 그분의 머리와 머리털은 흰 양털과 눈처럼 희고 눈은 불꽃 같고

✝ 15. 발은 용광로에서 정련한 주석 같았으며 그분의 음성은 폭포 소리와 같았습니다.

✝ 16. 그분은 오른손에 일곱별을 쥐고 계셨으며 그분의 입에서는 양쪽이 날이 선 날카로운 칼이 나오고 얼굴은 해가 강하게 비치는 것 같았습니다.

✝ 17. 나는 그분을 보고 그 발 앞에 엎드려 마치 죽은 사람같이 되었습니다.

그러자 그분은 나에게 오른손을 얹고 이렇게 말씀 하셨습니다.

두려워하지 말라. 나는 처음과 마지막이며

✝ 18. 살아 있는 자이다. 내가 전에 죽었으나 이제는 영원히 살아 있으며 죽음과 지옥의 열쇠를 가지고 있다.

# 1. 돌이킴

요한 사도는 주님의 음성을 듣고 몸을 돌이켰습니다. 삶의 전환점은 돌이키는데 있습니다. 주님의 음성이 들리는 쪽으로 삶을 돌이켜야 합니다. 하나님이 부르시는데도 그 음성을 듣지 못하고 무시하고 돌아서지 않으면 그 삶의 앞길에는 멸망이 기다리고 있습니다. 그래서 우리는 주님의 음성이 들리는 쪽으로 돌이켜야 합니다. 주님은 모세를 부르시듯이 우리를 부르시며 우리를 기다리십니다.

> "모세가 그의 장인 미디안 제사장 이드로의 양 떼를 치더니 그 떼를 광야 서쪽으로 인도하여 하나님의 산 호렙에 이르매 여호와의 사자가 떨기나무 가운데로부터 나오는 불꽃 안에서 그에게 나타나시니라 그가 보니 떨기나무에 불이 붙었으나 그 떨기나무가 사라지지 아니하는지라 이에 모세가 이르되 내가 돌이켜 가서 이 큰 광경을 보리라 떨기나무가 어찌하여 타지 아니하는고 하니 그 때에 여호와께서 그가 보려고 돌이켜 오는 것을 보신지라 하나님이 떨기나무 가운데서 그를 불러 이르시되 모세야 모세야 하시매 그가 이르되 내가 여기 있나이다 하나님이 이르시되 이리로 가까이 오지 말라 네가 선 곳은 거룩한 땅이니 네 발에서 신을 벗으라"(출3:1-5)

사도 요한이 몸을 돌이켜 누가 말하는지를 알아보려 했을 때 그는 일곱 개의 금 촛대를 먼저 보았습니다. 금 촛대는 교회를 상징합니다. 정금같은 믿음의 공동체가 교회이고 세상의 어둠을 밝히는 곳이 교회입니다. 크고 작음의 차이가 없이 고르게 불이 켜져 있는 금 촛대는 오늘날의 주님의 교회들을 상징합니다.

## 2. 주님이 교회를 보시는 기준

세상의 기준에서는 숫자나 재정이나 건물을 기준으로 큰 교회와 작은 교회가 존재합니다. 재정적인 자립 교회와 재정적인 미자립 교회가 존재합니다. 그러나 주님의 기준에는 큰 교회나 작은 교회가 없고 자립 교회와 미 자립 교회가 없습니다.

순금 같은 믿음이 있느냐 없느냐, 어둠을 밝힐 진리의 말씀이 불이 되어 타오르고 있느냐 없느냐가 주님의 판단 기준입니다. 지금 우리들의 교회는 무엇을 자랑하고 있습니까? 건물입니까? 진리입니까?

## 3. 재림하실 예수님의 모습

그 촛대 사이에 인자와 같은 분이 발에 끌리는 옷을 입고 서 있습니다. 발에 끌리는 옷은 제사장의 예복을 상징합니다. 예수님은 우리의 대제사장이십니다. 가슴에 금띠를 띠고 서 계셨습니다. 예수님이 입으신 흰 옷은 성결함의 상징입니다. 금띠는 주님이 가지신 권세를 상징합니다. 그런데 그 금띠가 가슴에 있다는 것은 주님이 온전한 구원자요 심판자이심을 보여 줍니다.

하나님의 영광 가운데 교회들 사이에서 또 교회 안에서 역사하고 계시는 분은 부활하시고 승천하신 이후에 재림하실 예수님입니다. 인자라는 표현은 예수님이 자신을 가리켜서 하신 말씀입니다.(막2:10) 구약시대로부터 예수님을 상징하는 용어가 인자였습니다.

> "내가 또 밤 환상 중에 보니 인자 같은 이가 하늘 구름을 타고 와서 옛적부터 항상 계신 이에게 나아가 그 앞으로 인도되매 그에게 권세와 영광과 나라를 주고 모든 백성과 나라들과 다른 언어를 말하는 모든 자들이 그를 섬기게 하였으니 그의 권세는 소멸되지 아니하는 영원한 권세요 그의 나라는 멸망하지 아니할 것이니라"(단7:13-14)

예수님은 지금 하나님의 보좌 우편에 계실 뿐만 아니라 지금 교회들 사이에 계시면서 주의 종들을 붙잡고 계십니다. 주님의 머리와 털은 흰 양털과 눈 같았습니다. 주님은 성결하신 분이고 지혜가 한량없으신 분입니다. 그 눈은 불꽃같습니다. 사람들의 모든 마음을 가장 깊은 곳까지 보시고 모든 것을 감찰하십니다. 모든 것을 공의롭게 심판하시는 분입니다. 주님의 발은 뜨거운 불로 연단한 빛난 주석과 같습니다. 주님이 가진 심판의 권세는 모든 악과 사탄을 심판하실 수 있는 능력이 있습니다.

주님의 목소리는 많은 물소리와 같습니다. 마치 엄청난 비가 내릴 때 들리는 소리처럼 큰 폭포에서 한꺼번에 물이 쏟아지는 것처럼 우렁차고 웅장한 목소리입니다. 세상에서 가장 큰 우렛소리 보다 더 큰 음성입니다.

## 4. 주의 종을 붙잡고 계시는 예수님

그 오른손에는 일곱별이 있습니다. 오른손은 권능의 손입니다. 그 권능의 손으로 일곱별 곧 일곱 교회의 목회자들을 붙잡고 계십니다. 하나님의 교회를 섬기는 목회자들에게 이보다 더 큰 영광이 없습니다. 교회를 섬기는 목회자들은 모두 주님이 친히 붙잡고 계십니다.

그러나 목사라고 다 주님이 붙잡고 계시는 것이 아닙니다. 하나님이 세우신 교회를 섬기며 주님의 일에 몸과 마음을 바쳐 충성하고 봉사하는 주의 종들을 붙잡고 계십니다. 큰 교회나 작은 교회가 아니라 주님의 교회를 섬기는 주의 종들을 주님이 붙잡고 계십니다.

진실하게 주님을 섬기는 목회자를 주님이 붙잡고 있다는 이 말씀이 교회의 크기에 관계없이 주님을 섬기는 모든 목회자에게 가장 큰 위로와 힘이 됩니다.

## 5. 말씀의 능력

주님의 입에서 양쪽으로 날을 세운 검이 나옵니다. 검은 하나님의 말씀입니다.(히4:12) 오늘 우리 가운데 살아 역사하시는 활력이 있는 하나님의 말씀입니다.

양쪽으로 날이 선 것은 어느 한쪽으로 치우치지 않은 공의롭고 정의로운 말씀이며 모든 악을 제하고 모든 병든 것과 약한 것을 치유하는 말씀인 것을 드러냅니다. 주님의 말씀은 생명력이 있고 치료하는 능력이 있는 말씀입니다.

재림하실 주님의 얼굴은 해가 힘 있게 비치는 것 같은 영광의 모습입니다. 하나님의 영광 가운데 있는 예수님의 모습은 변화산에서 이미 보여 주셨는데(마17장) 그때보다 더 완벽한 모습으로 요한 사도에게 나타나셨습니다. 그리고 이 모습은 우리가 예수님이 재림하실 때 우리의 영혼이 입을 영의 몸이 얼마나 영광스러운 모습일지를 알게 합니다.

# 6. 사명

그 완벽하시고 엄청난 하늘의 위엄 가운데 나타나신 주님을 보면서 요한은 그 엄청나고 완벽한 주님의 모습과 하늘의 강력한 힘에 압도되어 주님 앞에 죽은 자와 같이 엎드려졌습니다.

죽은 자와 같이 엎드려졌다는 것은 자신의 육체적인 능력이나 노력이나 힘으로 주님을 만난 것이 아니라는 것입니다. 오직 주님의 은혜만이 주님을 만날 수 있게 합니다. 그렇게 엎드려진 사랑하는 제자 요한에게 주님은 권능의 오른손을 얹고 말씀하십니다.

> "두려워 말라 나는 처음과 마지막이요 살아 있는 자라 전에는 죽었었노라 그러나 이제는 세세토록 살아 있어 사망과 음부의 열쇠를 가졌노라"(계1:16)

이 모습은 다니엘에게 나타났던 가브리엘의 모습을 연상하게 합니다.

> "그가 내가 선 곳으로 나왔는데 그가 나올 때에 내가 두려워서 얼굴을 땅에 대고 엎드리매 그가 내게 이르되 인자야 깨달아 알라 이 환상은 정한 때 끝에 관한 것이니라. 그가 내게 말할 때에 내가 얼굴을 땅에 대고 엎드리어 깊이 잠들매 그가 나를 어루만져서 일으켜 세우며 이르되 진노하시는 때가 마친 후에 될 일을 내가 네게 알게 하

리니 이 환상은 정한 때 끝에 관한 것임이라"(단8:17-19)

사람들의 삶에는 언제나 두려움이 있습니다. 그 두려움은 영적인 것이기도 하고 현실적인 문제 때문에 생기는 두려움이기도 합니다. 그런데 주님은 우리가 그 모든 두려움에서 벗어나도록 힘을 주시는 분입니다.

"두려워하지 말라 내가 너와 함께 함이라 놀라지 말라 나는 네 하나님이 됨이라 내가 너를 굳세게 하리라 참으로 너를 도와 주리라 참으로 나의 의로운 오른손으로 너를 붙들리라"(사41:10)

다니엘에게 나타나신 분은 가브리엘 천사장입니다. 그러나 사도 요한에게 나타나신 분은 예수님이십니다. 다니엘도 가브리엘 천사장을 통해 미래를 보았지만 그 모든 내용은 계획적인 것이었습니다. 그러나 예수님이 요한 사도에게 가르쳐 주신 내용은 완전한 것입니다. 천사장 가브리엘은 뛰어난 영적 존재이지만 피조물이고 하나님의 심부름꾼이며 예수님은 창조주요, 역사의 주관자이십니다.

예수님은 쓰러져 있는 요한에게 권능의 오른손을 얹고 계속 말씀하십니다. 나는 처음이요, 마지막이다. 하나님 아버지께서 이 세상의 모든 것을 창조하실 때에도 예수님은 함께 계셨습니다. 이 역사의 주관자는 예수님이십니다. 모든 일을 시작하시고 끝내시는 분이 예수님입니다. 그러므로 우리는 늘 주님 앞에 겸손하며 주님의 뜻에 순종해야 합니다.

　태어나 살고 죽는 이 세상 모든 일을 내가 시작할 수도 없고 내가 끝낼 수도 없습니다. 모두가 다 하나님의 은혜와 섭리 안에서 되는 일입니다. 그래서 우리는 주님과 동행해야 합니다. 주님은 자신을 세세토록 살아 있는 분이라고 말씀합니다. 예수님은 오늘도 살아 계셔서 모든 만물을 주관하고 계십니다.

　우리가 믿는 하나님은 인간들이 자신의 생각을 형상화시켜 만들어 놓고 섬기는 신이 아닙니다. 주님은 살아 계신 하나님이시며 창조주입니다. 그 주님이 이어서 말씀하십니다. "내가 전에는 죽었었노라."

　인간의 모습으로 우리를 찾아 오셨던 예수님은 하나님 아버지의 뜻대로 십자가에서 죽으셨습니다. 이 죽음이 우리를 향한 하나님의 가장 큰 사랑의 증거입니다. 누군가 하나님의 사랑이 어디 있느냐고 물으면 예수님의 십자가를 보라고 하십시오. 바로 거기에 사랑하는 아들이 피를 흘려 죽기까지 우리를 사랑하신 하나님의 사랑이 있습니다. 예수님이 흘린 보혈로 우리는 모든 죄에서 해방되었습니다.

　예수님의 보혈과 진리 안에서 우리는 참된 해방과 기쁨을 누리게 되었습니다. 모든 고통에서 해방되는 길을 찾았고 죽음을 넘어서는 사람이 되었습니다. 하나님이 주시는 행복과 영생의 주인공이 되었습니다. 예수님의 죽음이 우리를 사랑하시는 하나님의 가장 큰 사랑의 증거입니다.

죽으셨던 주님이 다시 말씀하십니다. 그러나 "이제는 세세토록 살아 있어 사망과 음부의 열쇠를 가졌노라." 세세토록이라는 말은 영원하다는 말입니다. 주님은 영원히 살아계신 분입니다. 오늘도 살아 역사하시는 분입니다. 살아 계심으로 죽음까지 주관하고 계시고 사후세계인 음부까지 주관하십니다.

우리 인간의 최후 원수는 죽음입니다. 마귀는 사람들을 속여 죄를 짓게 하고 그 죄의 결과로 하나님과의 아름다운 관계가 끊어져 죽게 했습니다. 그리고 그 죄의 사슬로 사람들을 묶어놓고 죽음의 공포로 다스리며 인간들을 자신의 종노릇하도록 했습니다.

> "자녀들은 혈과 육에 속하였으매 그도 또한 같은 모양으로 혈과 육을 함께 지니심은 죽음을 통하여 죽음의 세력을 잡은 자 곧 마귀를 멸하시며 또 죽기를 무서워하므로 한평생 매여 종노릇 하는 모든 자들을 놓아 주려 하심이니"(히2:14-15)

예수님이 십자가에서 죽으시고 부활하셔서 그 모든 죄와 죽음의 사슬에서 우리를 풀어 주셨습니다. 이제 예수님이 재림하시면 죽음도 음부도 다 불못에 던져집니다. 이것을 둘째 사망이라고 하는데 첫째 죽음은 둘째 사망 때문에 사라지고 구원받은 우리 하나님의 백성들은 그 날에 죄와 사망과 고통이 없고 저주가 없고 어둠이 없는 영원한 천국으로 옮기게 됩니다.

죽고 사는 모든 일까지 주님의 주권 아래 있습니다. 천국이 있고 지옥이 있습니다. 주님은 교회를 통하여 천국 문을 열고 닫으시며 또한 사망과 음부의 문을 열고 닫으시는 분입니다. 주님은 밧모섬에 있는 요한 사도에게 과거와 현재와 미래에 이루어질 모든 것을 보고 들은 대로 기록하여 교회들에게 전하라는 문서 선교의 사명을 주셨습니다.

요한 사도는 주의 날에 성령의 감동 안에서 예수님의 음성을 듣습니다. 그 음성은 그의 뒤에서 들려지는 나팔소리 같은 큰 음성입니다. 나팔 소리 같은 큰 음성이라는 이 말씀은 우렁차고 강력한 하늘의 음성이라는 뜻입니다. 이 세상의 사람들이 말할 수 없는 권위 있는 말씀입니다.

그 음성으로 주님은 요한에게 말씀하셨습니다. 너는 네가 보는 것을 두루마리에 써서 에베소 서머나 버가모 두아디라 사데 빌라델비아 라오디게아 교회들 곧 일곱 교회에 보내라.

이것이 요한 사도가 계시록의 말씀들을 듣고 그 내용을 받을 때 주님으로부터 받은 첫 번째 사명입니다. 두 번째 사명은 10장에 나오는 대로 하나님의 말씀을 받은 요한에게 다시 복음을 전하라는 것입니다.

"내가 천사의 손에서 작은 두루마리를 갖다 먹어 버리니 내 입에는 꿀 같이 다나 먹은 후에 내 배에서는 쓰게 되더라 그가 내게 말하기를 네가 많은 백성과 나라와 방언과 임금에게 다시 예언하여야 하리라 하더라"(계10:10-11)

문서 선교와 말씀 전파 사역 이 두 가지 사명은 오늘 우리 주의 종들도 늘 감당해야 할 사명입니다. 복음을 문서로 전하고 말씀으로 전하는 일은 항상 우리주의 종들이 감당해야 할 사명입니다. 말이 글이 되고 글은 영이 되어 사람들의 영혼을 살릴 때 전해지는 복음을 통해 영원한 천국의 문이 열리게 됩니다.

요한은 지금 에베소 교회를 섬기는 목자가 아닙니다. 나이 구십이 넘어 밧모섬에 귀양을 온 처지입니다. 그렇다고 주의 일을 그만할 수 없습니다. 그래서 사명(使命)은 사명(死命)입니다. 목숨이 다하는 날까지 감당하는 것이 사명입니다.

"너는 장차 받을 고난을 두려워하지 말라 볼지어다 마귀가 장차 너희 가운데에서 몇 사람을 옥에 던져 시험을 받게 하리니 너희가 십일 동안 환난을 받으리라 네가 죽도록 충성하라 그리하면 내가 생명의

관을 네게 주리라"(계2:10)

주님은 주의 종들에게 그때 그때 처한 형편에 맞는 일을 하게 하십니다. 지금 주님이 나에게 맡겨주시는 일이 무엇인지 확실히 깨닫고 목회자의 사명을 잘 감당해야 합니다. 우리는 모두 주님의 일을 하는 사명자로 부름을 받았습니다. 환경이나 사람 탓하지 말고 충성해야 합니다.

생명의 면류관을 바라보면서!

# [11장 묵상 주제]

1. 왜 주님은 일곱 금촛대 사이에 서 계실까요?

2. 영광 가운에 계신 예수님의 모습을 말해 봅시다.

3. 주님이 교회를 보시는 기준은 무엇입니까?

4. 일곱별을 오른 손에 붙잡고 계긴다는 말씀의 의미는?

5. 요한에게 손을 얹고 하신 주님의 말씀은 무슨 의미일까요?

6. 주님이 사망과 음부의 열쇠를 가지셨다는 말씀은 무슨 뜻입니까?

7. 요한에게 주신 첫 번째 사명을 무엇입니까?

## 성경 본문(계1:19-20)

■ 19. 그러므로 너는 이미 본 것과 지금 있는 일들과 앞으로 일어날
　　　 일들을 기록하라.
■ 20. 네가 본 내 오른손의 일곱별과 일곱 금촛대의 비밀은 이렇다. 일
　　　 곱별은 일곱 교회의 지도자들이며 일곱 금촛대는 일곱 교회이다.

## 1. 교회의 비밀

　이제 주님은 요한에게 주신 사명에 대해 구체적으로 그 기록
할 내용에 대해 말씀하십니다. 요한이 본 것은 과거에 속한 일입
니다. 이제 있을 일은 현재에 일어나는 일입니다. 장차 될 일은
미래에 일어날 일입니다.

　그래서 과거 현재 미래의 모든 시간과 사건을 주관하시는 분
은 주님이십니다. 보여주시고 진행하시고 이루시는 분입니다. 앞
으로 일을 행하실 분도 주님이십니다. 우리의 삶도 인류의 역사
도 과거와 현재와 미래로 구성되어 있습니다. 그 모든 일을 주님

이 다 아십니다. 그리고 보여주십니다. 요한은 자신에게 보여주신 내용을 기록하였습니다.

그 가운데 특히 주님은 네가 본 것은 일곱별의 비밀과 일곱 금 촛대인데 일곱별은 일곱 교회의 사자들이요, 일곱 금 촛대는 일곱 교회라고 말씀하셨습니다. 교회에는 세상을 밝히는 하나님께서 말씀하시고 그 말씀을 전하는 주의 종들이 있고 하나님을 섬기는 성도가 있습니다. 그리고 교회 안에는 세상 사람들이 모르는 하나님의 비밀이 있습니다.

요한계시록에는 이 교회의 비밀 외에도 두 가지 비밀이 더 있습니다. 그 하나는 구원에 관한 비밀입니다.

> "일곱째 천사가 소리 내는 날 그의 나팔을 불려고 할 때에 하나님이 그의 종 선지자들에게 전하신 복음과 같이 하나님의 그 비밀이 이루어지리라 하더라"(계10:7)

또 하나는 사탄의 비밀입니다.

> "천사가 이르되 왜 놀랍게 여기느냐 내가 여자와 그가 탄 일곱 머리와 열 뿔 가진 짐승의 비밀을 네게 이르리라 네가 본 짐승은 전에 있었다가 지금은 없으나 장차 무저갱으로부터 올라와 멸망으로 들어갈 자니 땅에 사는 자들로서 창세 이후로 그 이름이 생명책에 기록되지

못한 자들이 이전에 있었다가 지금은 없으나 장차 나올 짐승을 보고 놀랍게 여기리라"(계17:7-8)

네 번의 성령의 감동(계1:10, 4:1, 17:3, 21:10)에 의해 이제 그 세 가지 비밀이 교회들을 위해 하나씩 하나씩 공개됩니다.

"나 예수는 교회들을 위하여 내 사자를 보내어 이것들을 너희에게 증언하게 하였노라 나는 다윗의 뿌리요 자손이니 곧 광명한 새벽 별이라 하시더라"(계22:16)

## 2. 구약시대의 제사와 예배

### 1) 구약의 제사

하나님께서는 에덴동산을 벗어난 사람들과 예배를 통해 만나주셨습니다. 구약시대의 예배는 제물을 드리는 제사의 형식으로 드려졌습니다. 성경에서의 첫 번째 제사는 가인과 아벨의 제사인 것으로 나타나지만 그들도 그 부모인 아담과 하와에게 제단을 쌓고 제사를 지내는 방법을 배웠을 것입니다.

하나님께서는 가인과 아벨의 제사 가운데 가인과 그 제물은 받지 아니하시고 아벨과 그 제물은 받으셨습니다.

"세월이 지난 후에 가인은 땅의 소산으로 제물을 삼아 여호와께 드렸고 아벨은 자기도 양의 첫 새끼와 그 기름으로 드렸더니 여호와께서 아벨과 그의 제물은 받으셨으나 가인과 그의 제물은 받지 아니하신지라 가인이 몹시 분하여 안색이 변하니 여호와께서 가인에게 이르시되 네가 분하여 함은 어찌 됨이며 안색이 변함은 어찌 됨이냐 네가 선을 행하면 어찌 낯을 들지 못하겠느냐 선을 행하지 아니하면 죄가 문에 엎드려 있느니라 죄가 너를 원하나 너는 죄를 다스릴지니라"

(창4:3-7)

여기에서 중요한 것은 가인과 그 제물, 아벨과 그 제물이라고 말씀하는 것입니다. 예배에서 중요한 것은 그 제물의 내용만이 아닙니다. 드리는 사람의 인격도 소중합니다. 하나님 앞에 드리는 예배에 실패한 가인은 사탄의 유혹에 빠져 동생을 죽이는 끔찍한 범죄를 저질렀습니다. 예배에 실패하면 하나님과의 관계가 틀어지고 인간관계도 엉망이 되어 결국 인생의 실패자가 됩니다. 하나님께 드리는 예배는 아름답고 성결한 인격으로 드려야 합니다.

아담의 10대 자손인 노아는 대 홍수 후에 하나님 앞에 가장 정결한 제물을 준비하여 불로 태워드리는 제사인 번제를 드리며 제단을 쌓았습니다. 그때 하나님께서 이렇게 말씀하셨습니다.

"노아가 여호와께 제단을 쌓고 모든 정결한 짐승과 모든 정결한 새 중에서 제물을 취하여 번제로 제단에 드렸더니 여호와께서 그 향기를 받으시고 그 중심에 이르시되 내가 다시는 사람으로 말미암아 땅을 저

주하지 아니하리니 이는 사람의 마음이 계획하는 바가 어려서 부터 악
함이라 내가 전에 행한 것 같이 모든 생물을 다시 멸하지 아니하리니
땅이 있을 동안에는 심음과 거둠과 추위와 더위와 여름과 겨울과 낮과
밤이 쉬지 아니하리라"(창8:20-22)

하나님께서 받으시는 예배를 드리면 그 예배를 받으시는 하나
님께서 인생에 내려지는 저주가 끊어지게 하십니다. 그래서 우리
는 예배를 드릴 때 하나님께서 받으시는 예배를 드리는 성도가
되어야 합니다.

### 2) 족장들의 제단(아브라함, 이삭, 야곱)

아브라함은 하나님께서 그를 부르신 이후 평생 동안 계속 하
나님께 제단을 쌓으며 살았습니다. 성경에는 그가 쌓은 제단 가
운데 다섯 제단을 기록하고 있습니다.

첫 번째 제단은 세겜 제단인데 그가 가나안 땅에 들어가 처음
쌓은 제단입니다. 그 제단을 쌓으면서 그는 하나님의 약속을 다
시 굳게 믿게 되었고 새 힘을 얻었습니다.(창12:6-7) 하나님의
약속을 믿고 제단을 쌓은 대로 그 모든 가나안 땅이 그와 그 후
손에게 주어졌습니다.

그 다음에 쌓은 두 번째 제단이 벧엘 제단입니다. 그곳에서

그는 하나님이 그 인생에 늘 함께 하신다는 사실을 다시 알게 되었습니다. 벧엘의 원래 이름은 루스인데 그 뜻은 사연이 많다는 것입니다. 그러나 벧엘은 하나님의 집입니다. 사연이 많은 인생살이에 나를 든든하게 지켜주실 분은 하나님이십니다. 내가 사는 땅에 하나님의 집이 있다는 것은 하나님께서 내가 인생의 위기를 만날 때 하나님께서 내 인생의 피난처요, 방패가 되시는 하나님이시라는 사실을 알게 합니다. 벧엘은 하나님이 나와 함께 하시는 증거입니다.(창12:8-9)

세 번째 제단이 헤브론에서 쌓은 제단입니다. 하나님께서 조카 롯과의 관계에서 크게 상처를 받은 아브라함을 위로하시면서 동서남북을 바라보게 하십니다. 그리고 지친 아브라함에게 오히려 더 큰 소망을 주셨습니다. 그는 이곳에서 더 좋은 미래로 이끄시는 하나님의 비밀을 깨달아 알게 되었습니다. 예배에 성공하면 사람들과의 관계에서 입은 상처도 성령의 기름부음을 통해 싸매어지고 그 곳에서 새로운 미래를 보는 은혜가 임합니다.(창13:18)

네 번째 제단이 브엘세바 제단입니다. 아브라함은 나이가 들어가면서 자신의 능력으로 할 수 있는 일이 있고 할 수 없는 일이 있다는 것을 깨달아 알았습니다. 그래서 그는 하나님만이 영원하심을 믿으며 하나님 앞에 겸손히 제단을 쌓았습니다. 그 제단이 에셀 나무를 심고 영원하신 하나님의 이름을 부르며 쌓은 브엘세바 제단입니다.(창21:33) 인생은 유한합니다. 그러나 하나님은 영원하십니다. 예배를 통해 우리는 영원하신 하나님을 만나게 됩니다.

다섯 번째 제단이 그 아들 이삭과 함께 제단을 쌓은 모리아 제단입니다. 하나님을 향한 절대적인 신뢰와 믿음을 통해 여호와 이레 되시는 하나님을 만나게 됩니다. 여호와 이레는 하나님께서 앞길을 준비하신다는 뜻입니다.(창22장) 어리석은 사람은 과거를 후회하고 미래를 걱정하며 날마다 근심 가운데 삽니다. 그러나 신앙의 사람은 지금까지 살아 온 것이 하나님의 은혜이며, 지금도 하나님이 함께 하심을 믿습니다. 우리의 앞길을 예비하시는 분도 하나님이십니다.

이후에 아브라함은 모든 믿는 자들의 조상이 되었으며 나이가 들어 늙었을 때에도 범사에 복을 받아 언제나 형통하는 사람이 되었습니다.(창24:1)

그 아들 이삭은 그 아버지 아브라함이 죽은 후에 예배와 기도를 통해 하나님이 주시는 복을 이어받게 되었습니다. 40세에 리브가와 결혼을 하였으며 아이가 없자 그는 하나님께 기도하였습니다. 오랜 기도 끝에 60세가 되었을 때 그 기도의 응답으로 쌍둥이인 에서와 야곱을 낳았습니다.(창25:21)

기도로 제단을 쌓고 그 응답을 통해 아들을 낳은 사람들이 성경에는 많이 있습니다. 이삭도 그랬고 한나도 그랬습니다. 세례 요한의 아버지인 스가랴도 그랬습니다. 기도는 인생을 바꾸는 가장 강력한 축복의 통로입니다.

이삭은 하나님 말씀에 순종하며 늘 그 앞에 제단을 쌓음으로 백배의 축복을 받았으며(창26:12-13) 주변사람들의 시기와 방해 그리고 여러 가지 어려움 속에서도 그 삶의 지경이 오히려 넓혀지는 축복의 주인공이 되었습니다.(창26:22) 그는 그 아버지 아브라함처럼 항상 하나님 앞에 제단을 먼저 쌓고 그가 살 집은 나중에 세울 줄 아는 믿음의 사람이었습니다.(창26:215)

이 믿음은 그 아들 야곱에게 전승되어 야곱도 평생 이삭의 축복을 이어받아 축복의 계승자가 되었습니다. 야곱도 항상 하나님 앞에 제단을 쌓는 사람이 되었습니다. 야곱은 그 삼촌 라반의 집으로 가다가 광야에서 잠을 자게 되었는데 그때 꿈에 하나님의 천사들이 하늘과 땅을 이은 사다리를 오르락 내리락 하는 것을 보았고 하나님의 음성을 들으며 깨어나 제단을 쌓았습니다. 이것이 그 유명한 야곱의 벧엘 제단입니다.(창28:11-22) 벧엘은 그 할아버지 아브라함이 하나님 앞에 제단을 쌓았던 곳입니다.

그때 하나님께서 주시는 축복의 말씀을 듣고 그가 돌기둥을 세워 기름 부어 쌓은 제단에서 드린 서원 기도는 그 인생의 평생에 좌우명이 되고 축복의 근거가 되었습니다. 사연 많은 인생, 어려움이 많은 인생길에서 그는 늘 벧엘에서 그를 만나 주셨던 하나님을 기억하고 어려운 일이 생길 때마다 그 제단을 찾아 다시 하나님께 성결한 모습으로 예배를 드렸습니다.(창35장)

삼촌의 집에서 20년 만에 그가 다시 집으로 돌아올 때 얍복 강가에서 쌓은 제단이 그 유명한 얍복강 기도의 제단입니다. 그 날 밤 그 한 번의 간절한 기도는 그의 후반기 인생 전체를 바꾸어 놓았습니다.(창28장) 하나님께서는 그의 이름을 야곱이 아닌 이스라엘로 바꾸어 주셨습니다. 언제나 하나님이 함께 하시는 사람이 되었습니다. 씨름하는 사람이 온 힘을 쏟아 상대방과 겨루듯이 그는 그 인생의 모든 것을 걸고 하나님께 매달렸습니다. 그 간절함이 하나님의 마음을 감동시켰습니다. 그 애절함이 하나님께서 그를 위해 움직이게 했습니다. 기도로 쌓는 제단은 그 응답을 통해 인생을 송두리째 바꾸어 놓습니다.

"야곱은 홀로 남았더니 어떤 사람이 날이 새도록 야곱과 씨름하다가 자기가 야곱을 이기지 못함을 보고 그가 야곱의 허벅지 관절을 치매 야곱의 허벅지 관절이 그 사람과 씨름할 때에 어긋났더라 그가 이르되 날이 새려하니 나로 가게 하라 야곱이 이르되 당신이 내게 축복하지 아니하면 가게 하지 아니하겠나이다 그 사람이 그에게 이르되 네 이름이 무엇이냐 그가 이르되 야곱이니이다 그가 이르되 네 이름을 다시는 야곱이라 부를 것이 아니요 이스라엘이라 부를 것이니 이는 네가 하나님과 및 사람들과 겨루어 이겼음이라 야곱이 청하여 이르되 당신의 이름을 알려주소서 그 사람이 이르되 어찌하여 내 이름을 묻느냐

하고 거기서 야곱에게 축복한지라 그러므로 야곱이 그 곳 이름을 브니엘이라 하였으니 그가 이르기를 내가 하나님과 대면하여 보았으나 내 생명이 보전되었다 함이더라 그가 브니엘을 지날 때에 해가 돋았고 그의 허벅다리로 말미암아 절었더라 그 사람이 야곱의 허벅지 관절에 있는 둔부의 힘줄을 쳤으므로 이스라엘 사람들이 지금까지 허벅지 관절에 있는 둔부의 힘줄을 먹지 아니하더라"(창32:24-32)

## 3) 성막과 성전

이렇게 족장 시대에는 각자 개인이 하나님 앞에 제단을 쌓는 시기였습니다. 그때가 지나고 애굽에 살던 이스라엘이 하나의 민족을 이룰 만큼 숫자가 늘어나게 되어 애굽을 벗어나게 되었을 때 하나님께서는 그들과 시내 산에서 언약을 맺으시고 그들에게 성막을 만들게 하셨습니다.(출25:8-9)

이 성막을 다른 말로는 회막이라고도 하는데 이 성막은 하나님께서 정해주신 법도에 따라 사람들이 하나님을 만나는 장소입니다.

"속죄소를 궤위에 얹고 내가 네게 줄 증거 판을 궤 속에 넣으라. 거기서 내가 너와 만나고 속죄소 위 곧 증거궤 위에 있는 두 그룹 사이에서 내가 이스라엘 자손을 위하여 네게 명령할 모든 일을 네게 이르리라"(출25:21-22)

하나님께서는 이스라엘 백성들에게 전할 말씀을 이 성막에서 모세를 만나 전해 주었고 그들이 지내는 제사를 통해 그들의 삶의 문제에 대한 해답을 주셨습니다.(레1장-7장) 이 성막에서 지성소와 성소를 나누는 휘장은 예수님이 십자가를 지실 때 위에서 아래로 찢어졌습니다.

그 이후 예수님의 보혈을 의지하는 모든 하나님의 자녀들이 직접 제사장이 되어 하나님을 만날 수 있는 길을 열어 주셨습니다. 속죄의 은총은 예수 그리스도의 십자가를 통해 완성되었습니다.

"예수께서 다시 크게 소리 지르시고 영혼이 떠나시니라 이에 성소 휘장이 위로부터 아래까지 찢어져 둘이 되고 땅이 진동하며 바위가 터지고"(마27:50-51)

이 내용을 성경은 다시 이렇게 설명합니다.

"이것들을 사하셨은즉 다시 죄를 위하여 제사 드릴 것이 없느니라. 그러므로 형제들아 우리가 예수의 피를 힘입어 성소에 들어갈 담력을 얻었나니 그 길은 우리를 위하여 휘장 가운데로 열어 놓으신 새로운 산 길이요 휘장은 곧 그의 육체니라"(히10:18-20)

성막을 만들게 하신 하나님은 그 성막에서 하나님의 백성들이 쌓는 제단을 통해 그들의 죄를 사하여 주시고 그들의 소원을 들

어주시며 그들 가운데 함께 계시는 것을 눈에 보이도록 불기둥과 구름기둥으로 역사하셨습니다.(출40장)

성막시대를 지나면 성전 시대가 됩니다. 솔로몬은 아브라함이 이삭을 드리던 모리아 산에 성전을 지어 하나님을 섬기는 장소로 구별하였습니다. 다윗이 예루살렘으로 모셔왔던 언약궤를 그 성전 안에 두고 그 성전을 온 이스라엘 백성이 하나님께 예배를 드리고 기도하며 제사를 드리는 곳으로 구별하였습니다. 이후 성전은 만민이 기도하는 곳이며 하나님께 예배를 드리는 곳으로 성별 되었습니다.

> "그 때에 솔로몬이 이르되 여호와께서 캄캄한 데 계시겠다 말씀하셨사오나 내가 주를 위하여 거하실 성전을 건축하였사오니 주께서 영원히 계실 처소로소이다 하고 얼굴을 돌려 이스라엘 온 회중을 위하여 축복하니 그 때에 이스라엘의 온 회중이 서 있더라"(대하6:1-3)

### 4) 회당

그런데 이 성전이 이스라엘 나라가 BC. 587년에 바벨론에 의해 망하게 되고 성전이 파괴 되면서 이스라엘 백성들은 예배를 드릴 성전을 잃어버리게 되고 포로로 끌려가게 됩니다. 그리고 그들은 그들이 끌려간 장소에서 다니엘처럼 각자 예배를 드리거나 기도할 수밖에 없는 처지가 되었습니다.

"다니엘이 이 조서에 왕의 도장이 찍힌 것을 알고도 자기 집에 돌아가서는 윗방에 올라가 예루살렘으로 향한 창문을 열고 전에 하던 대로 하루 세 번씩 무릎을 꿇고 기도하며 그의 하나님께 감사하였더라"

(단6:10)

이 시기에 발달한 것이 회당입니다. 예루살렘 성전을 잃어버리고 각처로 흩어진 이스라엘 사람들은 그들이 있는 곳에서 무리를 지어 모이게 됩니다. 성경을 가르치고 예배를 드렸습니다. 이것을 유대인 회당이라고 합니다.

이 회당은 BC. 535년에 포로에서 돌아와 총독 스룹바벨과 제사장 여호수아에 의해 다시 두 번째 성전을 지은 이후에도 세계 각처로 흩어진 유대인들에 의해 예루살렘에 있는 성전과 함께 유대인들의 지역 신앙 공동체 역할을 하게 되었습니다. 그리고 그 전통은 예수님 당시의 예루살렘에 있던 헤롯 성전과 가버나움에 있던 회당처럼 지역 신앙 공동체의 중심 역할을 했고 A.D. 70년 나라가 망한 후에도 지금까지도 세계 각처에서 그 역할을 감당하면서 이어져 오고 있습니다.

## 3. 교회 예배의 다섯 가지 기본 원리

제단이 성막으로 바뀌고 성막이 성전으로 바뀌고 성전이 회당으로 바뀌는 긴 역사 속에서도 여전히 그 중심 역할은 하나님께 예배를 드리며 기도하고 하나님의 말씀을 가르치고 배우는 일이었습니다.

지금의 교회들은 아담과 하와 이후 그 모든 전통들을 이어 받은 동시에 유대인들과는 달리 예수 그리스도를 주님으로 섬기는 신앙 공동체로서 교회로 모이고 있습니다.

우리 교회들이 구약의 전통을 이어받았다는 것은 오늘 우리 성경이 구약과 신약으로 되어 있는 것과 구약의 성전과 같은 예배당에서 모이는 것으로도 알 수 있습니다. 그래서 구약시대의 성막이나 성전과 유대인의 회당을 알지 못하면 오늘의 교회에 대해서도 바르게 이해하지 못합니다.

교회는 성전으로서의 교회가 있습니다. 예배의 장소로 구별된 교회를 우리는 성전으로서의 교회인 예배당이라고 합니다. 예배당에서 우리는 구약시대 성막과 성전의 전통을 이어받아 장소를 성별하여 하나님께 예배하며 기도합니다.

그러나 또한 성전으로서의 교회는 성령을 받은 성도들의 모임입니다. 성령께서는 우리의 몸을 성전삼아 함께 계신다고 하셨습니다.

"너희는 너희가 하나님의 성전인 것과 하나님의 성령이 너희 안에 계시는 것을 알지 못하느냐"(고전3:16)

그러므로 우리는 예배당으로서의 성전과 함께 우리 몸이 하나님의 성전임을 알아야 합니다. 아무리 예배당이 잘 가꾸어져 있어도 성전으로서의 성도들이 모이지 않는 예배당인 교회는 의미가 없습니다. 예수님께서는 우리가 드리는 예배가 성령 안에서 말씀의 진리 가운데 드려지는 예배이어야 한다고 말씀하셨습니다. 이 예배는 특정한 장소로서의 예배당을 초월하여 드리는 예배입니다.

"아버지께 참되게 예배하는 자들은 영과 진리로 예배할 때가 오나니 곧 이 때라 아버지께서는 자기에게 이렇게 예배하는 자들을 찾으시느니라 하나님은 영이시니 예배하는 자가 영과 진리로 예배할지니라"
(요4:23-24)

그러므로 우리는 예배당으로서의 교회뿐만 아니라 성령께서 거하시는 우리 몸이 성전임을 바르게 알고 예배당에 모일 때마다 성령님과 함께 있어야 합니다. 두세 사람이 모인 예배당에서 이루어진 교회도 성령께서 함께 하시는 믿음의 공동체이면 그 교회가 참된 교회입니다.

교회는 회당으로서의 역할을 하는 교회가 있습니다. 성도들이 모여 예배를 드릴 뿐만 아니라 하나님의 말씀을 가르치고 배우며 서로 교제하며 사랑을 나눕니다. 교회의 중요한 기능가운데 하나가 식사를 함께 하는 친교입니다. 또한 교회들마다 말씀을 전문적으로 가르치고 예배를 인도하도록 훈련받은 목회자들이 있습니다. 그들은 신학교에서 전문적으로 예배를 집례하며 하나님의 말씀을 가르치는 훈련과정을 거치고 목회자로서 자격을 인정받은 사람들입니다.

교회에는 우리가 섬기는 하나님이 계시고 우리가 신앙의 지침으로 삼는 성경이 있고 예배를 드리고 친교 하는 예배당이 있으며 성경 말씀을 바르게 풀어 가르치며 예배를 인도하는 목회자들이 있습니다. 그리고 목회자들과 함께 하나님을 섬기며 하나님의 뜻을 이루어가는 성도들이 있습니다. 이 네 가지 요소가 제대로 갖추어져야 교회는 교회로서의 제 기능을 할 수 있습니다.

교회의 머리는 그리스도이시며 교회는 모든 만물을 충만하게 하는 그리스도의 몸입니다. 그러므로 목회자와 성도들은 교회에 대해 바르게 이해하고 교회를 섬겨야 합니다.

> "또 만물을 그의 발 아래에 복종하게 하시고 그를 만물 위에 교회의 머리로 삼으셨느니라 교회는 그의 몸이니 만물 안에서 만물을 충만하게 하시는 이의 충만함이니라"(엡1:22-23)

"너희는 사도들과 선지자들의 터 위에 세우심을 입은 자라 그리스도 예수께서 친히 모퉁잇돌이 되셨느니라 그의 안에서 건물마다 서로 연결하여 주 안에서 성전이 되어 가고 너희도 성령 안에서 하나님이 거하실 처소가 되기 위하여 그리스도 예수 안에서 함께 지어져 가느니라"(엡2:20-22)

"내리셨던 그가 곧 모든 하늘 위에 오르신 자니 이는 만물을 충만하게 하려 하심이라 그가 어떤 사람은 사도로, 어떤 사람은 선지자로, 어떤 사람은 복음 전하는 자로, 어떤 사람은 목사와 교사로 삼으셨으니 이는 성도를 온전하게 하여 봉사의 일을 하게하며 그리스도의 몸을 세우려 하심이라"(엡4:10-12)

교회는 모이는 교회로서의 기능이 있고 흩어지는 교회로서의 기능이 있습니다.

교회가 모여서 하는 일은 첫째 하나님께 예배를 드리는 일, 둘째는 하나님의 말씀을 가르치고 배우는 일, 셋째가 성도들 사이에 서로 사귐이 있는 친교하는 일입니다.

흩어지는 교회로서의 기능은 첫째 구제하는 일입니다. 둘째는 전도하는 일입니다. 셋째는 선교하는 일입니다.

그 외에도 교회는 다양한 기능을 가지고 있지만 그 기본은 이

여섯 가지입니다. 이 가운데 가까운데 있는 이웃의 영혼을 구하는 일을 전도라고 한다면 국내외의 멀리 있는 분들의 영혼을 구원하고 그 삶을 구체적으로 돌보는 일은 선교라고 하겠습니다. 이 여섯 가지 기능 가운데 가장 중요한 기능이 하나님께 예배하는 입니다.

하나님께 드리는 예배에 성공하는 교회가 하나님이 세우신 교회입니다. 오늘날 뿐만 아니라 초대 교회 시대에도 교회 주위에는 신을 섬기는 많은 단체들이 있었습니다. 유대인들의 회당도 있었고 이방신을 섬기는 이방신전도 있었습니다. 그 가운데 하나님을 섬기는 그리스도인들이 모인 곳이 교회였습니다. 이것은 오늘날도 마찬가지입니다. 예수 그리스도를 주님으로 섬기며 하나님께 예배를 드리는 곳이 교회입니다. 그러므로 예배가 무엇인가 바로 알고 하나님께 바르게 예배를 드리는 것이 중요합니다.

예수님께서는 예배에 대해 묻는 사마리아 여인에게 이렇게 말씀하셨습니다.

> "아버지께 참되게 예배하는 자들은 영과 진리로 예배할 때가 오나니 곧 이 때라 아버지께서는 자기에게 이렇게 예배하는 자들을 찾으시느니라 하나님은 영이시니 예배하는 자가 영과 진리로 예배할지니라"
>
> (요4:23-24)

우리의 예배는 하나님을 향한 예배입니다. 구약시대에 하나님을 향하여 제단을 쌓았다는 말씀은 아담 이후에 천년을 지나 노아에게서 발견할 수 있고 노아 시대를 넘어 다시 천년이 지난 다음 아브라함에게서 발견할 수 있습니다. 오늘날에도 많은 사람들이 하나님이 아닌 다른 것들을 예배합니다. 우리의 예배는 하나님을 향한 예배이어야 합니다.

하나님은 영이 있기 때문에 눈에 보이지 않으십니다. 그러므로 우리는 어떤 형상이나 모양을 만들어 예배해서는 안 됩니다. 하나님은 오직 영과 진리로 예배해야 합니다. 영과 진리로 라는 말씀을 예전에는 신령과 진정으로라고 했습니다. 우리의 영과 하나님의 영이 마나는 성령 안에서 드리는 예배이어야 합니다. 진심을 다해 진실 되게 드리는 예배이어야 합니다.

우리의 예배는 아버지께 드리는 예배입니다. 예수님을 믿는 우리는 하나님의 자녀입니다. 그러므로 우리는 항상 하나님 아버지께 예배를 드려야 합니다. 유대인들은 하나님을 하나님으로는 알지만 아버지로는 알지 못합니다. 하나님을 아버지로 알고 예배하는 사람들만 하늘의 상속권이 있습니다. 우리는 창조주이신 하나님 아버지를 믿고 하나님을 아버지로 예배합니다. 이것이 참된 예배입니다. 예배할지니라는 말씀은 예배를 해도 되고 안 해도 된다는 것이 아닙니다. 예배는 성도들이 자녀로서 반드시 해야 할 일입니다. 이 예배는 홀로 드리는 예배가 아니라 함께 드리는 예배입니다. 예배하는 자들을 찾으신다고 하셨습니다. 우리는 함께 예배드려야 합니다.

하나님께 드리는 예배는 크게 다섯 가지 요소가 있습니다.

첫째는 찬양입니다. 둘째는 기도이며 셋째는 헌금입니다. 넷째는 말씀이며 다섯 번째는 축복입니다. 우리가 드리는 예배 안에 이 다섯 가지 요소가 균형 잡힌 모습으로 조화를 이룰 때 예배가 예배되어 하나님께 영광을 돌리게 됩니다.

## 1) 찬양

예배의 첫 출발점은 찬양입니다. 하나님께서는 찬양 가운데 거하시는 하나님이십니다. 계시록 4장과 5장과 7장과 15장과 18장을 보면 하나님 보좌 주위에 있는 천사장들과 이십사 장로들과 구원받은 모든 성도들과 모든 피조물들이 주님을 찬양하는 모습을 보게 됩니다. 하나님께서는 우리들을 하나님께 찬양을 드리도록 만드셨습니다. 찬양은 성도의 마땅한 도리입니다.

> "이 백성은 내가 나를 위하여 지었나니 나를 찬송하게 하려 함이니
> 라"(사43:21)

하나님께 찬양을 드리면 하나님은 영광을 받으시고 많은 역사를 일으키십니다. 사울에게 임한 악령이 다윗의 찬양 소리를 들

고 떠나간 것처럼 악한 영들의 역사가 끊어지게 하시고(삼상 16:23) 여호사밧 왕이 찬양대를 조직하여 찬양할 때 적군을 물리치는 역사가 나타난 것처럼 문제가 해결되게 하십니다.(대하20:18-20) 바울이 옥에 갇혀 찬양할 때 묶인 것이 풀어진 것처럼 묶인 것을 풀어지게 하십니다.(행16:25-26) 예수님은 천사들의 찬양 중에 탄생하셨고 성도들과 천사들의 찬양 가운데 재림하십니다.(계 19:4-6) 하나님은 찬양 중에 우리와 함께 하십니다.(시편22:3)

또한 찬양은 입술의 열매이며 그 자체가 예배입니다.

"그러므로 우리는 예수로 말미암아 항상 찬송의 제사를 하나님께 드리자 이는 그 이름을 증언하는 입술의 열매니라"(히13:15)

예배에서 우리는 하나님께 일곱 번 찬양합니다.

(1) 예배 전 찬양이 있습니다.
(2) 예배 시작과 함께 드리는 경배 찬양이 있습니다.
(3) 대표기도 후 찬양단의 화답송이 있습니다.
(4) 성경 봉독 후 찬양단의 은혜 간구 찬양이 있습니다.
(5) 헌금을 드리면서 부르는 감사 찬송이 있습니다.
(6) 예배를 마치기 전에 부르는 찬양이 있습니다.
(7) 예배를 마침과 동시에 찬양단이 부르는 파송 찬양이 있습니다.

이 외에도 우리는 예배 가운데 많은 찬양을 부릅니다. 그러나 예배 중에 우리는 기본적으로 이 일곱 번의 찬양을 드리는 것이 좋습니다. 하나님은 찬양 가운데 역사하십니다.

### 2) 기도

예배를 드리면서 우리는 하나님께 기도합니다. 신앙 생활하면서 우리가 가장 많이 듣는 말 가운데 하나가 기도해야 한다는 말입니다. 예수님께서도 기도의 모범을 보여 주시고 기도를 가르쳐 주셨습니다.

> "그러므로 너희는 이렇게 기도하라 하늘에 계신 우리 아버지여 이름이 거룩히 여김을 받으시오며 나라가 임하시오며 뜻이 하늘에서 이루어진 것 같이 땅에서도 이루어지이다 오늘 우리에게 일용할 양식을 주시옵고 우리가 우리에게 죄 지은 자를 사하여 준 것 같이 우리 죄를 사하여 주시옵고 우리를 시험에 들게 하지 마시옵고 다만 악에서 구하시옵소서 나라와 권세와 영광이 아버지께 영원히 있사옵나이다 아멘"(마6:9-13)

기독교인의 기도는 하나님께 드리는 것입니다. 기도에는 다양한 형식이 있습니다. 금식하면서 기도합니다. 부르짖어 기도하기도 합니다. 어떤 때는 평범한 일상 속에서 주님과 대화하면서 기도합니다.

새벽에도 기도할 수 있고 저녁에도 기도할 수 있습니다. 성전을 가리켜 예수님은 만민의 기도하는 집이라고 하셨습니다.(사 56:7, 막11:17) 예수님은 새벽에도 기도하셨고 저녁에도 기도하셨으며 밤을 새워 기도하셨습니다. 제자들에게는 너희는 일하게 기도하라고 기도를 가르쳐 주셨습니다.(마6:9-13)

그러므로 우리는 예수님처럼 기도에 힘써야 하고 예배 시간에는 특히 기도에 집중해야 합니다. 예배 시간에 드리는 기도는 기본으로 일곱 가지 요소를 가지고 있습니다.

(1) 하나님께 드리는 기도입니다. 기독교인인 우리는 기도를 드리는 대상이 명확해야 합니다. 우리는 하나님 아버지께 기도합니다.

(2) 찬양과 감사입니다. 기도를 시작하면서 우리는 하나님께 드리는 찬양과 감사가 먼저 있어야 합니다.

(3) 회개의 기도입니다. 지은 죄를 살펴보고 마음으로부터 회개하고 그 죄를 자백하며 용서받는 시간이 있어야 합니다. 회개하고 주님의 자비를 구하는 회개의 기도가 있어야 합니다.

(4) 중보의 기도입니다. 내 자신을 위하는 기도 이전에 우리는 누군가를 위해 기도해야 합니다. 나라와 민족을 위해서 그리고 교회와 목회자와 이웃들을 위해 기도해야 합니다.

(5) 간구입니다. 자신을 위해 기도하고 자신과 관계된 가족들을 위해 기도해야 합니다.

(6) 예수님의 이름으로 기도해야 합니다. 주님은 이렇게 말씀하셨습니다.

"지금까지는 너희가 내 이름으로 아무 것도 구하지 아니하였으나 구하라 그리하면 받으리니 너희 기쁨이 충만하리라"(요16:24)

(7) 아멘입니다. 하나님의 뜻대로 기도가 이루어질 줄로 믿는 믿음의 표현이 아멘입니다. 성경의 맨 마지막 언어도 아멘입니다.(계22:21)

우리도 때로는 예수님처럼 하나님과 대화하면서 기도해야 하고(눅10:21) 때로는 예수님이 겟세마네 동산에서 기도하시던 것처럼 부르짖으며 간구해야 합니다.

"그들을 떠나 돌 던질 만큼 가서 무릎을 꿇고 기도하여 이르시되 아버지여 만일 아버지의 뜻이거든 이 잔을 내게서 옮기시옵소서 그러나 내 원대로 마시옵고 아버지의 원대로 되기를 원하나이다 하시니 천사가 하늘로부터 예수께 나타나 힘을 더하더라 예수께서 힘쓰고 애써 더욱 간절히 기도하시니 땀이 땅에 떨어지는 핏방울 같이 되더라"

(눅22:41-44)

기도는 우리가 하나님을 만나고 하나님의 은혜를 체험하게 하는 가장 강력한 축복의 수단입니다. 그러므로 우리는 예배 때마다 최소한 일곱 번 기도합니다.

(1) 예배 전 기도입니다. 예배를 준비하는 마음으로 고요한 중에 온 회중이 기도합니다.

이 기도는 관상기도나 묵상기도이면 더 좋습니다. 관상기도(觀想祈禱)는 예배를 받으시는 하나님을 마음에 모시면서 드리는 기도이고 묵상기도(默想祈禱)는 그날 설교를 위해 성경 본문으로 주시는 하나님의 말씀을 미리 마음으로 묵상하면서 드리는 기도입니다. 그리고 예배를 위해 드리는 기도입니다.

(2) 예배를 시작하면서 하나님께 영광을 돌리고 성령께서 함께 하시는 은혜를 간구하는 예배 인도자인 목회자의 기도입니다.

(3) 사도신경으로 모든 예배자가 함께 공통된 신앙을 고백하는 기도입니다. 사도신경은 삼위일체이신 하나님께 대한 고백과 교회와 성도들의 사귐과 교제가 이루어지는 고백을 통해 교회의 소중함을 고백하며 신앙 안에서 우리가 누리고 추구하는 것을 고백합니다. 하나님께서 우리의 죄를 용서하여 주시는 것과 우리 육의 몸이 영의 몸으로 다시 사는 부활에 대한 믿음과 천국에서 영원히 살게 될 것을 고백합니다. 사도신경의 이 공통된 믿음의 고백을 통해 우리는 모두가 한 교회에 속한 신앙 공동체임을 다짐합니다.

나는 전능하신 아버지 하나님, 천지의 창조주를 믿습니다.

나는 그의 유일하신 아들, 우리 주 예수그리스도를 믿습니다.

그는 성령으로 잉태되어 동정녀 마리아에게서 나시고,

본디오 빌라도에게 고난을 받아 십자가에 못 박혀 죽으시고,

장사된 지 사흘 만에 죽은 자 가운데서 다시 살아나셨으며,

하늘에 오르시어 전능하신 아버지 하나님 우편에 앉아 계시다가,

거기로부터 살아 있는 자와 죽은 자를 심판하러 오십니다.

나는 성령을 믿으며, 거룩한 공교회와 성도의 교제와

죄를 용서받는 것과 몸의 부활과 영생을 믿습니다. 아멘.

사도신경을 통하여 우리는 우리가 믿는 하나님께서 어떤 분이지를 고백합니다. 하나님께서 과거에 이루신 일과 오늘도 이루시는 일과 미래에 이루실 일들에 대하여 믿음을 고백합니다.

성부 하나님은 창조주이시며 자금도 그 창조의 역사를 계속하고 계십니다. 하나님께 우리 존재의 근거가 있습니다. 성자 예수님은 우리에게 찾아오신 임마누엘의 하나님이시며 십자가에서 완전한 속죄 사역을 이루시고 승천하셔서 지금 하나님 아버지의 보좌 우편에 계십니다. 이제 곧 다시 오셔서 산자들은 생명의 부활로 죽은 자들은 심판의 부활로 인도하실 것입니다. 창조의 영이시며 구원의 영이신 성령 하나님은 현재 우리와 함께 계시면서 우리를 인도하시고 도우시는 하나님이십니다.

주님이 거룩하게 구별하여 세우신 교회에 우리 성도들은 속해 있습니다. 예수님의 보혈의 능력은 오늘도 우리에게 죄와 사탄을 이길 힘을 줍니다. 우리는 예수님이 재림하시면 영적인 몸으로 다시 살아서 영생을 누리게 될 것을 믿습니다. 아멘입니다.

사도신경은 사건을 일으키시고 그 사건 속에서 역사하시는 영원히 살아계시고 역사하시는 하나님에 대한 고백입니다. 하나님은 살아계시기 때문에 창조의 사건을 일으키시고 구원의 사건을 일으키시며 그 모든 것을 완성하십니다. 우리가 섬기는 하나님은 영원히 살아계셔서 사건 속에서 역사하시는 하나님입니다.

사도신경의 열두 가지 고백은 성 삼위 하나님께 대한 믿음의 고백입니다. 하나님께서 과거에 이루셨고 현재에 이루어가시며 미래에 이루실 일에 대한 우리 믿음의 고백입니다. 바로 알고 바로 믿고 바로 고백해야 합니다.

(4) 모든 회중을 대표하는 장로나 목회자의 성도들을 대신하여 대표로 하는 기도입니다. 대표기도인 만큼 자신의 기도를 하는 것이 아니라 회중들의 간구를 대신하여 기도해야 합니다. 그러므로 이 기도는 그만큼 간절한 기도이어야 합니다. 주로 예배를 위한 기도이어야 하고 전체 예배 시간과 균형을 맞춰야 합니다. 3분 내외로 하면 좋습니다.

(5) 설교를 마친 다음에 설교자가 드리는 기도입니다. 설교자는 전한 말씀의 깊은 은혜가 회중들에게 임하도록 기도합니다.

(6) 헌금을 드린 다음에 드리는 목회자가 제사장으로서 드리는 봉헌 기도입니다. 주님이 회중들이 정성을 담아 드리는 헌금을 받으시고 그들의 인생의 소원을 들어 달라고 간구하는 기도입니다.

(7) 예배를 마치기 전 모든 성도들이 합심하여 드리는 기도입니다. 이 기도는 목사님의 축도 이전에 드리는 것으로 이 예배를 통해 받은 은혜가 일상생활에서 나타나게 해달라는 간구입니다.

목회자와 성도들이 예배 순서에 따라 드리는 이 일곱 번의 기도를 통해 모든 예배자는 하나님과 영적으로 깊은 교제를 할 수 있게 되고 마음의 평안과 기쁨을 누리게 됩니다.

예배 가운데 드려지는 기도는 이렇게 온 회중이 드리는 기도가 있고 회중을 대표하여 드리는 기도가 있고 목회자가 제사장의 위치에서 드리는 기도가 있습니다. 그 모든 기도가 잘 어울려질 때 예배는 배가되고 하나님은 영광을 받으시며 그 예배 속에 드린 기도는 응답되어 이 세상에서 생기는 문제가 해결됩니다. 일곱 번의 찬양과 일곱 가지 기도의 요소가 담긴 일곱 번의 기도가 있는 예배가 진정 아름다운 예배입니다.

## 3) 헌금

예배는 구약의 제사와 같습니다. 제사에는 제물이 있습니다. 그 제물은 하나님께 드리는 사랑과 헌신의 표시이기도 하고 자신들의 삶의 문제에 대한 해답을 구하는 제물이기도 합니다.

사도 바울이 말씀하신 내용 가운데 성경적인 헌금의 기준은 다음과 같습니다.

> "그러므로 내가 이 형제들로 먼저 너희에게 가서 너희가 전에 약속한 연보를 미리 준비하게 하도록 권면하는 것이 필요한 줄 생각하였노니 이렇게 준비하여야 참 연보답고 억지가 아니니라 이것이 곧 적게 심는 자는 적게 거두고 많이 심는 자는 많이 거둔다 하는 말이로다 각각 그 마음에 정한 대로 할 것이요 인색함으로나 억지로 하지 말지니 하나님은 즐겨 내는 자를 사랑하시느니라 하나님이 능히 모든 은혜를 너희에게 넘치게 하시나니 이는 너희로 모든 일에 항상 모든 것이 넉넉하여 모든 착한 일을 넘치게 하게 하려 하심이라"(고후9:5-8)

이 기준에서 보면 헌금은 미리 준비해서 드리는 것이요 인색함이나 억지로 하지 않고 감사하는 마음으로 형편에 따라 풍성하게 드리는 것입니다. 그렇게 하면 반드시 하나님께서 그가 선한 일을 더 많이 할 수 있도록 삶의 풍성함으로 축복해 주십니다.

구약시대에 하나님께 드리는 제물과 헌물은 하나님께 온전히 드리는 번제와 같은 것도 있고 제물로 드린 것 가운데  일정 부분은 성막이나 성전에서 봉사하는 제사장과 레위인에게 주어 그들의 생활을 돕도록 한 것도 있었습니다.

"속죄제와 속건제는 규례가 같으니 그 제물은 속죄하는 제사장에게로 돌아갈 것이요 사람을 위하여 번제를 드리는 제사장 곧 그 제사장은 그 드린 번제물의 가죽을 자기가 가질 것이며 화덕에 구운 소제물과 냄비에나 철판에서 만든 소제물은 모두 그 드린 제사장에게로 돌아갈 것이니 소제물은 기름 섞은 것이나 마른 것이나 모두 아론의 모든 자손이 균등하게 분배할 것이니라"(레7:7-10)

### (1) 십일조

또 레위인이나 제사장들은 성막이나 성전을 돌보는 일 외에 생업이 없으므로 이스라엘 백성들이 십일조를 구별하여 하나님께 드림으로 레위인이나 제사장들이 성막이나 성전 일에 전념할 수 있도록 하였습니다. 십일조는 아브라함이 멜기세덱에게 드린 때부터 시작된 것이며(창14장) 야곱 때에도 이어진 신아의 전통이었음을 알 수 있습니다.(창28장)

십일조에 대한 구체적인 내용은 모세가 율법에 정한 것에서부터 시작하는데 구약 성경에는 세 가지 십일조 규정이 있습니다.

제1의 십일조는 레위인이나 제사장들의 생활을 돕기 위한 것입니다.

> "그리고 그 땅의 십분의 일 곧 그 땅의 곡식이나 나무의 열매는 그 십분의 일은 여호와의 것이니 여호와의 성물이라 또 만일 어떤 사람이 그의 십일조를 무르려면 그것에 오분의 일을 더할 것이요 모든 소나 양의 십일조는 목자의 지팡이 아래로 통과하는 것의 열 번째의 것마다 여호와의 성물이 되리라 그 우열을 가리거나 바꾸거나 하지 말라 바꾸면 둘 다 거룩하리니 무르지 못하리라"(레27:30-33)

제2의 십일조는 하나님 앞에 올라갈 때 쓰는 경비를 포함한 십일조입니다. 그동안 주신 은혜에 감사해서 먹고 마시는 일에도 쓰이도록 했습니다. 그러나 그 모든 것을 혼자 쓰지 않고 가난한 자들과 레위인들과 함께 쓰도록 정하셨습니다. 그러므로 성도들이 자신들의 삶을 기쁘게 하고 가난한 사람을 돌보고 목회자들을 재정적으로 돕고 후원하는 일은 구약시대로부터 전해 내려오는 아름다운 신앙의 전통입니다.

> "너는 곡식과 포도주와 기름의 십일조와 네 소와 양의 처음 난 것과 네 서원을 갚는 예물과 네 낙헌 예물과 네 손의 거제물은 네 각 성에서 먹지 말고 오직 네 하나님 여호와께서 택하실 곳에서 네 하나님 여호와 앞에서 너는 네 자녀와 노비와 성중에 거주하는 레위인과 함께 그것을 먹고 또 네 손으로 수고한 모든 일로 말미암아 네 하나

님 여호와 앞에서 즐거워하되 너는 삼가 네 땅에 거주하는 동안에 레위인을 저버리지 말지니라"(레12:17-19)

"너는 마땅히 매 년 토지 소산의 십일조를 드릴 것이며 네 하나님 여호와 앞 곧 여호와께서 그의 이름을 두시려고 택하신 곳에서 네 곡식과 포도주와 기름의 십일조를 먹으며 또 네 소와 양의 처음 난 것을 먹고 네 하나님 여호와 경외하기를 항상 배울 것이니라 그러나 네 하나님 여호와께서 자기의 이름을 두시려고 택하신 곳이 네게서 너무 멀고 행로가 어려워서 네 하나님 여호와께서 그 풍부히 주신 것을 가지고 갈 수 없거든 그것을 돈으로 바꾸어 그 돈을 싸 가지고 네 하나님 여호와께서 택하신 곳으로 가서 네 마음에 원하는 모든 것을 그 돈으로 사되 소나 양이나 포도주나 독주 등 네 마음에 원하는 모든 것을 구하고 거기 네 하나님 여호와 앞에서 너와 네 권속이 함께 먹고 즐거워할 것이며 네 성읍에 거주하는 레위인은 너희 중에 분깃이나 기업이 없는 자이니 또한 저버리지 말지니라"(신14:22-27)

제3의 십일조가 있습니다. 이것은 3년마다 또 다른 십일조를 구별하는 것으로 전적으로 가난한 레위인들이나 과부와 같은 이들을 위해 쓰는 구제 헌금입니다. 하나님은 십일조를 통해 전적으로 성전 일을 하는 레위인들과 제사장들의 생활을 돌보고 과부나 고아와 같은 어려운 이웃들을 돌보게 하셨습니다.

"매 삼 년 끝에 그 해 소산의 십분의 일을 다 내어 네 성읍에 저축하여 너희 중에 분깃이나 기업이 없는 레위인과 네 성중에 거류하는 객과 및 고아와 과부들이 와서 먹고 배부르게 하라 그리하면 네 하나님 여호와께서 네 손으로 하는 범사에 네게 복을 주시리라"

(신14:27-28)

이 세 가지 십일조는 해마다 합하면 23.3% 정도입니다. 그중에 전적으로 성전일을 하는 제사장들이나 레위인의 생활을 돕는 것이 10%, 성전에 올라갈 때 제물을 드리는 성도들이 자신들의 삶을 즐기기 위해 쓰도록 한 것이 5%, 구제헌금으로 쓰도록 한 것이 8%정도라고 할 수 있습니다. 이 원리는 오늘날에도 그대로 적용해도 좋을 만한 것입니다.

이 십일조 규정은 느헤미야 시대에 다시 한 번 강조되는데 그 이유는 포로 생활에서 돌아온 사람들이 스룹바벨을 중심으로 성전은 지었지만 십일조와 헌물을 제대로 드리지 않아 성전 일을 해야 하는 레위인들이 먹고 살기 위해 다 도망가고 없어졌기 때문입니다.

"내가 또 알아본즉 레위 사람들이 받을 몫을 주지 아니하였으므로 그 직무를 행하는 레위 사람들과 노래하는 자들이 각각 자기 밭으로 도망하였기로 내가 모든 민장들을 꾸짖어 이르기를 하나님의 전이 어찌하여 버린 바 되었느냐 하고 곧 레위 사람을 불러 모아 다시 제자리에 세웠더니 이에 온 유다가 곡식과 새 포도주와 기름의 십일조를 가져다가 곳간에 들이므로 내가 제사장 셀레먀와 서기관 사독과 레위 사람 브다야를 창고지기로 삼고 맛다냐의 손자 삭굴의 아들 하난을 버금으로 삼았나니 이는 그들이 충직한 자로 인정됨이라 그 직분은 형제들에게 분배하는 일이었느니라"(느13:10-13)

하나님 앞에 예배를 드리며 제물을 드리는 것은 하나님과의 언약을 맺는 것과 같은 것입니다. 구약 시대에는 짐승의 피로 옛 언약을 맺었고 신약 시대에는 예수님의 피로 새 언약을 맺었습니다. 이 언약은 구원을 위한 언약입니다.

### (2) 십일조는 생활언약

그러면 하나님과 십일조로 맺는 언약은 무슨 언약일까요? 생활 속에 주어지는 축복에 대한 언약입니다. 이것을 안 말라기 선지자는 십일조 언약에 대해 이렇게 설명합니다.

"사람이 어찌 하나님의 것을 도둑질하겠느냐 그러나 너희는 나의 것을 도둑질하고도 말하기를 우리가 어떻게 주의 것을 도둑질하였나이까 하는도다 이는 곧 십일조와 봉헌물이라 너희 곧 온 나라가 나의 것을 도둑질하였으므로 너희가 저주를 받았느니라 만군의 여호와가 이르노라 너희의 온전한 십일조를 창고에 들여 나의 집에 양식이 있게 하고 그것으로 나를 시험하여 내가 하늘 문을 열고 너희에게 복을 쌓을 곳이 없도록 붓지 아니하나 보라 만군의 여호와가 이르노라 내가 너희를 위하여 메뚜기를 금하여 너희 토지 소산을 먹어 없애지 못하게 하며 너희 밭의 포도나무 열매가 기한 전에 떨어지지 않게 하리니 너희 땅이 아름다워지므로 모든 이방인들이 너희를 복되다 하리라 만군의 여호와의 말이니라"(말3:8-12)

시험하여 보라는 말씀은 언역이기 때문에 하시는 말씀입니다. 계약을 지키는 사람은 계약에 합당한 복을 받습니다. 그래서 십일조는 폐기되어야 할 구약의 율법이 아니라 하나님과 맺은 생활의 언약인 것을 알고 실천해야 합니다. 하나님께서 주시는 생활의 축복에 대한 약속이 십일조에 있습니다.

하나님께서 받으실 만한 정결한 제물을 드린 노아의 제단은 저주를 끊어냈고(창7:20-21) 솔로몬이 일천번제를 드리며 쌓은 제단은 그로 하여금 가장 큰 지혜를 가진 왕이 되게 했습니다. (대하1장) 예배는 제사이며 제사에는 제물이 있어야 합니다. 예수님께서도 십일조는 해야 한다고 말씀하셨습니다.

"화 있을진저 외식하는 서기관들과 바리새인들이여 너희가 박하와 회향과 근채의 십일조는 드리되 율법의 더 중한 바 정의와 긍휼과 믿음은 버렸도다 그러나 이것도 행하고 저것도 버리지 말아야 할지니라"(마23:23)

교회마다 예배를 드릴 때마다 헌금을 합니다. 교회 형편에 따라 여러 가지 항목의 헌금을 하지만 그 기본은 기쁨과 즐거움으로 하는 것입니다. 형편에 따라 하되 억지로 하거나 인색하지 않게 하는 것입니다. 하나님께서는 즐거움으로 드리는 성도들을 축복하십니다.

예배당이 없었던 초대 교회는 주로 주일에 모여 구제헌금을 했습니다.(고전 16:1-4) 그리고 목회자들을 돕는 후원 헌금을 했습니다. 사도 바울은 로마의 옥에 갇혀 있는 자신을 잊지 않고 그의 사역을 도운 빌립보 교회 교인들에게 이렇게 말씀합니다.

> "데살로니가에 있을 때에도 너희가 한 번뿐 아니라 두 번이나 나의 쓸 것을 보내었도다 내가 선물을 구함이 아니요 오직 너희에게 유익하도록 풍성한 열매를 구함이라 내게는 모든 것이 있고 또 풍부한지라 에바브로디도 편에 너희가 준 것을 받으므로 내가 풍족하니 이는 받으실 만한 향기로운 제물이요 하나님을 기쁘시게 한 것이라 나의 하나님이 그리스도 예수 안에서 영광 가운데 그 풍성한 대로 너희 모든 쓸 것을 하나님 곧 우리 아버지께 세세 무궁하도록 영광을 돌릴지어다 아멘"(빌4:16-20)

오늘날에는 우리가 예배를 드리는 예배당이 있고 성도들을 섬기는 전임 사역자들이 있습니다. 그러므로 십일조와 헌물을 구별하여 드리는 신앙의 전통은 그 아름다운 정신과 함께 교회와 성도들이 주님 오실 때까지 지켜야 할 아름다운 신앙의 유산입니다.

특히 십일조는 하나님께서 하나님의 성전을 섬기고 제사장들의 삶을 도우며 가난한 이웃들을 돕는 성도들에게 생활 속에 반드시 축복을 주시겠다고 언약하신 것입니다. 그러므로 십일조 헌금은 하나님의 약속을 믿고 구별하여 드리는 믿음과 정성이 있어야 합니다.

## 4) 말씀

### (1) 교독문

예배를 드릴 때마다 우리는 그 예배를 드리는 절기나 교회력에 맞는 교독문을 예배 인도자와 함께 봉독합니다. 이것은 교회는 한 성경에 근거한 말씀 공동체라는 사실을 우리 모두에게 확인시켜 주는 것입니다.

### (2) 성경

또한 우리는 예배를 드릴 때마다 기록된 하나님의 말씀인 성경을 봉독합니다. 기록된 하나님의 말씀은 하나님의 감동으로 된 것이기 때문에 그 말씀 자체가 살아 있습니다.

또 그 말씀을 읽는 자들과 듣는 자들을 살리는 힘이 있으며 병든 심령과 육신을 치료하는 역사를 나타냅니다. 그러므로 예배

중에 하나님의 말씀을 읽는 사람은 그 자세가 신중해야 하고 그 말씀을 듣는 사람은 아멘으로 화답해야 합니다.

### (3) 설교

성경이 기록된 하나님의 말씀이라면 설교는 성경에 근거하여 설교자에 의해 선포되는 하나님의 말씀입니다. 설교는 그 말씀이 성경으로 기록될 때 주어진 그때 그 하나님의 말씀을 오늘 우리에게 주시는 지금 이 말씀이 되게 하는 일입니다. 말씀의 대언자인 설교자에 의해 되는 일입니다.

성경은 설교를 통해 해석되고 설명되어 집니다. 그러므로 설교자는 성경을 주석할 수 있어야 합니다. 성령의 능력 안에서 선포되는 설교 말씀은 성도들의 마음에 감동을 일으켜 결단하게 합니다. 그러므로 설교자는 성령의 능력으로 청중을 설득할 수 있도록 부단히 기도해야 합니다. 그리고 바르게 선포된 설교말씀은 그 말씀 앞에 아멘으로 결단한 성도들을 그 말씀대로 살도록 만드는 힘이 있습니다. 설교는 회중에게 하나님의 말씀을 바르게 설명하고 설득하여 행동하게 만드는 일입니다.

"이러므로 우리가 하나님께 끊임없이 감사함은 너희가 우리에게 들은 바 하나님의 말씀을 받을 때에 사람의 말로 받지 아니하고 하나님의 말씀으로 받음이니 진실로 그러하도다 이 말씀이 또한 너희 믿는

자 가운데에서 역사하느니라"(살전2:13)

선포되는 하나님의 말씀을 아멘으로 받으면 그 말씀은 우리 안에서 살아 역사하십니다. 그러므로 목회자는 말씀을 선포할 때마다 자기 생각이나 자기 철학을 말하지 말고 오직 성령님에 의지하여 하나님의 말씀을 대언해야 합니다. 그러기위해 늘 성경 말씀을 바르게 이해할 수 있도록 항상 공부해야 하고 교회 공동체의 경전인 성경을 바르게 주석도 할 수 있어야 합니다. 그래서 목회자는 성경 말씀의 배경이 되는 역사와 문화와 정치와 경제와 사회와 지리 등도 공부해야 합니다.

성경은 기록될 그때 주신 말씀이지만 설교는 기록될 그 시대의 말씀에 머무르면 안 됩니다. 설교는 설교자를 통해 오늘 지금 우리에게 선포되는 하나님의 말씀입니다. 그래서 하나님의 말씀을 바로 전하도록 늘 기도해야 하고 늘 성령 충만해야 합니다. 성결해야 하며 성령께서 역사하시도록 진실해야 합니다.

구약성경이나 신약성경 가운데에는 단 1장으로 된 오바댜서나 유다서와 같은 성경이 있습니다. 선지자가 평생 동안 살아오면서 하나님께 받은 그 한 장의 말씀이 성경이 되어 오늘 우리들에게 전해지는 이유를 알아야 합니다.

설교는 모방이나 창작이 아닙니다. 설교는 대언입니다. 하나님의 말씀을 받은 그대로 전하는 것이 설교입니다. 기록된 하나님의 말씀인 성경 자체의 능력이 임하도록 또 설교자는 하나님의 말씀을 대언하는 설교가 되도록 늘 깨어 기도해야 합니다. 평생 수천수만 번 설교를 하는 설교자라도 늘 자기 생각이나 학문적 지식이나 철학을 전한 것이라면 그 설교는 다 공허한 것입니다. 그러나 요나 선지자처럼 평생에 단 한 번의 설교를 해도 그 설교가 하나님의 뜻을 대언하는 설교라면 그 설교자는 행복한 설교자입니다.

설교는 기록된 하나님의 말씀을 설교자가 말과 행동으로 전하는 일입니다. 그러므로 설교자는 성경에서 글로 다 표현할 수 없었던 진리를 말로 풀어 전해야 합니다. 여기에 설교자의 자유로움이 있으며 설교자의 마음을 움직이고 입술을 사용하시는 성령님이 함께 하시는 것이 절대적으로 중요한 것입니다.

성경 가운데 예언자들이 하나님의 말씀을 받아 대언하며 전한 예언서의 말씀들이 그들이 산 인생에 비해 그렇게 길지 않다는 것을 우리 설교자들은 언제나 가슴 깊이 새겨야 합니다. 주의 종이라는 말은 하나님의 말씀을 받아 전한다는 의미입니다. 그래서 주의 종을 선지자라고 합니다. 설교자는 하나님의 말씀을 받아 전하는 선지자인 주의 종입니다.

교회는 말씀 공동체입니다. 하나님의 말씀을 교독하면서 또 하나님의 말씀을 읽으면서 그리고 성령 안에서 선포되는 하나님의 말씀을 들으면서 우리 모두가 하나님의 말씀 안에서 행복하면 좋겠습니다.

### 5) 축도

예배를 마칠 때 목사는 제사장으로 모든 회중을 위해 축도(축복기도)를 합니다. 구약적인 전통에서는 이 축복 기도는 아론의 축도이며 신약적인 전통에서는 삼위일체 축도입니다. 오늘 우리 교회들은 축도에 관한 권한은 전문적으로 신학 훈련을 받고 일정한 수련 기간을 거친 후 목사 안수를 받은 목사들에게만 허용하고 있습니다. 축도의 형식은 신약적인 형식으로 그 내용은 구약의 내용을 담아 축복과 은혜와 평강을 비는 것이 대부분입니다. 사도 바울이 쓴 서신들이나 다른 사도들이 쓴 서신들의 대부분도 이 은혜와 평강을 비는 말씀으로 시작하고 그 마무리도 은혜와 평강으로 합니다.

"여호와께서 모세에게 말씀하여 이르시되 아론과 그의 아들들에게 말하여 이르기를 너희는 이스라엘 자손을 위하여 이렇게 축복하여 이르되 여호와는 네게 복을 주시고 너를 지키시기를 원하며 .여호와는 그의 얼굴을 네게 비추사 은혜 베푸시기를 원하며 여호와는 그 얼굴을 네게로 향하여 드사 평강 주시기를 원하노라 할지니라 하라 그들은 이같이 내 이름으로 이스라엘 자손에게 축복할지니 내가 그들에게 복을

주리라"(민6:22-27)

"주 예수 그리스도의 은혜와 하나님의 사랑과 성령의 교통하심이
너희 무리와 함께 있을지어다"(고후13:13)

우리는 예배를 드릴 때마다 찬양하고 기도하며 헌금을 합니다.
하나님께 드리는 것입니다. 그리고 말씀을 받고 축복기도를 통해
하나님의 은혜를 받습니다. 이처럼 예배는 하나님께 드리고 하나
님께 받는 것이 어우러진 것입니다. 계시록 4장에 보면 이십사
장로들이 하나님께 자기들이 쓰고 있던 금관을 드리며 엎드려
경배하고 찬양하는 모습이 나옵니다. 최고의 예배자의 모습입니다.

"이십사 장로들이 보좌에 앉으신 이 앞에 엎드려 세세토록 살아 계
시는 이에게 경배하고 자기의 관을 보좌 앞에 드리며 이르되 우리 주
하나님이여 영광과 존귀와 권능을 받으시는 것이 합당하오니 주께서
만물을 지으신지라 만물이 주의 뜻대로 있었고 또 지으심을 받았나이
다 하더라"(계4:10-11)

가장 귀한 것을 구별하여 드리면서 하나님의 축복을 받아 누
리는 아름다운 예배를 통해 신앙생활의 참된 축복을 누리시기
바랍니다.

"네 생물은 각각 여섯 날개를 가졌고 그 안과 주위에는 눈들이 가득하더라 그들이 밤낮 쉬지 않고 이르기를 거룩하다 거룩하다 거룩하다 주 하나님 곧 전능하신 이여 전에도 계셨고 이제도 계시고 장차 오실 이시라 하고 그 생물들이 보좌에 앉으사 세세토록 살아 계시는 이에게 영광과 존귀와 감사를 돌릴 때에 이십사 장로들이 보좌에 앉으신 이 앞에 엎드려 세세토록 살아 계시는 이에게 경배하고 자기의 관을 보좌 앞에 드리며 이르되 우리 주 하나님이여 영광과 존귀와 권능을 받으시는 것이 합당하오니 주께서 만물을 지으신지라 만물이 주의 뜻대로 있었고 또 지으심을 받았나이다 하더라"(계5:8-11)

모이는 공동체로서의 교회는 예배가 생명입니다. 하나님께 드리는 예배의 모임이 없는 교회는 하나님을 섬기는 교회가 아닙니다. 마지막 때가 되면 예배를 위해 모이는 일을 방해하는 세력도 많고 또 모이기를 게을리 하는 성도들도 많이 생겨납니다. 이 시대를 향한 성경의 교훈은 이러합니다.

"우리가 마음에 뿌림을 받아 악한 양심으로부터 벗어나고 몸은 맑은 물로 씻음을 받았으니 참 마음과 온전한 믿음으로 하나님께 나아가자 또 약속하신 이는 미쁘시니 우리가 믿는 도리의 소망을 움직이지 말며 굳게 잡고 서로 돌아보아 사랑과 선행을 격려하며 모이기를 폐하는 어떤 사람들의 습관과 같이 하지 말고 오직 권하여 그 날이 가까움을 볼수록 더욱 그리하자"(히20:22-25)

우리가 세상에서 제일 귀하게 여겨야 할 일이 있다면 그것은 하나님께 드리는 예배입니다. 예배는 사람들끼리 모여 친교하는 것이 아니고 성경을 배우거나 가르치는 일도 아닙니다. 우리 아버지이신 하나님께 우리의 영이 진리의 말씀으로 인도함을 따라 성령 안에서 찬양하며 경배하는 것입니다.

　예수님은 하나님께서 신령과 진리로 예배하는 사람들을 찾으신다고 하셨습니다. 하늘나라에서도 천군천사들이 찬양하며 예배합니다. 주님은 찬양 중에 거하시고 예배 가운데 우리를 만나 주십니다. 참된 예배를 드리는 사람이 성도입니다.

# [12장 묵상 주제]

1. 교회 안에 있는 비밀에 대해 말해 봅시다.

2. 구약 시대 예배에 대해 말해 봅시다.

3. 신약 시대 예배에 대해 말해 봅시다.

4. 하늘나라의 예배에 대해 말해 보시다.

5. 성령 안에서 진리로 인도함을 받는 예배는 어떤 예배입 니까?

6. 예배의 순서와 영적인 의미에 대해 말해 보시다.

7. 절대 희망 : "끝에서 앞을 보기"를 통해 받은 은혜에 대 해 말해 봅시다.

# 제2부

## 계시록 이해를 위한 참고 자료

# [부록 1 : 역사 연대표]

## 1. 창세로부터 신구약 중간시대까지(BC)

1) 창조(?)
2) 족장시대의 인물
    (1) 아담으로부터 아브라함의 출생까지(1948년, 2166년)
    (2) 이삭의 출생(2066년)
    (3) 에서와 야곱의 출생(2006년)
    (4) 아브라함의 사망(1991년)
    (5) 요셉의 출생(1915년)
    (6) 이삭의 사망(1886년)
    (7) 야곱의 애굽 이주(1876년)
    (8) 야곱의 사망(1859년)
    (9) 요셉의 사망(1805년)

3) 출애굽에서 사사시대까지
    (1) 모세의 출생(1557년)
    (2) 출애굽, 라암셋 출발(1446년)
    (3) 모세의 고별 설교(1406년)
    (4) 요단강 건넘(1405년) : 두 번째 유월절, 만나가 그침
    (5) 여호수아의 사망(1390년)
    (6) 사시시대의 시작(1375년)

(7) 룻과 나오미(1117년)

(8) 사무엘의 출생(1103년)


4) 사울부터 다윗까지

   (1) 사울치하의 통일왕국시대(1050년)

   (2) 다윗의 출생(1040년)

   (3) 사울의 전사와 다윗의 등극(1010년)

   (4) 다윗의 통일왕국(1003년) : 예루살렘 천도, 법궤 안치

   (5) 다윗의 죽음(970년)


5) 솔로몬 시대부터 왕국의 분열까지

   (1) 솔로몬의 등극(970년)

   (2) 성전 기공(966년)

   (3) 성전 완공 및 왕궁 기공(959년)

   (4) 솔로몬의 죽음(931년)


6) 통일 왕국의 분열에서부터 남 왕국 유다의 멸망까지

   (1) 통일 왕국의 분열(922년)

   (2) 엘리야의 사역 시작(875년) : 오무리 왕조

   (3) 엘리사의 사역 시작(848년)

   (4) 요엘의 사역 시작(835년)

   (5) 앗수르에 의해 북 이스라엘의 멸망(722년)

   (6) 주전 8세기 예언자들 : 아모스, 요나, 스가랴, 호세아, 미가.

(7) 주전 7세기 예언자들 : 나훔, 스바냐, 예레미야, 하박국,

(8) 요시야왕의 종교개혁(622년)

(9) 다니엘이 바벨론에 포로로 끌려감(605년, 1차 포로)

(10) 2차포로(598년)

(11) 남 왕국 유다의 멸망(586년, 3차 포로)

　　　: 하박국의 예언 성취(합 1:5-11)

　　　: 스바냐의 예언 성취(습 1:8-18)

　　　: 예레미야의 사역 종결, 오바댜의 사역 시작


7) 바벨론 포로기와 귀환

(1) 느브갓넷살의 사망(562년)

(2) 바사의 고레스 즉위(559년)

(3) 다니엘의 네 짐승 환상(550년, 다니엘 7장)

(4) 다니엘의 사자굴(538년, 고레스의 1차 귀환 조서)

(5) 1차 귀환(537년, 스2:1, 스룹바벨과 함께)

(6) 성전 재건 작업 시작(536년)

(7) 다니엘의 사망(530년)

(8) 다리오의 바사왕 즉위(522년)

(9) 학개 스가랴의 사역 시작, 성전 공사 재개(520년)

(10) 제 2 성전 완공(516년, 스6:15, 스가랴의 사역)

(11) 아닥사스다의 2차 귀환 조서(458년, 스7:11, 2차 귀환, 에스라)

(12) 3차 귀환(444년, 느 2:9-11, 성곽 중수를 마침, 느헤미야)

(13) 말라기의 사역 시작(435년)

## 2. 신구약 중간시대(BC 450년~BC 4년)

1) 페르시아 시대 : 450년 ~ 330년
2) 그리스(헬라) 시대 : 330년 ~ 166년
   (1) 알렉산더의 통치 : 336년 ~ 323년
   (2) 알렉산더 사후 과도기 : 322년 ~ 302년
   (3) 헬라 왕국이 4개의 왕조로 분열 : 301년
   (4) 프톨레미 왕조의 팔레스틴 통치 : 301년 ~ 199년
   (5) 셀루커스 왕조의 팔레스틴 통치 : 199년 ~ 163년
       : 유다에 대한 헬라화 정책(169년)
       : 에피파네스 4세의 유대인 핍박과 성전에 우상 설치(167년)
3) 마카비 독립전쟁 : 166년 ~ 160년
   : 마카비 혁명기 ~ 성전 숙정(164년)
4) 마카비 가문의 통치 : 160년 ~ 143년
5) 하스몬 독립 왕조 : 143년 ~ 63년
6) 로마 시대 : 63년 이후
7) 헤롯이 유다의 왕이 됨 : 37년
8) 세례 요한의 탄생 : BC 4년

## 3. 예수님의 탄생과 십자가와 부활(복음서와 교회시대의 시작)

1) 예수님의 탄생(마 2:11), 헤롯의 유아 학살(마 2:16~18) :
   BC 4년
2) 헤롯 대왕의 죽음
3) 복음서 시대 : 26년 ~ 29년
4) 예수님의 죽음과 부활 승천 : 29년
5) 성령강림과 예루살렘 교회의 시작 : 29년

## 4. 사도 바울의 회심과 선교

1) 사울의 다메섹 회심(32년, 행9:1~9)
2) 바울의 예루살렘 1차 방문(35년, 행 9:26, 갈 1:18)
3) 요한이 형제 야고보의 순교(44년, 행12:12), 베드로의 투옥
   (행12:4)
4) 대 기근(45년, 글라우디오 치하)
5) 바울의 1차 선교여행(47년~48년, 행13:1~14:28)
6) 예루살렘 공의회(49년, 갈 2:1), 로마로부터 유대인 축출
7) 바울의 2차 선교여행(50년~52년, 행15:36~18:23,살전1:56, 3:1~6)
8) 데살로니가 전. 후서 기록(51년)
9) 바울의 3차 선교여행(53년-58년, 행18:23-21:16)
   로마서 기록, 고린도전.후서 기록
10) 네로의 로마황제 즉위(54년)

11) 갈라디아서 기록(56년)

12) 바울 체포(58년, 행21:27~39)

13) 베스도의 유다총독 부임, 바울의 로마여행(59년, 행27:1~28:15)

14) 바울의 로마 투옥(61년, 행28:16, 엡 3:16, 엡 1:12)

15) 야고보서 기록

16) 주의 형제 야고보의 순교(52년)

　　에베소서 기록, 빌립보서 기록, 골로새서 기록, 빌레몬서 기록

17) 바울 석방(63년) 디모데를 권고하여 에베소 교회에 머물
　　게 함(딤전 1:3)디모데전서 기록

18) 히브리서 기록(64년~70년)

## 5. 로마정부의 교회에 대한 본격적인 박해의 시작

64년 로마 대화재, 네로의 박해(1차 박해), 베드로전서 기록

66년 유대인의 반란, 디모데후서 기록, 디도서 기록, 베드로후서 기록

67년 바울의 순교

68년 베드로의 순교

69년 베스파시아누스의 아들 디도의 예루살렘 침입

70년 예루살렘 함락, 산헤드린 공회 폐지

70년- 80년 유다서 기록

81년- 96년 도미티아누스의 박해(2차 박해)

90년 요한복음, 요한서신(1, 2, 3서) 기록

95년 요한의 밧모섬 유배(계 1:6)

96년 도미티아누스의 죽음, 요한계시록 기록
100년 얌니아 회의, 요한 사도의 죽음

## 6. 기독교의 공인에서부터 현대 한국교회까지

1) 기독교의 공인(밀란칙령, 313년)
2) 니케아 종교회의(삼위일체론 정립, 부활절 제정)
3) 기독교를 국교로 선표(테오데시우스 1세, 392년)
4) 카르타고 종교회의(신약 27권 채택, 397년)
5) 가톨릭 교회의 성장(그레고리 1세, 570년)
6) 종교개혁과 개혁교회의 시작(1517년)
   - 루터의 종교개혁
   - 칼빈과 죤 낙스에 의한 장로교회의 출현
7) 칼빈의 "기독교 강요"출간(1536년, 27세)
8) 세계 선교의 시대(1800년대)
9) 우리 나라에 대한 미국 장로교회의 선교(1884년)
10) 한국 교회 장로교 교단의 분열
   - 신사참배문제(1952년, 고려파)
   - 신학의 차이(1953년, 기장과 예장)
   - WCC가입 문제와 교권(1959년, 통합과 합동)

## 7. 천년왕국에 대한 시대별 신학의 변화와 그 특징

1) 전천년주의(초대교회, 313년까지)
2) 무천년주의(가톨릭 교회와 개혁교회. 313년이후 18세기 까지)
3) 후천년주의(산업혁명이후, 인본주의의 등장)
   - 자유주의 신학의 등장(19세기 중반부터)
   - 무신론. 진화론, 합리주의, 이성주의
   - 불란서 혁명(1897년)
   - 러시아 공산주의 혁명(1917년)
   - 두 번의 세계 대전과 WCC의 등장

# [부록 2 : 일곱 교회 도표]

## 1. 에베소 교회

| 교회명 | 에베소 교회 |
|---|---|
| 요절 | 계시록 2 : 1~7 |
| 교회 상황 | 1.교회설립 : 사도 바울의 3차 선교 여행 때 세워진 교회(행 19장)<br>2.목회자 : 바울의 3년 목회, 친히 옥중 서신(에베소서)으로 권면한 교회. 이곳에서 목회하면서 골로새 교회를 개척함.<br>　바울의 후임 디모데 그리고 사도 요한이 65년부터 100년까지 목회한 교회<br>3.교회 상황 : 아시아 지역의 지도적 위치에 있던 교회, 항구 도시, 성적 타락과 아데미 신전(파르테논 신전의 4배)으로 상징되는 우상 숭배, 신비주의가 극심한 도시 |
| 주님의<br>자기소개<br>(1) | 오른손에 일곱별을 붙잡고 일곱 금 촛대 사이를 거니시는 이 |
| 칭찬<br>(2-3,6) | 1.사도의 가르침을 잘 지킨 교회<br>　: 행위와(믿음의 역사) 수고와(사랑의) 인내(소망의) - 살전 1:3)<br>2.이단(니골라 당, 영지주의)을 배격<br>3.박해를 잘 견딤<br>4.부지런함 |
| 책망<br>(4) | 1.처음 사랑(아가페적인 사랑)을 버림<br>2.첫사랑을 버린 이유 : 이단과 우상숭배를 배격하다가<br>3.교리 수호 때문에 사랑을 잃어버렸다<br>　(고전 13장을 기억하라) |
| 권면<br>(5) | 회개하라<br>1.아니면 촛대(교회)를 그 자리에서 옮긴다.<br>　(교회의 지도적 위치를 빼앗으리라) |
| 상급 | 1.이기는 자에게는 영생의 축복<br>　: 하나님의 낙원에 있는 생명나무 열매를 주어 먹게 하리라 |
| 우리교회 | 진리에 대한 믿음과 사랑의 실천이 조화되어 있는가? |
| 다짐기도 | 진리에 대한 굳건한 믿음과 희생과 봉사와 섬김의 아가페적인 사랑의 실천이 조화를 이루게 하소서! |

## 2. 서머나 교회

| 교회명 | 서머나 교회 |
|---|---|
| 요절 | 계시록2 : 8 ~ 11 |
| 교회 상황 | 1.터키의 3대 도시 가운데 하나인 항구도시<br>2.경제적인 부유함과 막강한 정치적 영향력으로 친로마적이며 황제 숭배가 극심했던도시<br>3.부유한 도시 가운데 세워진 작은 교회 |
| 주님의 자기소개 (8) | 처음이며 마지막이요 죽었다가 살아나신 이 |
| 칭찬 (9) | 1.신앙 때문에 겪는 외적인 환난과 내적인 경제적 궁핍을 주님이 아시는 교회<br>2.작지만 믿음과 사랑의 교제로 영적으로 부유한 교회<br>3.사탄의 도구로 쓰이는 유대인들의 비방을 잘 이기는 것을 주님이 아시는 교회 |
| 권면 (10) | 1.고난을 두려워 말라<br>2.십일 동안의 환난(외적인 고통)을 이겨라 (고난은 정해진 시간이 있다.)<br>3.죽도록 충성하라 |
| 상급 (11) | 1.죽도록 충성하는 자에게는 생명의 면류관을 주리라.<br>2.이기는 자는 둘째 사망(불못 곧 지옥 형벌, 21:14)의 해를 받지 아니하리라. |
| 우리 교회 | 1.다가오는 환난을 신앙으로 참고 이길 준비가 되어있는가?<br>2.바위 위에 씨가 떨어져 있는 것처럼 시련 때문에 믿음을 배반하지는 않는가?(눅 8:13) |
| 다짐 기도 | 1.고난은 정해진 기간이 있음을 알게 하시고 다가오는 모든 환난을 믿음으로 잘 이기게 하소서!<br>2.고난을 이긴 후에 주어지는 면류관을 사모하게 하소서! |

## 3. 버가모 교회

| 교회명 | 버가모 교회 |
|---|---|
| 요절 | 계시록 2 : 12 ~ 17 |
| 교회<br>상황 | 1.소아시아 주의 수도(300년간)<br>2.군사적 요새이며 행정 중심지<br>3.황제 숭배의 신전(사탄의 위)이 최초로 세워진 도시<br>4.제우스, 아테네, 아스클레피오스(치유의 신)신전이 세워진 곳<br>5.다양한 우상숭배의 한 복판에 세워진 교회,<br>6.충성된 증인(1:5, 3:14) 순교자 안디바가 있는 교회 |
| 주님의<br>자기소개<br>(12) | 좌우에 날 선 검을 가지신 이(심판의 권세를 가지신 분) |
| 칭찬<br>(13) | 1.순교자가 나올 때에도 주님의 이름을 굳게 잡아 믿음을 저버리지 않은 교회 |
| 책망<br>(14-15) | 1.발람의 교훈을 지키는 자(민 25:1~5)<br>2.니골라 당의 교훈을 지키는 자 / 우상 숭배와 행음 |
| 권면<br>(16) | 1.회개하라 회개하지 아니하면 말씀의 검으로 싸우리라.(진리와 비 진리의 싸움) |
| 상급<br>(17) | 이기는 자에게는<br>1.감추었던 만나를 주리라.(영생의 양식)<br>2.새 이름이 새겨진 흰 돌을 주리라.(진리 안에서 자유)<br>3.주고받는 자만 아는 특별한 사랑의 관계가 된다. |
| 우리<br>교회 | 1.우상이 가득한 세상 가운데에서 세상과 타협하지 않는 신실한 믿음을 잘 지키고 있는가?<br>2.진리와 비 진리의 싸움에서 승리하고 있는가? |
| 다짐<br>기도 | 1.신실한 믿음으로 진리를 잘 지켜 주님과의 특별한 사랑의 관계를 맺는 성도가 되게 하소서! |

## 4. 두아디라 교회

| 교회명 | 두아디라 교회 |
|---|---|
| 요절 | 계시록 2 : 18 ~ 29 |
| 교회<br>상황 | 1.버가모로 들어가는 관문에 있는 상업도시<br>2.양모와 염색공업의 중심지(루디아의 출신지,행 16:14)<br>3.교회 내부의 도덕적 타락이 문제가 된 교회 |
| 주님의<br>자기소개<br>(18, 23) | 1.그 눈이 불꽃같고 그 발이 빛난 주석과 같은 하나님의 아들<br>2.사람의 뜻과 마음을 살피시는 분<br>3.행위대로 갚아주시는 분 |
| 칭찬<br>(19, 24) | 1.사업(행위)과 사랑과 믿음과 섬김과 인내가 있는 교회<br>2.처음보다 나중에 더 잘한 교회<br>3.사탄의 교훈을 받지 않은 사람이 있는 교회 |
| 책망<br>(20,21) | 1.이세벨을 용납한 것(왕상 16:31, 우상숭배와 행음) / 음녀<br>2.이단 사상을 용납한 것<br>3.회개할 기회를 주었으나 회개하지 않은 것 |
| 징벌<br>(22) | 회개하지 아니하면<br>1.음녀는 침상(죽음과 멸망)에 던져짐<br>2.간음한 자들은 큰 환난에 던져짐<br>3.음녀의 가르침을 따르는 음녀의 자녀들은 죽임을 당함 |
| 권면<br>(24-25) | 1. 너희에게 있는 것을 주님 오실 때까지 굳게 잡으라.<br>2. 이겨라(이기는 자)<br>3. 끝까지 지켜라(지키는 자) |
| 상급<br>(26-27) | 이기는 자에게는<br>1.만국을 다스리는 권세(철장권세)를 주리라.<br>2.새벽별을 주리라. |
| 우리<br>교회 | 1.교회 내부의 영적 순결이 잘 지켜지고 있는가?<br>2.갈수록 더 잘하는가?<br>3.믿음을 잘 지켜 승리하고 있는가? |
| 다짐<br>기도 | 영적 순결을 잘 지키고 믿음으로 이기게 하시고 알곡 성도되어 갈수록 더 잘하게 하소서! |

# 5. 샤데 교회

| 교회명 | 샤데 교회 |
|---|---|
| 요절 | 계시록 3 : 1 ~ 6 |
| 교회<br>상황 | 1. 두아디라 남동쪽 65Km쯤 떨어진 지역에 있는 도시<br>2. BC. 700년부터 546년까지 리디아 왕국의 수도<br>3. 인류 역사 최초로 금화와 은화를 만들어 사용한 도시<br>4. 기둥 78개로 이루어진 아르테미스 신전이 있었던 곳<br>5. 세속화의 물결에 빠져 세상 문화에 영향을 받는 교회<br>6. 영적인 깊은 잠에 빠져 복음이 아닌 세상적인 성공과 쾌락이 소망이 되어버<br>린 교회<br>7. 우상숭배에 대한 강요가 없는 교회<br>8. 이단의 유혹이 없는 교회<br>9. 핍박이나 환난이나 시련이나 고난이 없는 교회<br>10. 바리새적인 교회 |
| 주님의<br>자기소개<br>(3:1) | 하나님의 일곱 영과 일곱별을 가지신 이 |
| 책망<br>(1-2) | 1. 살았다는 이름은 가졌으나 죽은 자<br>2. 행위의 온전함이 하나도 없는 교회 |
| 권면<br>(2-3) | 1. 일깨어 남은 바 죽게 된 것을 굳건하게 하라.<br>2. 어떻게 받았으며 들었는지 생각하고 지켜 회개하라. |
| 징벌<br>(3) | 회개하지 아니하면<br>1. 주님이 갑자기 오셔서 심판하신다.(도둑같이 이르리니) |
| 상급<br>(5) | 1. 옷을 더럽히지 않은 자 몇 명이 있다.(남은 자, 합당한 자) : 옷을 더럽히지<br>않은 자는 주님과 함께 흰 옷 입고 다니리라.<br>이기는 자는<br>1. 흰 옷을 입음<br>2. 생명책에서 이름이 지워지지 않음<br>3. 주님이 아버지와 천사들 앞에서 그 이름을 시인함. |
| 우리<br>교회 | 1. 세상에 취해서 바리새적인 나태함에 빠져있지 않은가?<br>2. 기도 생활을 게으르게 하고 있지는 아니한가? |
| 다짐<br>기도 | 1. 주님께 합당한 사람이 되게 하소서!<br>2. 평안할 때 주님과 더 깊이 교제하게 하소서!<br>3. 겉과 속이 함께 성숙한 성도가 되게 하소서! |

## 6. 빌라델비아 교회

| 교회명 | 빌라델비아 교회 |
|---|---|
| 요절 | 계시록 3 : 7 ~ 13 |
| 교회<br>상황 | 1.사데에서 동남쪽으로 약 40Km 지점에 있는 작은 도시<br>2.유대인의 핍박을 받고 회당에서 쫓겨난 교회<br>3.형제(필로스) 사랑(아델포스)으로 유명한 교회 |
| 주님의<br>자기소개<br>(7) | 1.거룩하고 진실하신 분<br>2.다윗의 열쇠를 가지신 이, 곧 열면 닫을 사람이 없고 닫으면 열 사람이 없는<br>분 |
| 칭찬<br>(8) | 1.작은 능력을 가지고 주님의 말씀을 지킨 교회<br>2.주님의 이름을 배반하지 않은 교회<br>3.인내의 말씀을 지킨 교회 |
| 권면<br>(11) | 1.네가 가진 것을 굳게 잡아 아무도 네 면류관을 빼앗지 못하게 하라. |
| 상급<br>(8-10, 12) | 1.열린 문의 축복 - 닫을 자가 없으리라.<br>2.내가 너를 사랑하는 줄 알게 하리라 - 핍박하던 자(자칭 유대인, 거짓말하는<br>자)들이 오히려 굴복하게 되리라.<br>3.시험의 때를 면하게 하리라 - 장차 온 세상에 임하여 땅에 거하는 자들을<br>시험할 때<br>이기는 자는<br>1.하나님 성전의 기둥이 되게 하리라.<br>2.결코, 다시 나가지 아니하리라.<br>3.하늘에서 하나님께로부터 내려오는 새 예루살렘의 이름과 예수님의 새 이름<br>을 그이 위에 기록하리라. |
| 우리<br>교회 | 1.언제나 능력에 상관없이 주님의 말씀을 지키고 주님의 이름을 배반하지 않<br>는가?<br>2.형제를 사랑하며 선교 명령에 순종하고 있는가?<br>3.천국의 문은 열려 있는가?<br>4.면류관을 받았는가? 받은 면류관을 잘 지키고 있는가? |
| 다짐<br>기도 | 1.주님의 영광을 드러내는 열린 교회가 되게 하소서!<br>2.언제나 전도와 선교와 천국의 문이 열려 주님의 영광을 드러내는 교회가<br>되게 하소서!<br>3.서로의 아픔과 상처를 사랑으로 감싸 안을 수 있는 교회가 되게 하소서! |

# 7. 라오디게아 교회

| 교회명 | 라오디게아 교회 |
|---|---|
| 요절 | 계시록 3: 14 ~ 22 |
| 교회<br>상황 | 1.원래 시리아 제국의 한 부분이었으며 안티오커스 2세의 아내의 이름인 '라오<br>　디게아'를 따서 이름을 붙인 도시<br>2.리쿠스 계곡을 따라 반경 15Km 내에 골로새, 히에라볼리(파묵칼레)라는 도<br>　시와 삼각형을 이루는 도시<br>3.물질적인 풍성함 속에 영적인 비참함을 모르는 교회<br>　(금융업, 양모산업, 안약으로 유명한 도시)<br>4.눔바라는 여인의 집에서 시작한 교회(골 4:15)<br>5.교회가 성장하면서 거룩성과 열정을 상실한 교회 |
| 주님의<br>자기소개<br>(14,20,21) | 1.아멘이시요 충성되고 참된 증인(신실함)<br>2.하나님의 창조의 근본이신 이<br>　(새로운 창조를 필요로 하는 교회)<br>3.문밖에서 문을 두드리시는 분<br>4.이기고 아버지(성부 하나님)의 보좌에 함께 앉으신 분 |
| 책망<br>(15-17) | 1.차지도 않고 뜨겁지도 않다.(열정의 상실)<br>2.스스로 부자로 여김(자아 성찰 능력의 상실) |
| 권면<br>(15-19) | 1.차든지 뜨겁든지 하라! 아니면 토하여 버린다.<br>2.주님께 불로 연단한 금(믿음)을 사서 부유하게 하라.<br>3.흰옷(거룩함)을 사서 입어 벌거벗은 수치를 보이지 않게 하라.<br>4.안약(영적인 치료)을 사서 눈에 발라 보게 하라.<br>5.열심을 내라 회개하라.(회복하라)<br>　(거룩한 변화, 열정의 회복) |
| 약속 | 누구든지 주님의 음성을 듣고 문을 열면 주님이 그에게로 들어가서 그와 더불<br>어 먹고 그는 주님과 함께 먹으리라. |
| 상급 | 이기는 자에게는<br>1.주님의 보좌에 함께 앉게 한다. |
| 우리<br>교회 | 1.열정이 살아 있는가?<br>2.세상에 취해 영적인 나태함 속에 빠져있지는 않는가? |
| 다짐<br>기도 | 1.거룩한 변화를 통해 열정을 회복하게 하소서!<br>2.세상에 취해 영적인 나태함 속에 빠진 것을 회개하게 하소서! |

# [부록 3 : 삼대 칠중 재앙의 구조(6장, 8~9장, 16장)]

| 순서 | 재앙의 순서와 내용 | | | | | | |
|---|---|---|---|---|---|---|---|
| | 1 | 2 | 3 | 4 | 5 | 6 | 7 |
| 일곱 인 6 장 | 첫째인 (2) 흰말 복음의 전파 심판의 시작 | 둘째인 (3) 붉은말 전쟁 | 셋째인 (5,6) 검은말 기근 | 넷째인 (7,8) 청황색말 질병1/4 죽음사탄의 역사 | 다섯째인 (9-11) 순교자와 그들의 탄원 | 여섯째인 (12-17) 우주적 재앙 (해,달,별, 하늘,땅) | 일곱 번째 인 8장 1절 일곱나팔 재앙의 시작 |
| 일곱 나팔 8-9 장 | 첫째 7:7 땅1/3 피섞인 우박과 불 | 둘째 8~9 바다1/3 불붙는 큰산 | 셋째 10,11 강1/3 횃불 같이 타는 큰별 | 넷째 7:12 해달별1/3 타격 낮과 밤의 어두움 | 큰환난의 시대 다섯째 9:1~11 첫째화 사탄에 의한 황충재앙 | 여섯째 9:13~21 둘째화 불, 연기 유황의 전쟁재앙 | 일곱째 11:15 16:2 그리스도 의 나라, 일곱대접 (셋째화) |
| 일곱 대접 16 장 | 첫째 2 우상 경배한 자들 종기 | 둘째 3 바다피 | 셋째 3~7 강물 근원피 | 넷째 8~9 해 크게 태움 | 다섯째 10~11 짐승의 보좌 어둠과 종기 | 여섯째 12~16 유브라데 아마겟돈 전쟁 | 일곱째 17~21 바벨론 심판 (17~18장) 재앙의 마침 |

비고 : 일곱 인은 일곱 나팔로 이어지고 일곱 나팔은 일곱 대접으로 이어지는데 각각 그
    심판의 대상과 목적과 내용이 다르다.
    1.처음1/4 - 그 다음1/3 - 그 다음 전체(마지막 음녀와 바벨론 심판)
    2.첫 번째 인부터 네 번째 나팔까지 : 보편적인 재앙과 환난의 시대
      다섯 번째 나팔부터 일곱 대접까지 : 큰 환난의 시대(세 가지 화)
    3.일곱 대접 마지막 재앙의 완성은 17장~18장의 음녀와 바벨론 심판까지

# [부록 4 : 관련된 성경 본문과 함께 보는 계시록 이해]

## 1장

1. 계시의 근원(하나님), 계시의 주체(예수 그리스도) : 1:1
2. 계시록의 일곱 가지 축복(1:3. 14:13, 16:15, 19:9, 20:6, 22:7, 22:14)
3. 성 삼위 하나님과 축복 기도(1:4) : 고후13:13, 마28:19~20
4. 속죄(1:5) : 히9:12, 히10:11~18
5. 구름(1:7) : 출16:10, 단7:13, 마24:30, 26:64(하늘 구름) 출24:15-18
6. 네 번의 성령의 감동 : 1:10(서론), 4:2(본론), 17:3(결론1), 21:10(결론2)
7. 음부(계1:18)와 무저갱(계9:1)과 불못(계20:14~15)
8. 일곱별과 일곱 금 촛대(주의 종들과 교회, 엡2:20)
9. 계시록의 세 가지 비밀
    1) 교회의 비밀(1:20), 구원과 심판의 비밀(10:7), 사탄의 비밀(17:7)

## 2장과 3장

1. 성령께서 모든 교회에 주시는 말씀(2:7)
2. 일곱 교회의 문제
    1) 에베소 교회(잃어버린 첫사랑 : 성령 안에서 행하던 사랑,행19:5~6) : 2:4

2) 서머나 교회(고난 가운데 교회 안에서 역사하는 마귀) : 2:10

3) 버가모 교회(거짓 교리로 교회를 혼란시키는 니골라당) : 2:15

4) 두아디라 교회(주의 종들을 가르쳐 꾀어 타락시킨 이세벨) : 2:20

5) 사데 교회(이름만 살아 있는 교회) : 3:1~2

6) 빌라델비아 교회(적은 능력, 유대인들의 핍박) : 3:2,9

7) 라오디게아 교회(열심이 없는 교만한 교회) : 3:16~17

3. 이긴 자와 이기는 자

1) 이긴 자 : 예수님(3:21, 요16:33)

2) 이기는 자 : 성도들(17:14)

3) 이기는 자에게 주어지는 일두 가지 축복(2장~3장)

　(1) 에베소 교회(2:7) : 하나님의 낙원에 있는 생명나무 열매(영생)

　(2) 서머나 교회(2:11) : 둘째 사망(지옥의 형벌, 불못)의 해를 받지 않음.

　(3) 버가모 교회(2:17) : 감추어진 만남(영생의 양식)과 새이름이 새겨진 흰 돌(진리 안에서 자유를 누림)을 줌.

　(4) 두아디라 교회(2:26~28) : 만국을 다스리는 권세(왕권)와 새벽 별(빛나는 명예, 예수님 자신)을 줌.

　(5) 사데 교회(3:5) : 흰 옷(구원)과 하나님의 생명책에서

이름을 지우지 않는 것과 하나님과 그의 거룩한 천사
들 앞에서 그 이름을 시인함.

(6) 빌라델비아 교회(3:12) : 하나님의 성전 기둥이 되게
하고, 그 사람 위에 하나님의 이름과 새 예루살렘의
이름과 주님의 새 이름을 기록함.

(7) 라오디게아 교회(3:21) : 예수님의 보좌에 함께 앉게 함.

4) 이기는 자에게 주어지는 축복의 완성(21:7)
: 천국을 상속받는 하나님의 자녀가 됨

4. 낙원(2:7)과 천년 왕국(20:4~6)과 새 하늘과 새 땅(21:1~6)

## 4장

1. 하늘의 열린 문(4:1) : 창28:16~17, 겔1:1, 마3:16
   1) 하늘들(창1:1 : heaven, universe, sky)
2. 하늘 보좌와 네 생물과 이십 사 장로와 일곱 영
   1) 하늘 보좌 : 단7:13~14(대관식), 슥3:1~7(심판)
   2) 모든 성도들을 대표하는 이십 사 장로(4:4, 5:5) : 요일 1:1
   3) 일곱 영(4:5) : 사11:2, 슥4:10(일곱 영은 여호와의 일곱눈)
   4) 네 생물은 천사장들(4:6) : 겔1:10, 여섯 날개(사6:2~3)

## 5장

1. 일곱 인으로 인봉한 두루마리(5:1)와 펴 놓인 작은 두루마리

(10:2)

2. 세 번 등장하는 힘 있는 천사(5:2, 10:1, 18:21)

3. 두루마리를 취하시는 어린 양(5:7. 요1:36)

4. 네 생물과 이십 사 장로가 부르는 새 노래(5:9)

   1) 십사만 사천이 부르는 새 노래(14:3)

## 6장

1. 흰 말(복음 전파, 6:2) : 19:11, 19:14

2. 붉은 말(전쟁, 6:4) : 겔5:12

3. 검은 말(기근, 6:5) : 암8:11(말씀 기근)

4. 감람유와 포도주(6:6) : 남은 은총, 감람유는 성령, 포도주
는 예수 보혈

5. 청황색 말(사망, 6:8)

   1) 청황색은 죽음의 색, 종교적 혼합주의(요일2:21~23)

   2) 사망(6:8)은 악성질병

6. 순교자들(6:9)

7. 천재지변과 영적인 타락의 시대에 부르짖는 마지막 외침
(6:17) - 7장이 답

## 7장

1. 주의 종들과 성도의 인침과 짐승의 표

   1) 말씀 전파의 사명자로 인침 받는 주의 종들(7: 3, 19:10,
22:9)

2) 구원받은 자로 인침받는 성도들(7:14, 8:3, 엡1:13~14, 4:30)

3) 짐승의 표(13:16~18, 악령을 받음-딤전4:1)

2. 14만 4천(계7:1~8, 14:1~5, 약1:1)과 흰 옷 입은 큰 무리 (7:9)

   1) 14만 4천은 새롭게 형성된 영적 이스라엘의 상징(7:4) : 약1:1

3. 흰 옷(성결, 구원, 7:9, 16:15, 19:8)

4. 환난의 구분(7:14)

   1) 환난의 시기 구분 : 재난의 시작(마24:8), 큰 환난(마 24:21~22), 마지막 재앙(진노, 계15:1)

   2) 성도들이 포함된 환난의 시기(6장~13장)
     : 예수 재림 전에 있는 여섯 번째 나팔까지의 모든 환난

   3) 성도들이 포함되지 않은 환난의 시기
     : 일곱 대접의 재앙(16장~18장)


# 8장

1. 일곱 번째 인을 뗌과 함께 일곱 나팔이 울리는 시대(8:1)

2. 환난의 시대를 준비하는 모든 성도들의 기도(8:3-4)와 향 (출30:34~38)

3. 네 나팔(8:7~12)

   1) 땅 : 토양과 공기의 오염(하나님을 떠난 세상에 대한 심판)

   2) 바다 : 해양 오염(분노한 악한 권력자(큰산)에 의한 교회

의 수난)

    3) 강 : 수질 오명(사탄에 의한 진리의 왜곡, 쑥 : 렘
      9:13-16)

    4) 해 달 별(천재지변) : 해(하나님의 영광, 진리) 달(성도),
      별(목회자들)

 4. 큰 독수리(8:13) : 신명기32:10~12

## 9장

1. 하늘에서 떨어진 별(9:1,12:9,13)

2. 무저갱(9:1) : 무저갱(유1:6), 음부(계1:18), 지옥(벧후2:4, 막
   9:43,   47~48)

3. 황충(9:3, 귀신의 영, 탐욕) : 요엘1:3~7, 고전6:10, 딤후3:1~7

4. 입과 꼬리(9:19) : 꼬리(사9:14~16)는 거짓 선지자(살후2:8~12)

## 10장

1. 작은 두루마리(10:2)와 요한이 받은 두 번째 사명(10:11)

2. 인봉하고(10:4) : 벧후3:15~18(억지로 풀지 말라)

3. 먹으라(10:9) : 신6:4~9, 시19:7~10, 시107:8~9

## 11장

1. 42달, 1,260일(11:2~3) : 단7:25, 9;25~27

2. 두 감람나무(11:4) : 슥4:2~3, 11~14, 두 증인 - 신17:6~7

3. 짐승의 정체(11:7) : 단7:3, 16~20

4. 교회가 당하는 가장 큰 환난(11:9~10) : 히11:35~38

5. 두 증인의 부활과 휴거(11:11~12) : 고전15:51~58, 살전4:14~17

6. 그 때(11:13) : 마24:36, 암3:7, 살전 5:1~6

## 12장

1. 해(진리)를 옷으로 입은 여자 : 교회(엡1:23)

2. 붉은 용(사탄)의 정체(12:9) : 사14:12~15, 겔28:13~17

3. 사탄이 하는 일

   1) 악한 사상을 통해 교회를 무너뜨리는 일(12:15)

   2) 신실한 성도들을 핍박하고 죽이는 일(12:17)

## 13장

1. 바다(13:1, 큰 물) : 17:1, 17:15(백성, 무리, 열국, 방언), 시69:13~15

2. 책(13:8) : 생명책과 행위책(계20:12), 기념책(말3:16), 구원계획서
   (계5:1)

3. 두 짐승의 정체

   1) 첫째 짐승 : 권력을 가진 적그리스도(13:1)

   2) 둘째 짐승 : 거짓 선지자(13:11)

   3) 두 짐승의 마지막 최후 : 불못(19:19~20)

4. 짐승의 표 666(13:17~18)

   1) 짐승은 사람(13:18)

   2) 믿음을 버린 사람들에게 주어짐(13:16~18)

   3) 짐승의 표를 받은 결과는 불못(14:9~11)

**14장**

1. 시온산(14:1) : 미가4:1~2, 시84:5~7, 히12:22~24

2. 속량(14:3) : 엡1:7(죄사함), 속죄의 완성(요19:30)

3. 흠(14:5) : 벧후2:12-~14


**15장**

1. 심판의 완성(15:1) : 되었다(16:17)

2. 모세의 노래(15:3) : 출15:1~18

3. 증거장막성전 : 출26:1


**16장**

1. 일곱 대접 재앙의 대상 : 하나님을 대적하는 자들(16:1~2)

2. 마귀와 악한 자들에 대한 심판이 완성되었음을 선언(16:17)

    1) 일곱 번째 대접 : 공중의 권세 잡은 자 마귀 심판(엡2:2)


**17장**

1. 음녀(17:1) : 나훔3:4~7(니느웨), 17:15, 17:18,

    1) 정체 : 로마의 타락한 정신과 문화와 종교의 전 영역

    2) 오늘날의 NEW AGE 운동과 종교다원주의

2. 자주 빛과 가증한 것과 잔(17:4)

    1) 자주 빛은 파랑과 빨강의 혼합색(종교 혼합주의)

    2) 가증한 것은 우상(신7:25~26)

    3) 잔은 인생의 그릇(시23:5)

3. 음녀의 이마에 있는 이름(17:5)

　1) 계시록에 있는 큰 글자로 쓰인 두 본문 가운데 하나

　2) 또 하나의 대문자로 쓰인 본문(19:16)

　3) 큰 바벨론(구약의 바벨론과 신약의 로마를 넘어서는 사악한 존재)

4. 일곱 머리와 열 뿔의 비밀(17:7)

　1) 일곱 머리는 일곱 황제(17:9~10)

　2) 열 뿔은 열 왕(17:12, 열 발가락 : 단2:41~42)


## 18장

1. 바벨론(18:2)

　1) 정체(벧전5:13) : 로마의 타락한 물질문명의 영역, 정치와 경제 영역

2. 성도들에 대한 성별의 요구(18:4) : 렘51:45, 고후6:17

3. 바벨론은 사람들의 영혼까지 사고파는 세상(18:13)

4. 거문고(18:22) : 렘25:10

5. 바벨론은 살인이 보편화된 세상(18:24)


## 19장

1. 찬양 가운데 재림하시는 주님 : 네 번의 할렐루야(19:1~6)

2. 어린 양의 혼인잔치(19:7~9) : 마태22:1~14

3. 밝고 빛나는 세마포 옷

　1) 신부가 입는 옷(성도의 옳은 행실, 19:8)

2) 천사들이 입는 옷(15:6)

3) 하늘의 군대가 입는 옷(19:14)

4) 신부는 그릇에 기름을 사서 준비(마25:9, 계3:18)

4. 철장(19:15) : 시2:9

5. 큰 잔치와 새들(19:17) : 겔39:17~20

## 20장

1. 천년왕국(20:4~6)

1) 무천년설 - 신약교회시대

2) 후천년설 - 천년왕국 후에 예수 재림(교회의 황금시대)

3) 세대주의 전 천년설 : 환난 전 휴거(7장)

4) 역사적 전 천년설 - 환난 후 휴거(19장)

5) 큰 환난 중 교회에 대한 핍박과 부활과 휴거(11장, 살전 4:13~17)

2. 살아서(20:3, came to life) : 첫째 부활

3. 그 천년(20:5, The thousand) : 무한한 시간이 아닌 정해진 시기

4. 첫째 부활(20:5)

1) 부활의 순서(고전15:22~26)

5. 둘째 사망(20:14, 21:8)

1) 죽은 자의 사후상태(눅16:19~31)

2) 천년왕국에서 왕 노릇 하는 자들(20:4~6)

6. 곡과 마곡(20:7)

1) 노아의 손자(창10:2), 두발 왕 곡(겔38:1~3, 39장)

## 21장

1. 새 하늘과 새 땅(21:1) : 재창조가 아닌 완전히 새로운 창조, 사65:17~23
2. 새 예루살렘성은 망해버린 바벨론 성과 비교되지 않는 곳 (21:2, 9~11)
3. 천국은 구원이 완성된 곳(21:3~6, 눈물과 죽음과 질병과 고통이 사라진 곳)
4. 천국은 눈에 보이는 형상과 모양으로 만들어진 성전이 없는 곳(21:22)
5. 햇빛이나 달빛이 아닌 하나님의 영광으로 충만한 곳(21:23)
6. 만국의 왕들이 그 영광을 가지고 들어가는 곳(21:14)
7. 어린 양의 생명책에 기록된 자들만 들어가는 곳(21:27)

## 22장

1. 천국은 영원한 생명을 주는 생명수가 흐르는 곳(22:1) : 겔 47:1~5
2. 천국은 죄를 가리는 무화과나무 잎이 아닌 생명나무 잎이 있는 곳(22:2)
   1) 만국을 치료
   2) 달마다 맺는 열 두가지 열매
3. 천국은 저주가 없는 곳(22:3)

4. 천국은 어둠이 없는 곳(22:5)

5. 천국은 성도들이 왕 노릇 하는 곳(22:5)

6. 천사는 경배의 대상이 아님(22:9)

7. 개의 의미(22:15) : 사56:10-12, 빌3:1-2

8. 주님의 재림은 상과 벌을 주시는 심판의 재림(22:12)

9. 계시록의 말씀은 예수님께서 교회들을 위해 주신 말씀(22:16)

10. 천국으로 초대하시는 분은 성령님과 신부(22:17)

11. 계시록의 말씀은 자기 마음대로 왜곡하거나 해석하면 안됨
    (22:18~19)

12. 재림에 대한 소망 : 아멘 주 예수여 오시옵소서!(22:20~21)

# 제3부

## 12개의 숫자로 풀어보는 요한계시록

# 1. 예수 그리스도의 계시(1:1)

## 1) 예수

(1) 여자의 후손(창3:15)

(2) 복음서의 예수

(가) 동정녀 탄생(마1:18)

(나) 천국복음을 가르치시고 전파하시며 모든 병과 연약한 것을 고치신 분(마4:23~24)

(다) 바른 믿음의 고백 위에 주님의 교회를 세우신 분(마16:16~18)

(라) 속죄를 완성하신 분(요19:30)

(마) 성육신하여 영이신 하나님을 우리에게 육으로 보여주신 분(요14:9)

(바) 세상이 주지 않는 평안을 우리에게 주시는 분(요14:27)

(사) 부활 승천하시면서 선교의 사명을 주신 주님(마28:18~20)

(3) 사도행전과 서신서의 예수

(가) 성령을 보내셔서 교회를 세우신 분(행2:1~4)

(나) 믿음의 주요, 온전하게 하시는 예수(히12:2)

(4) 계시록의 예수

(가) 영광 가운데 재림하셔서 세상의 모든 악을 심판하시고 신실한 주의 종들과 성도들을 구원하여 천국으로 인도하실 주님

## 2) 그리스도

(1) 이생과 내생에 있는 인생의 모든 문제를 해결해 주시는 주님

(가) 행복(요10:10)

(나) 영생(요5:24)

## 3) 계시(啓示)

(1) 시대를 관통하는 영원한 계시(1:1, 14:6)

(2) 세상을 심판하시는 예언의 성격을 가진 말씀계시(1:3)와 환상 계시(1:2)

(3) 예수 재림에 관한 계시(19장)

(4) 마지막 심판과 천국과 지옥에 관한 계시(20장~22장)

## 2. 두 세력 간의 전쟁

## 1) 재림주로 오시는 예수 그리스도(19:16)

(1) 그 옷과 그 다리에 이름을 쓴 것이 있으니 만왕의 왕이요 만주의 주라 하였더라.(On his robe and on his thigh he has this name written: KING OF KINGS AND LORD OF LORDS.)

## 2) 음녀(17:5)

(1) 그의 이마에 이름이 기록되었으니 비밀이라, 큰 바벨론이

라, 땅의 음녀들과 가증한 것들의 어미라 하였더라.(This title was written on her forehead: MYSTERY BABYLON THE GREAT THE MOTHER OF PROSTITUTES AND OF THE ABOMINATIONS OF THE EARTH.)

### 3) 일곱 번의 전쟁
    (1) 붉은 말(6:3~4)
    (2) 유브라데 전쟁(9:12~21)
    (3) 짐승과 두 증인의 전쟁(11:7~9)과 휴거(11:11~12)
    (4) 미가엘과 그 사자들과 용과 그 사자들과의 전쟁(12:7~9)
    (5) 아마겟돈 전쟁(16:12~16)
    (6) 재림 예수와 짐승의 무리들과의 전쟁(19:19~21)
    (7) 곡과 마곡의 전쟁(20:7~10)

### 4) 전쟁의 결과(17:14, 19:20~21, 20:10)

## 3. 계시록의 세 가지 비밀

### 1) 교회의 비밀(1:19)
    (1) 일곱 교회의 특성(2장~3장)
        (가) 주의 종들을 붙잡고 계시는 주님(1:16, 2:1)
        (나) 일곱 금 촛대 사이를 거니시는 주님이 교회의 주인
            (1:12~13, 2:1)

(다) 성령을 통하여 주시는 칭찬과 책망과 권면의 말씀

(라) 이기는 자가 되라는 일곱 번의 권면의 말씀과 열두가
지 복

## 2) 종 선지자들에게 주신 하나님의 비밀(10:7)

(1) 심판과 구원의 비밀

(2) 일곱 번째 천사가 나팔을 부는 날의 역사(11:15~18)

## 3) 사탄의 비밀(17:7)

(1) 음녀와 일곱 머리 열 뿔 가진 짐승의 비밀

(가) 음녀의 정체(17:5, 17:18)

(나) 일곱 머리 열뿔 가진 짐승의 정체와 사역(17:7~17)

(다) 사탄과 짐승과 거짓 선지자에게 역사하는 영은 귀신의
영(16:13~14)

## 4. 네 번의 성령의 감동

## 1) 첫 번째 감동(1:10)

(1) 주일에 받은 성령의 감동 속에 들린 주님의 음성(1:10)

(2) 영광 가운데 계신 주님을 만나 문서 선교의 첫 번째 사명
을 받음(1:11~20)

(3) 일곱 교회에 편지를 보냄(2장~3장)

## 2) 두 번째 감동(4:2)

  (1) 천국의 보좌 환상과 예수님이 심판주가 되시는 모습을 봄
     (4장~5장)

  가) 일곱 나팔과 일곱 대접으로 미래에 이루어질 심판의 모
     습을 봄(6장~16장)

## 3) 세 번째 감동(17:3)

  (1) 일곱 머리 열 뿔을 가진 짐승을 타고 있는 음녀가 심판
     받는 모습을 봄 (17장)

  (2) 바벨론이 심판받는 모습을 봄(18장)

  (3) 예수님의 재림과 천년왕국과 최후의 심판의 모습을 봄
     (18장~20장)

## 4) 네 번째 감동(21:10)

  (1) 천국의 환상과 새 하늘에서 내려오는 거룩한 성 새 예루
     살렘을 봄(21장~22장)

## 5) 계시의 여러 가지 차원

  (1) 자연 계시 (2) 말씀 계시 (3) 환상 계시

## 6) 성령의 역사

  (1) 성령의 인침(엡1:13) : 구원의 확신(고전12:3)

  (2) 성령의 내주(롬8:9) : 평안(요14:27)과 강건함의 축복(롬8:9)

(3) 성령 충만(엡5:18) : 외적인 은사(고전12:4~11)와 내적인
열매(갈5:22~23)
(4) 성령의 감동(계1:10) : 환상 계시(하나님의 음성을 듣고 영
적인 세계를 봄)

## 5. 계시록에 나타나는 예수님의 다섯 가지 특성

### 1) 계시의 주체(1:1)
(1) 계시의 원천은 하나님
(2) 계시의 주체는 예수그리스도

### 2) 속죄의 완성자(1:5)
(1) 죄에서 해방시켜 주는 예수 보혈의 능력(참고 : 엡1:7, 히
9:12, 히10:18)

### 3) 심판의 주관자(6:1)
(1) 인을 떼시는 주님(6:1), 대접을 부으라고 말씀하시는 주님
(16:1)
(2) 재림이후 두 짐승에 대한 최후의 심판(19:19~20)
(3) 모든 산자와 죽은 자들에 대한 백 보좌 심판(20:11~15)

### 4) 재림하실 주님(19:11~16)
(1) 만왕의 왕, 만주의 주(19:16)

## 5) 구원의 완성자(21:6)

  (1) 창조의 완성(창2:1)    (2) 속죄의 완성(요19:30)

  (3) 심판의 완성(계15:17)   (4) 구원의 완성(계21:6)

## 6. 마귀의 여섯 가지 특성

### 1) 마귀의 정체
  (1) 하늘에서 떨어진 별(9:1, 12:9. 참고 : 사14:12~17, 겔 28:12~14, 유1:6~7)

### 2) 마귀의 이름
  (1) 무저갱의 사자, 아바돈, 아블루온(9:11)

  (2) 마귀, 사탄, 옛 용, 옛 뱀(12:9)

### 3) 마귀의 사역
  (1) 하나님 앞에서 믿음의 형제들을 밤낮으로 계속 참소함 (12:10)

  (2) 하나님의 계명을 지키고 예수의 증거를 가진 자들과 싸움 (12:18)

  (3) 두 짐승을 통한 사역(13장)

   (가) 바다에서 올라온 짐승(13:1)

    ㄱ) 권력을 가진 적그리스도(살후2:3~4)

    ㄴ) 성도들을 핍박(히11:35~38)

(나) 땅에서 올라온 짐승(13:10)

ㄱ) 거짓 선지자들(요한1서4:1) : 니골라, 발람, 이세벨

ㄴ) 이단들(요한2서2서1:10)

## 4) 666으로 상징되는 마귀의 표(13:16~18)

(1) 짐승의 이름이나 그 이름의 수

(2) 사람의 수

## 5) 천년 왕국 기간 동안 결박되어 무저갱에 갇힘(20:2~3)
## 6) 천년왕국 이후에 불못에 던져짐(20:10)

## 7. 계시록에 나타난 일곱으로 연결된 내용들

## 1) 신실한 주의 종들과 성도들이 받는 일곱 가지 복

(1) 말씀을 읽고 듣고 지키는 자가 받는 가장 큰 복(1:3)

(2) 주안에서 죽는 자가 받는 영원한 안식의 복(14:13)

(3) 자기 옷을 지켜 부끄러움을 보이지 않는 자가 누릴 구원의 복(16:15)

(4) 어린 양의 혼인 잔치에 청함을 받은 자의 들려 올림 받는 복(19:9, 살전4:15~17)

(5) 천년왕국에 참여하는 자가 받는 둘째 사망의 해를 받지 않는 복(20:6)

(6) 마지막 때에 말씀을 지키는 자에게 행한 대로 갚아 주시

는 상을 받는 복 (22:7, 22:12)

(7) 어린 양의 피에 그 옷을 빠는 자들의 천국에서 누리는 영
   생의 복(22:14)


2) 일곱 교회(1:4, 2장~3장)

3) 일곱 영(1:4, 4:5)

4) 일곱 인으로 봉한 두루마리(5:1)

5) 일곱 뿔과 일곱 눈(일곱 등불의 역사)을 가진 어린양(5:6)

6) 일곱 천사와 일곱 나팔 재앙(8:2)

7) 일곱 천사와 일곱 대접 재앙(15:1, 15:6~8)

8) 바벨론(18:2)이 망하는 일곱 가지 이유

(1) 영적인 타락과 음행(18:2~3)

(2) 사람들의 영혼까지 사고팔 정도로 죄가 하늘에 사무침
   (18:5, 18:13)

(3) 스스로를 영화롭게 하는 교만(18:7)

(4) 도를 넘는 지나친 사치(18:12~14)

(5) 정경유착을 통한 부의 독점(18:23)

(6) 귀신들에게 빌어 자신들의 운명을 점치는 복술(18:23)

(7) 선지자들과 성도들과 억울한 자들이 죽임을 당하며 흘린
   피가 흐름(18:24)


## 8. 14만 4천의 주의 종들의 여덟 가지 특성

1) 해 돋는 곳에서 올라온 천사를 통해 하나님의 인침을 받음
   (7:2~4)

2) 어린양과 함께 시온 산에 있음(14:1)

3) 보좌와 네 생물과 어린양 앞에서 새 노래를 부름(14:3)

4) 여자(음녀)와 더불어 더럽히지 아니함(14:4)

5) 어린양이 어디로 가든지 따라감(14:4)

6) 죄 사함 받고 구원받은 첫 열매로 하나님과 어린양에게 속
   한 자들(14:4)

7) 그 입에 거짓이 없음(14:5)

8) 흠이 없는 자들(14:5, 참고 : 벧후2:12~14)


## 9. '이일 후에'를 기준으로 나누어 본 계시록의 아홉 가지 사건

1) 구름을 타고 재림하시는 예수와 요한이 받은 첫 번째 사명
   과 교회(1장~3장)

2) 하늘의 예배와 예수님의 심판주 등극 예식과 복음 전파와
   다양한 재앙과 심판을 준비하지 못한 자들의 외침(4장~6장)

3) 천사를 통해 하나님의 인침을 받은 14만 4천의 주의 종들
   (7:1~8)

4) 어린 양의 피로 구원받은 성도들과 첫 번째 화인 황충시대
   (7:9~9:11)

5) 유브라데 전쟁에서부터 두 짐승의 핍박을 지대를 거친 후에
   있게 될 알곡과 포도송이의 두 가지 추수와 일곱 대접 재앙

의 준비(9:12~15:4)

6) 일곱 대접 재앙의 시대와 음녀(거짓 종교와 타락한 문화)에
    대한 심판 (15:5~17:18)

7) 타락한 바벨론(세속화된 로마를 상징)의 정치와 경제에 대한
    심판(18장)

8) 예수의 재림과 어린 양의 혼인잔치와 두 짐승에 대한 심판
    이후 마귀가 무저갱에 갇힘(19:1~20:3a)

9) 천년왕국과 흰 보좌 앞에서의 최후의 심판과 영원한 천국인
    새 하늘과 새 땅(20:3b~22:21)


## 10. 천국의 열 가지 특성

1) 완전히 새롭게 창조된 새 하늘과 새 땅으로 이루어지는 천
    국(21:1)

2) 하나님께로부터 창조되어 새 하늘에서 내려오는 거룩한 성
    새 예루살렘(21:2, 21:11~21)

3) 하나님이 친히 함께 하시는 하나님의 백성들이 영원히 사는
    곳(21:3, 21:24)

4) 죽음과 육체의 고통과 마음의 고통이 없는 새로운 세상(21:4)

5) 하나님이 약속하신 구원이 완전히 완성된 새로운 세상(21:6)

6) 형체와 모양을 가진 성전이 없는 곳(21:22)

7) 영생을 주는 생명수가 흐르는 강과 생명나무가 있는 곳(22:1~2)

8) 저주가 없는 세상(22:3)

9) 하나님의 영광의 빛이 가득하여 어둠이 전혀 없는 세상
   (21:23~26, 22:5)
10) 예수님과 함께 있는 성도들이 왕의 권세를 누리는 곳(22:5)

## 11. 계시록에 나타난 천사들의 열한 가지 특성

1) 예수님이 주신 계시의 전달자(1:1)
2) 교회를 섬기는 주의 종들과 함께 하는 영적 존재(2:1)
3) 하나님께 속해 있으면서 사역에 따라 다양한 모습으로 나타
   나는 천사들
  (1) 천사장인 네 생물(4:6)
  (2) 세 명의 힘센 천사들
   가) 예수님이 심판주가 되는 예식을 준비하는 외침(5:2)
   나) 마지막 시대를 사는 주의 종들에게 두 가지 사명을 줌
       (10:1, 10:11~11:2)
   다) 바벨론의 완전한 멸망의 선언(18:21)
  (3) 하나님 앞에 기도가 상달하게 하는 천사(8:3)
  (4) 나팔을 부는 천사들(8장~9장)과 대접을 쏟는 천사들(16장)
  (5) 예리한 낫을 가진 천사(14:17)와 성전의 불을 다스리는 천
      사(14:18)
4) 하나님의 보좌 앞에서 하나님께 찬양하는 자
  (1) 네 생물의 찬양(4:8)
  (2) 허다한 천사들의 찬양(5:11~12)

(3) 모든 천사들의 찬양(7:11)

5) 세 가지 심판(삼대 칠중 재앙)의 시행자

  (1) 일곱 인(6장) (2) 일곱 나팔(8장~9장) 3) 일곱 대접(16장)

6) 하늘에서 내려오는 영적인 존재(10:1)

7) 하늘에서 일어난 마귀와 영적 싸움에서의 승리자 (12:7~9)

8) 하나님을 향한 경배와 세상에 대한 심판을 선포하는 역할

    (14:7~11)

9) 마지막 때에 있는 두 가지 추수의 대행자(14:14~20)

10) 예수님의 재림때 함께 오는 하늘의 군대(19:14 )

11) 마귀를 붙잡아 무저갱에 가두는 일을 함(20:1)


## 12. 이기는 자들에게 주어지는 열두 가지 복

1) 하나님의 낙원에 있는 생명나무 열매(영생)가 주어짐(2:7)

2) 둘째 사망(지옥 형벌)의 해를 받지 아니함(2:11)

3) 주님이 감추었던 만나를 주심(2:17)

4) 새 이름이 새겨진 흰 돌이 주어짐(2:17)

5) 만국을 다스리는 권세가 주어짐(2:26~27)

6) 새벽별이 주어짐(2:28)

7) 흰옷을 입음(3:5)

8) 생명책에서 이름이 결코 지워지지 않음(3:5)

9) 하나님과 거룩한 천사들 앞에서 주님이 그 이름을 시인함(3:5)

10) 하나님 성전의 기둥이 되게 함(3:12)

11) 하나님의 이름과 새 하늘에서 하나님께로부터 내려오는 거룩
한 성 새 예루살렘의 이름과 예수님의 새 이름을 그 사람
위에 기록함(3:12)
12) 이긴 자이신 예수님의 보좌에 함께 앉음(3:21)

# 제4부

계시록 전장 요약과 마무리

성경의 결론이 무엇일까요? 그것은 천국입니다. 신랑이요, 주님이신 예수 그리스도와 함께 신부인 주의 종들과 성도들이 천국에서 영생복락을 누리는 것입니다. 이것이 성경의 결론입니다. 그 결론을 보여주는 것이 요한계시록입니다.

하나님께서 세상을 창조하신 때부터 시작된 처음 하늘과 땅에 속한 이 모든 만물의 역사는 계시록에서 말씀하는 것처럼 하나님께서 완전히 새롭게 창조하실 새 하늘과 새 땅에서 이루어지는 천국으로 완성됩니다.

요한계시록은 그 천국으로 가는 길에 많은 시련과 고난이 있다는 것을 말씀합니다. 이것은 요한계시록이 기록되던 시대에 살던 성도들의 삶의 현장에서 일어난 물음에 대한 해답이기도 합니다.

그 시대는 로마의 정권과 그 나라를 통치하며 그들을 하나님으로 섬기게 하던 황제들에 의해 엄청난 핍박으로 주의 종들과 성도들의 순교가 있던 시절이었습니다. 그 모습은 인류의 전 역사 속에서 있었던 선과 악의 싸움이 극대화 되었던 시기였고 마치 악이 선을 이기는 것처럼 보이던 시기였습니다.

그 시절에 살던 주의 종들과 성도들의 마음속에는 당연한 의문이 생겼습니다. 그것은 이 고난이 언제까지 갈 것인가 하는 것과 이와 같은 고난을 가져다주는 세력의 배후에는 누가 있으며 그리고 지금 주님은 어디 계시는가? 그리고 끝까지 순결한 믿음을 지켰을 때 하나님께로부터 주어지는 보상은 무엇인가 하는 것 등이었습니다.

바로 그 모든 물음에 대한 해답이 요한계시록입니다. 계시록은 먼저 주님이 우리를 사랑하시고 항상 주님의 백성들과 함께 있음을 보여 줍니다. 그 해답의 시작점이 바로 계시록 1장 1절의 "예수 그리스도의 계시"라는 말씀입니다.

계시록 1장에서 신랑으로 오실 예수님의 멋진 모습을 보여주신 다음에 2장과 3장에서 신부인 교회들에게 말씀하십니다. 때로는 책망도 하시고 권면도 하시고 칭찬도 하시면서 현실적인 영적인 상태를 점검하게 하고 끝가지 이기는 자들에게 주실 열두 가지 상에 대해 말씀하십니다. 그 모든 상의 초점은 신랑과 신부가 하나 되어 살게 될 영원한 천국에 맞추어져 있습니다.

4장과 5장을 보면 신랑이자 심판주로 오실 주님의 대관식이 모든 천군과 천사들과 모든 피조물들의 찬양 속에 이루어집니다.

6장에서는 쏘아버린 화살처럼 천국으로 인도하는 복음이 예수님 때로부터 선포되기 시작한 이후에 주님이 재림하실 때까지 세상에서 이루어지는 모든 재앙의 모습이 보여집니다. 그것은 전쟁과 기근과 악성 질병과 예수님을 흉내 내는 적그리스도의 출현이며 순교당한 주의 종들의 영혼이 하나님의 보좌 앞에서 부르짖어 기도하는 모습입니다.

그리고 천재지변과 함께 모든 악한 자에 대한 최후의 심판이전에 인간들이 스스로 그 심판을 피할 피난처를 만들어 숨어보지만 세상 어디에도 피할 곳이 없어 탄식하는 모습을 보여줍니다.

첫째 인을 뗄 때 그 흰 말 탄자의 손에는 화살을 쏘아버린 활이 들려 있습니다. 이것은 이미 천국으로 인도하는 복음이 예수님에 의해 쏘아진 것을 상징하는 것인데 그 복음을 계속 전할 주의 종들에게 그 활이 주어져 있습니다.

예수님은 육신의 몸으로 오셔서 "회개하라 천국이 가까이 왔다"는 말씀으로 천국의 복음을 증거하기 시작하셨습니다. 천국복음을 가르치시면서 사람들의 마음속에 영원한 천국에 대한 소망을 심어주셨고 천국복음을 전파하시면서 사람들의 마음속에 그리고 생활 속에서 하나님의 자녀답게 사는 법을 가르쳐 주셨습니다. 그리고 모든 병든 것과 모든 약한 것을 고쳐주시면서 영원한 천국에서 누릴 축복이 무엇인지를 미리 보여 주셨습니다.

예수님은 십자가를 지시면서 피 흘려 죽으심으로 하나님 없이 죄 가운데 살던 모든 사람이 그 죄에서 해방되어 하나님의 자녀로 살 수 있는 길을 열어주셨습니다. 그리고 부활하셔서 예수님 안에서 하나님의 자녀로 살 때 어떻게 될 것인지를 미리 알려 주셨습니다.

부활하신 예수님은 제자들에게 평안을 빌어주시면서 성령을 받을 것과 주님이 다시 오실 때까지 주어진 사명을 감당하며 복음 증언자로 살 것을 말씀하시고 승천하셨습니다. 요한 계시록은 누가복음 24장과 사도행전 1장에서 보여주신 예수님의 승천 이후의 역사를 교회시대를 넘어선 이후까지 보여주는 복음입니다. 그래서 계시록의 복음은 영원한 복음이고 완성된 복음입니다.

7장에서는 마지막 시대에 복음 전도자로 사명을 받은 주의 종들의 모습과 그들이 전한 복음에 의해 온 세상에서 구원받은 성도들의 모습과 그들이 천국에서 함께 누리게 될 모습을 네 가지로 구별하여 미리 보여줍니다.

이 모습은 21장과 22장에 나오는 천국의 모습과 같습니다. 그러면 왜 7장에서 그들이 들어갈 천국의 모습을 미리 보여줄까요? 그것은 천국으로 가는 길이 평탄하지 않기 때문입니다. 그 길에는 많은 고난과 시련이 있기 때문입니다. 그래서 고난이 찾아오기 전에 천국을 미리 보여줌으로 소망을 가지고 다가올 고난을 믿음으로 이기도록하기 위해서입니다.

그 고난과 고통의 시기를 보여주는 것이 8장부터 13장까지입니다. 8장에는 땅과 바다 곧 온 세상 가운데 삼분에 일에서 임하는 재앙을 보여주고 또 영적인 고통과 천재지변을 통해 찾아오는 깊은 어둠의 시간의 모습을 보여 줍니다.

9장에서는 탐욕을 가진 인간들이 황충을 통하여 당하는 고난의 모습과 악한 자들에 의해 성도들이 죽음을 당하는 고난을 보여 줍니다. 그리고 10장에서는 그와 같은 시기에 끝까지 말씀전파의 사명을 감당해야 하는 요한 사도와 같은 주의 종들이 갖추어야 할 것이 무엇인지를 보여 줍니다.

11장에는 마지막 시대에 복음을 전하는 두 증인이 나오는데 이들은 7장에서 본 것처럼 말씀을 전하는 주의 종들과 악한 권력자들과 거짓 선지자들에게 넘어가지 않고 끝까지 순결한 믿음을 지키며 생활 속에서 성도다운 성결한 삶의 실천을 통해 복음을 증언한 하나님의 백성들입니다.

그러나 이들은 사탄의 능력과 날이 큰 권세를 받은 짐승에 의해 핍박을 당하고 죽음을 당하고 추방당하게 됩니다. 이 시기가 바로 요한 사도가 직면해 있던 1세기 말의 역사적 현실이었습니다. 그러나 그들은 그 고난의 시기를 죽음으로 이기고 다시 부활한 신부가 되어 사도행전 1장에서 주님이 약속하신 대로 다시 오시는 신랑 예수님을 공중에서 만나게 됩니다. 이것을 휴거라고 합니다. 휴거는 신랑으로 다시 오시는 예수님을 신부인 성도들이 공중에서 만나는 사건입니다. 일곱 번째 나팔 소리와 함께 주님의 나라가 이루어질 것과 모든 악의 세력을 심판하실 것이 선포됩니다.

12장은 교회가 고통을 당하는 배후에 누가 있는지를 분명하게 보여줍니다. 그것은 곧 하늘에서 떨어진 별 사탄입니다. 그 사탄이 교회를 무너뜨리려고 어떤 때는 마귀의 모습으로 어떤 때는 용과 뱀의 모습으로 나타납니다. 사탄은 항상 하나님의 계명을 지키며 예수님의 증거를 가진 성도들과 싸움을 합니다.

13장은 그 사탄의 두 대리자인 권력을 가진 적그리스도와 거짓 선지자가 바다와 땅에서 나오는 두 짐승의 모습으로 나타납니다. 그들은 절대 권력의 상징이요, 정신적인 것과 물질적인 모든 것을 통제하는 표시인 666으로 온 세상을 통제하고 주님을 향한 믿음을 지키는 주의 종들과 성도들을 무참히 살해 합니다.

14장은 그들에 의해 살해당한 십사만 사천의 주의 종들이 하늘의 시온 산에 주님과 함께 있는 모습을 보여주면서 그들을 핍박하고 죽인 자들 곧 큰 성 바벨론으로 상징되는 절대 권력의 본산과 그들에게 속한 자들이 받을 심판을 선언합니다. 그리고 알곡과 포도송이라는 두 가지 상징적인 추수의 모습으로 구원받을 하나님의 백성들과 심판 받을 악한 자들을 구별합니다.

15장에는 생활 속에서 복음을 증거하고 믿음을 지킨 성결한 성도들이 하나님의 보좌 앞에서 찬양을 부르는 모습과 이제 사탄과 모든 악인들에 대한 심판이 준비되어 시행될 것을 보여줍니다. 그 심판의 내용이 16장부터 18장입니다.

16장에는 하나님을 떠난 사람들과 세상과 사탄에 대한 일곱 가지 대접심판의 모습을 보여 주는데 그들 가운데 역사하는 영들이 귀신의 영인 것을 드러내고 사탄의 본거지인 공중에 마지막 심판인 일곱 번째 대접이 쏟아지는 것으로 악에 대한 심판의 재앙이 끝나는 것을 알게 합니다. 곧 모든 심판은 악의 근원이 사탄에 대한 심판으로 마무리 됩니다.

17장은 그 심판이 거짓 종교와 문화라는 탈을 쓰고 권력 위에 앉아 세상을 통치하던 음녀에 대한 심판인 것을 보여 줍니다. 음녀의 이름은 "비밀이며 큰 바벨론이고 땅의 음란한 것들과 가증한 것들의 어미"입니다. 그 음녀는 세상 모든 것들의 통치자라는 이름을 가지고 있는데 마지막 때에 권력을 가진 적그리스도와 그 추종자들에 의해 멸망을 당합니다. 악에 의한 악의 심판입니다.

18장은 정치권력과 경제 권력을 모두 한 손에 쥔 적그리스도가 다스리는 세상에 대한 심판입니다. 그들은 영적인 타락과 사람들의 영혼을 사고 팔 정도로 죄가 하늘에 닿은 것 그리고 사치와 교만과 정경유착과 복술과 억울한 자들의 피를 흘리게 한 것 등이 이유가 되어 심판을 당합니다.

19장은 사탄과 악에 대한 그 모든 심판이 이루어지는 가운데 하늘에서 할렐루야 찬양과 함께 어린양의 혼인잔치가 이루어지는 모습을 보여줍니다. 하늘의 시온산과 유리바닷가에 있던 신부들이 밝고 빛나는 세마포 옷을 입고 신랑이신 예수님과 하나가 되는 혼인잔치를 하고 주님과 함께 지상으로 재림합니다.

그리고 천년왕국을 이루기 전에 악한 세력들 곧 권력을 가진 적그리스도와 거짓 선지자들과 그 잔당들을 소탕하는 모습이 보여집니다. 이 심판을 이루시는 분은 "만왕의 왕이요 만주의 주"이신 예수님입니다.

20장은 마귀가 붙잡혀 무저갱에 던져진 이후 신부요, 두 증인인 순교당한 주의 종들과 생활 속에서 복음을 증거하다가 핍박을 당하고 추방을 당해 광야에서 천 260일을 지내야 했던 성결한 성도들이 신랑이신 주님과 함께 천년왕국을 이루는 모습입니다.

천년왕국 이후에 옥에서 풀려난 마귀에 대한 마지막 심판이 있어 마귀는 두 짐승이 이미 들어가 있는 지옥 불못에 던져지고 모든 죽은 자들에 대한 마지막 흰 보좌 앞에서의 심판이 있어 생명책에 그 이름이 없는 자들은 누구든지 다 불못에 던져지게 됩니다.

그 이후에 보여 지는 것이 21장과 22장에서 보여주는 천국입니다. 모든 성경 계시의 완성이고, 영원한 복음의 세계이며, 순수하게 믿음을 지킨 모든 믿는 사람들이 들어가 영원히 살게 될 곳입니다.

이 천국은 하나님께서 완전히 새롭게 창조하신 세상입니다. 새 예루살렘이 있고 하나님이 언제나 함께 계시며 죽음이 없는 곳입니다. 모든 애통하는 것이나 곡하는 것이 없고 아픈 것이 없는 곳입니다.

영생수인 생명수가 흐르고 영생을 주는 열매를 맺는 생명나무가 있으며 저주가 없는 곳입니다. 어둠도 없고 모든 성도들이 왕 같은 제사장이 되어 주님을 직접 섬기며 주님과 함께 왕의 권세를 누리는 곳입니다.

모든 성경의 결론은 천국입니다. 그러나 우리가 천국까지 가는 그 길에는 사탄과 악령들과 악한 자들의 핍박과 방해가 있습니다. 그 핍박은 어떤 때는 목숨까지 위태롭게 하고 죽음을 강요하는 것도 있습니다. 그러나 그 모든 것을 이기면 그 끝이 천국입니다. 사탄을 추종하는 자들은 지옥 불못으로 끝을 맺고 예수 그리스도 안에서 믿음으로 승리한 사람들의 결론은 천국입니다.

세상이 악하다고 한탄할 일이 아닙니다. 핍박과 시험이 있다고 좌절할 일도 아닙니다. 어차피 우리가 사는 세상은 사탄이 역사하고 있고 악령들이 역사하는 세상입니다. 그래서 주님이 우리가 가진 믿음의 결론이 무엇인가를 미리 확실하게 보여주시려고 이 요한계시록을 주신 것입니다.

요한계시록은 믿음의 결과가 천국이라는 정답을 우리에게 보여주고 있습니다. 중간 과정은 잘 몰라도 괜찮습니다. 냉장고와 같은 어떤 물건을 만드는 과정을 모른다고 그 물건을 쓸 수 없는 것은 아닙니다. 그 안에 어떤 부품이 들어갔는지 모른다고 그 물건을 사용할 수 없는 것은 아닙니다.

요한계시록이 마치 수만 개의 부품이 들어간 물건을 만드는 것처럼 처음과 중간에 복잡한 내용들이 많이 있는 것 같아도 결론은 천국입니다. 천국 가는 길에 사탄의 방해가 있어도 그 시험과 시련을 잘 이기면 결론은 천국입니다.

그래서 우리는 늘 우리가 들어가 영원히 살게 될 천국을 바라보며 이 세상을 믿음으로 이겨야 합니다. 신랑이신 예수님의 신부가 되기 위해 성결한 성도의 상징인 흰 옷을 입은 사람이 되어야 합니다. 이것을 성화라고 하고 어린양의 피에 그 옷을 빤다고 하는 것입니다. 계시록은 성화의 복음입니다.

요한계시록의 잘 모르는 내용을 억지로 해석할 필요도 없습니다. 알면 아는 대로 모르면 모르는 대로 믿음의 결론이 천국인줄 알고 어떤 시험과 시련이 와도 성결하게 살고 믿음을 지키면 됩니다. 신랑이신 예수님이 신부인 우리들을 위해 피 흘리기까지 우리를 사랑하셨다는 사실을 믿고 하나님의 말씀으로 인도함을 받으며 살면 됩니다.

그러면 사탄의 어떤 시험이 와도 이길 수 있고 그 결론은 천국입니다. 우리 모두 이 세상에서도 하나님의 사랑으로 모든 시험을 이기고 내생에서 천국을 누리며 삽시다. 우리 앞에 영원한 천국이 있습니다. 할렐루야!

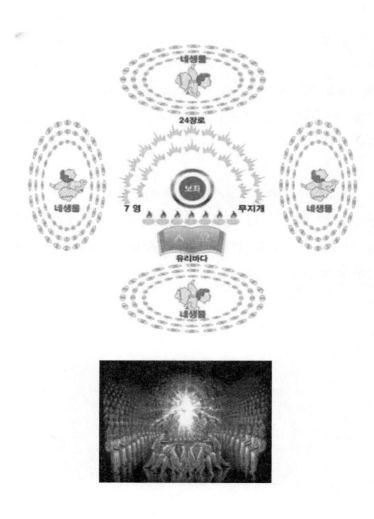

하늘나라 보좌의 모습

# 성경의 결론은 천국입니다.

요한계시록은 "이일 후에"라는 단어를 중심으로 나누면 아홉으로 나눌 수 있습니다. 그러나 신랑이신 예수님과 신부인 교회의 관계로 나누면 일곱으로 나눌 수 있습니다.

**첫 부분은 1장에서 3장입니다.** 신랑이신 예수님이 신부인 교회들에게 성령님을 통하여 이기는 자가 되라고 당부하시는 말씀입니다. 이기는 자에게는 열두 가지 상이 주어지고 하나님이 그의 아버지가 되십니다.

**두 번째 부분은 4장부터 7장입니다.** 이 내용은 신랑이신 예수님께서 재림주요, 심판주로 오시기 위해 하나님 아버지 앞에 드리는 예배와 대관식이 있습니다. 그리고 주님이 두루마리의 인을 떼실 때 복음이 전파되기 시작한 때부터 주님이 재림하실 때까지 일어날 모든 재앙과 심판의 현상과 또 그 모든 재난 가운데 구원받은 두 부류의 사람들과 그들이 천국에서 누릴 축복의 내용을 보여줍니다.

**세 번째 부분은 8장부터 11장까지입니다.** 이 부분은 먼저 온 세상에 다양하게 임하는 큰 환난의 시대를 보여줍니다. 그리고 그 화난의 때에 특별히 말씀을 받아 전하는 두 증인의 모습과 그들의 죽음과 휴거 그리고 이 땅에서 이루어지는 하나님의 나라와 땅을 망하게 하는 자들이 멸망당할 것을 보여줍니다.

**네 번째 부분은 12장부터 15장까지입니다.** 이 부분은 먼저 주님의 신부인 교회를 핍박하는 존재가 사탄인 것과 사탄의 대리자인 두 짐승 곧 적그리스도와 거짓 선지자가 권력과 종교와 돈으로 세상 모든 사람을 통제하며 하나님의 백성들을 핍박하고 죽이는 모습을 보여 줍니다.

그리고 이어서 두 짐승에 의해 고난을 당한 14만 4천의 주의 종들이 하늘의 시온 산에 주님과 함께 있으며 짐승에게 경배하지 않고 생활로 주님을 증언한 흰 옷 입은 무리가 주님의 보좌 앞에서 찬양하는 모습을 보여 줍니다. 악한 자들에 대한 마지막 심판이 선포되고 준비되는 모습도 함께 보여 줍니다.

**네 번째 부분은 16장부터 18장까지입니다.** 이 부분에서는 먼저 짐승에게 경배한 자들과 그들이 속한 나라가 어떻게 망하게 되는지를 보여준 다음에 그 모든 세력을 음녀와 바벨론으로 나누어 그들이 멸망하는 모습을 보여 줍니다.

**다섯 번째 부분이 19장부터 20장 3절까지입니다.** 하늘에 있는 모든 자들의 찬양과 함께 신랑이신 예수님의 공중 재림이 이루어지고 그때 준비된 신부인 교회와의 혼인잔치가 이루어집니다. 그리고 주님의 지상 재림과 함께 일어나는 전쟁을 통해 짐승과 거짓 선지자는 붙잡혀 산 채로 불못에 던져집니다. 그리고 그 잔당들이 다 멸망당하는 모습과 마귀가 붙잡혀 무저갱에 던져지는 모습이 나타납니다.

**마지막 일곱 번째가 20장 4절부터 22장까지입니다.** 이 말씀의 앞부분이 신랑이신 예수님과 신부인 교회의 신혼살림인 천년왕국입니다. 그리고 마귀에 대한 최후의 불못 심판과 모든 죽은 자들에 대한 마지막 흰 보좌 심판입니다. 어린양의 생명책에 그 이름이 없는 사람은 누구나 다 불못에 던져집니다.

그리고 이제 새롭게 창조되는 새 하늘과 새 땅에서 영원한 천국시대가 열립니다. 그곳에는 신랑이신 예수님과 신부인 교회 곧 성도들이 함께 살 영원한 성 새 예루살렘이 있습니다.

신랑이신 예수님과 신부인 교회가 함께 사는 천국에는 죽음이나 고통이 없고 아픈 것이나 슬픔이 없습니다. 눈물이 없고 저주가 없으며 어둠이 없습니다. 영원한 생명을 주는 생명나무와 영생수가 있고 신랑이신 예수님이 신부인 우리와 영원히 함께 하십니다.

세상에는 많은 종교가 있습니다. 그러나 그 모든 종교 가운데 참 생명을 주는 종교는 예수님을 유일한 구세주로 믿는 기독교밖에 없습니다. 예수님은 이 땅에 오신 유일하신 하나님의 아들이며 우리 인간의 모든 고통의 원인인 죄의 문제를 해결하여 주셨습니다.

예수님은 부활하시고 승천하셨으며 이제 곧 다시 오십니다. 예수님은 재림하셔서 모든 악과 악의 근원인 사탄을 심판하셔서 지옥 불못에 던지시고 고난 중에도 끝까지 목숨 걸고 믿음을 지킨 성도들 곧 이긴 자들에게 약속하신 상을 주시고 영원한 천국으로 인도하십니다.

성경의 중심은 예수님입니다. 그러나 성경과 신앙의 결론은 천국입니다. 신부인 우리를 구원하기 위해 십자가에서 피 흘려 죽으시기까지 우리를 사랑하신 신랑 예수님을 바라보세요. 주님의 신부로서 천국에서 영원히 함께 살날을 기대하면서 다시 오실 주님을 바라보세요. 저절로 마음에 힘이 생기고 용기가 생겨납니다. 오늘도 성결한 믿음으로 성령님과 함께 동행 할 수 있습니다. 오늘도 주님의 신부답게 성결하게 살면서 천국 가는 그날까지 믿음으로 승리합시다.

## 성경을 처음부터 간단하게 요약하면 이렇습니다.

하나님께서 천지를 창조하셨습니다. 사람도 하나님께서 창조하셨습니다. 하나님께서는 사람들이 행복하게 살기를 원하셨습니다. 그런데 사람들이 사탄의 속임수에 속아 죄를 짓고 고통을 당하고 죽게 되었습니다.

그래서 하나님의 아들이신 예수님이 오셔서 모든 고통의 근원인 죄의 문제를 완전히 해결하여 주셨습니다. 그 예수님을 통해 보여주신 하나님의 사랑을 믿고 예수님을 주님으로 영접하고 그 가르침을 따라 살면 하나님의 지녀가 됩니다.

인생에 많은 우여곡절이 있어도 끝까지 믿음을 지키고 살다가 세상을 떠나면 하나님께서 약속하신 천국에 갑니다. 주님 재림하신 후에 고통이나 아픔이나 죽음이 없는 천국에서 영생을 누리며 영원히 행복하게 살게 됩니다.


## 계시록에서부터 살펴보면 이렇습니다.

마지막에는 하나님의 백성들이 살게 될 천국과 하나님을 대적한 무리들이 들어갈 지옥 불못이 있습니다. 바로 그 앞에 마지막 흰 보좌 앞에서 죽은 자들에 대한 심판이 있습니다. 그 심판이전에 사탄은 불못에 던져 집니다.

사탄이 불못에 던져지기 전에 천년왕국이 있고 천년왕국 이전에 예수님은 재림하십니다. 예수님이 재림하시기 전에 이 세상에 있던 하나님을 대적하는 모든 정치와 종교 세력들은 멸망하게 됩니다. 그리고 그들에 의해 믿음을 가진 하나님의 백성들이 고통과 죽임을 당하는 큰 환난의 시대가 있습니다.

그 환난의 시기 이전에 예수님의 재림을 알리는 여러 가지 징조들이 보이게 되고 그 일들을 이루어 가시기 위한 하나님의 계획이 예수님에게 전달됩니다. 그래서 예수님은 그 모든 계획들을 요한에게 알려주시고 성령님을 통해 모든 교회들에게 예수님의 재림을 맞이할 준비하라고 말씀하십니다. 바로 지금이 주님의 재림을 준비할 시기입니다. 시대를 분별하고 깨어 신부단장하고 주님의 재림을 맞을 준비합시다.

아멘 할렐루야!